兰州大学"一带一路"专项后期资助项目（2018ldbrhq002）成果

马可·波罗
来华问题研究

姬庆红 等著

中国社会科学出版社

图书在版编目(CIP)数据

马可·波罗来华问题研究 / 姬庆红等著. —北京:中国社会科学出版社,
2019. 12

ISBN 978 - 7 - 5203 - 3637 - 6

Ⅰ. ①马… Ⅱ. ①姬… Ⅲ. ①马可·波罗(Marco Polo 1254 - 1324)—
人物研究 Ⅳ. ①K835. 465. 89

中国版本图书馆 CIP 数据核字(2019)第 292102 号

出 版 人	赵剑英	
责任编辑	刘志兵	
责任校对	水 木	
责任印制	李寡寡	

出 版	中国社会科学出版社	
社 址	北京鼓楼西大街甲 158 号	
邮 编	100720	
网 址	http://www.csspw.cn	
发 行 部	010 - 84083685	
门 市 部	010 - 84029450	
经 销	新华书店及其他书店	

印刷装订	北京市十月印刷有限公司	
版 次	2019 年 12 月第 1 版	
印 次	2019 年 12 月第 1 次印刷	

开 本	710×1000 1/16	
印 张	14. 5	
插 页	2	
字 数	209 千字	
定 价	68. 00 元	

凡购买中国社会科学出版社图书,如有质量问题请与本社营销中心联系调换
电话:010 - 84083683

目　　录

前　　言

　　700 多年前，一位威尼斯 15 岁的少年充满着对遥远神秘东方的憧憬，怀揣着发现珠宝盈野异域的梦想，在蒙古黄金家族开创的欧亚"全球化"帝国里，用自己的脚步丈量了世界的广度，体验了个体生命的厚度，领略了丝路上诸多东方文明的魅力。他就是伟大的中世纪旅行家马可·波罗（Marco Polo, 1254—1324）！他之所以闻名于世，得益于他的著作《马可·波罗游记》。然而，《游记》自从问世起，就与其作者本人备受关注却也饱受争议。因为马可·波罗经常使用"数百万"计来形容元帝国的人口、军队、城市和财富等，故他被同时代的人嘲讽为"百万先生"。他的名字也成为"吹牛大王"的代名词，他的书被称为"世界第一奇书"。

　　学术界也就此进行了数百年的探讨与争鸣。诸如，该书的作者是马可·波罗吗？他是"吹牛大王"吗？该书的内容真实吗？马可·波罗真的来过中国吗？他的作品产生过怎样的影响？等等。直到如今，是非观点仍然不绝于耳，如同人文学界的"历史之问"。其中，"马可·波罗是否到过中国"是一个核心问题。因为《游记》全书 229 章中记录中国的部分占 82 章，分量最大。书中热情洋溢地描述了疆域辽阔、文明昌盛、财富无数和宫殿辉煌的繁荣中国，这是对还处于"黑暗"中世纪的西方人对东方的认知产生极大冲击力的最重要部分。

　　于是，否定论者、怀疑论者与支持论者围绕"马可·波罗来华真实性问题"展开了长达七个多世纪的论争，论著成果可谓丰硕。与之相关的内容在本书的第一章中有详细的介绍与评介，在此不再赘述。

总的来看，目前国内的前辈学者多是参照马可·波罗书的记述与中国史料印证，用实证的方法就具体问题来论证马可·波罗来华的真实性。但对欧美和日本等国外学界对马可·波罗的研究方法与理论的了解相对滞后；国外的学者尽管有着《游记》文本的古欧洲语言、考古、理论和方法等方面的研究优势，但因不熟悉中国古文本、传统文化以及中国同行的研究成果等问题，也需要看到当前中国学界对马可·波罗研究的最新成果和研究路径。

自20世纪八九十年代余世雄和杨志玖先生出版关于马可·波罗的研究成果之后，国内还没有关于"马可·波罗来华问题"的研究成果集。为了中国"马可·波罗学"的发展和进步，笔者联络了目前国内学界研究马可·波罗问题的后继学者，将我们的最新研究成果汇编为《马可·波罗来华问题研究》，献给历史上这位从陆上丝路来华、从海上丝路回欧的伟大旅行家马可·波罗！他的伟大旅行也与当今中国倡议并开展的"一带一路"的伟大构想和宏大战略有着共同的愿景，那就是费孝通先生的16字箴言：各美其美，美人之美，美美与共，天下大同。

本着呈现给读者最近20余年来国内马可·波罗学的研究成果为主要目的，以"马可·波罗来华真实性问题"的研究为红线，全书从六个方面对该问题进行了探讨。

第一章，主要对自14世纪《游记》问世的700多年来，西方以及国内学界对马可·波罗以及《游记》的研究和接受历程。作者主要归纳了欧美（特别是意大利）、中国、日本等学者的研究情况，也指出当前学界所存在的问题以及未来努力的方向，点明本书的学术意义以及现实价值。

第二章，在批判西方学者研究的基础上，致力于历史地理研究的石坚军副教授利用汉文、蒙文及波斯文等资料，对马可·波罗游历的上都、亦集乃城和云南等地路线的详细考察，论证了马可·波罗来华的真实经历以及他所记的不实之处。

第三章，主要研究《游记》中记述的关于蒙古汪古部政治中心的演变、节日宴会和经济税收问题。首先，石坚军根据《游记》的记述来考察元初汪古部政治中心变迁的研究。其次，研究元史的马晓林副教授根据文献资料与马可·波罗所记元朝皇帝的诞节宴会进行对照研究，说明他有机会参加王室的宴会活动并得以近距离观察。最后，马晓林研究马可·波罗所记杭州税收数字的可靠性，说明作为商人的马可·波罗对中国经济问题的特有关注。

第四章，长期关注中西文化交流的姬庆红与马晓林则拓宽了前辈的学术视角，对《游记》中论述的中国西北问题给予了关注。作者利用威尼斯国立图书馆有关马可·波罗的档案、西方汉学家的研究成果和中国地方志等资料，研究马可·波罗对中国西北的丝路枢纽张掖、景教以及特产麝香的记载，证明了马可·波罗来华的真实性。

第五章，马可·波罗来华丝路上所记的，主要包括克什米尔佛教、长老约翰传说和东方三博士传说。通读《游记》全书，研究者发现，波罗是以一个"国际化"蒙古人的视角来观察宗教问题，他并非独尊基督教。基督教的同宗"异端"——景教、佛教、摩尼教、拜火教等在其《游记》中都有一席之地。在某种程度上，马可·波罗的文化认同观，超越了种族和宗教认同的自大与狭隘，挑战了中世纪以及近现代的"西方中心论"，给西方人造成了一定程度的心理创伤。

余论，通过对马可·波罗家族的遗嘱、教会档案和遗产清单等文件进行研究后发现，"马可百万"绰号与他的百万家产、传奇身份相契合，而不是西方讹传的它是"说谎大王"的代名词。

窃以为，本书中的四位学者写作的 15 篇论文（兰州大学历史文化学院副教授姬庆红写作了第一章的第一节，第四章的第一、三节，第五章的第二、三节；内蒙古大学历史与旅游文化学院副教授石坚军写作了第二章，第三章的第一节；南开大学历史学院马晓林副教授写作了第一章的第二节，第三章的第二、三节，第四章的第二节，第五章的第一节；兰州大学历史文化学院副教授王延庆写作了余论部分），足以为马可·波罗摘掉戴了近 700 年的"说谎大王"的帽子，亦能为被称为"世界第一奇书"的《游记》正名，进而为他来华的真实性提出有力的辩护。本书认为，公正而客观的结论是，马可·波罗是中世纪意大利横跨欧亚漫长丝路的伟大旅行家，是在元帝国旅行、居住并经商 17 年的色目人，是以文化认同来看待不同文明的"国际人"，是东西方文明交流史上一座重要的桥梁。

第一章 马可·波罗研究的历史与现状

马可·波罗，一个自 14 世纪起就受到东西方共同关注的著名旅行家。他的名字不仅出现在中小学的书本中，而且充斥影视、广告和品牌中，被物欲膨胀的当代社会过度消费。尽管在当今社会受到如此热捧，但马可·波罗本人及其《马可·波罗游记》的命运却在长达七个多世纪的历史中波折起伏，充满着戏剧性的遭遇。马可·波罗从中世纪威尼斯滑稽剧中的"吹牛大王"到成为近代探险家的先驱，再到现代被誉为伟大的旅行家，《游记》从"世界第一奇书"到成为哥伦布的旅行指南，再到被视为研究中西交流的宝贵资料，人们对其认识逐渐从偏狭武断走向客观公正，这得益于学者对之从初浅到深厚的漫长研究。

早在《游记》面世的 14 世纪初期，正是欧洲文艺复兴的前夜，也是政教斗争激烈、黑死病蔓延、经济滞缓，以及十字军东征失利的多事之秋，情绪悲观的人们难以相信书中描述的遥远东方竟然有政治稳定、文教昌明的元帝国存在，他们宁愿将《游记》当作奇闻怪谈和茶余饭后的谈资，也不愿意接受马可·波罗求真"如实"的记录，且充满了怀疑和非难。当然，在《游记》的大量读者中，也不乏"马可·波罗迷"，尤其是人文学者、探险家等从马可·波罗这里汲取了大量的新知识，获得了探险东方异域的精神动力。这批精英、学者和探险家就是研究马可·波罗的肇始之人。鉴于时代的久远以及资料的匮乏，我们对中世纪以及近代的西方学者对马可·波罗的研究从略处理。

本章主要关注 19 世纪后期"马可·波罗学"出现以来，中外学者对

《游记》的研究情况，力图梳理出相对清晰的脉络和学术演变的动态过程。首先是对中国和欧美国家（主要是意大利之外的）学界自19世纪后期以来至现在关于马可·波罗来华研究情况的综述。对"肯定论派""怀疑论派"和"否定论派"①的著名学者的论著都有较为详细的介绍和分析，基本可以得出大多数学者支持"马可·波罗来华的真实性"的观点。其次是对意大利和日本学界关于马可·波罗研究的学术史进行了整理与研究。意大利是马可·波罗的故乡，对其的研究可谓蔚为兴盛，硕果累累。相对于意大利较为丰硕的马可·波罗研究成果来说，日本的研究相对薄弱，但也取得了一定的成就。尽管意大利和日本的马可·波罗研究取得了不错的成就，但因语言的障碍较难能为中国读者看到。如何解决这个问题，是中国的马可·波罗研究者日后思考和努力的方向。

第一节　欧美与中国的马可·波罗研究

马可·波罗改变了中世纪乃至当代西方人对东方的认知，其影响无比深远。自14世纪《寰宇记》（即《马可·波罗游记》）付梓以来，人们从未停止过对马可·波罗本人及其作品的研究。然而，马可·波罗及《寰宇记》成为一个专门的研究领域即马可·波罗学则是19世纪以来的事。西方学者以此为平台，大家辈出且成果斐然。例如，著名的英国学者亨利·裕尔（Henry Yule，1820—1889）、英国学者穆尔（Arthur Christopher Moule，1873—1957）、法国著名汉学家伯希和（Paul Pelliot，

---

① 正如党宝海所言，否定派和怀疑派是不同的。怀疑派只是提出《游记》中的一些记载可疑，认为马可·波罗可能没有到过中国，或者只是到过中国的部分地区。代表性的学者包括德国慕尼黑大学汉学系教授傅海波（Herbert Franke）、美国学者海格尔（John Haeger）、上海师范大学教授王育民等。尤其是傅海波提出马可·波罗很可能没到中国的观点，相继引发了中外学者的大争论。参见 Herbert Franke，"Sino-Western Contacts under the Mongol Empire"，*Journal of the Royal Asiatic Society*，Hong Kong Branch，Vol. 6. 1966；党宝海《记忆、知识、形象——三个"中国形象"的构建和比较》（http://www.360doc.com/content/16/1112/17/30950927_606005175.shtml）。

1878—1945)① 和法国东方学者考狄埃（Henri Cordier, 1849—1925）等。中国也有不少学者致力于此。自晚清映堂居士② 1874 年发表《元代西人入中国述》以来，中国学者对马可·波罗的研究已有 120 余年的历史了。其中，余世雄主编的《马可·波罗介绍与研究》是中国比较系统地介绍马可·波罗研究状况的著述，20 世纪 80 年代前有关马可·波罗的研究论作大多收录于此。1988 年，余世雄又出版了《中世纪大旅行家马可·波罗》③，是我国出版的第一部全面论述马可·波罗的学术著作。该书八章，分别论述了马可·波罗来华的时代背景，旅行中国的始末，《马可·波罗游记》所述的元初中国状况、中国历史名城，《游记》的外文版本、中文译著，中国的马可·波罗研究，以及《游记》的影响。研究马可·波罗的代表人物杨志玖先生将其毕生的研究成果收集在《马可·波罗在中国》④ 一书中出版，成为当今马可·波罗研究的扛鼎之作。中西方学界关于马可·波罗的研究尽管有先后，但所研究的问题却有诸多相通之处。

　　第一，有关《游记》真实性的讨论。这是马可·波罗研究中最为关键的问题，也是讨论其他问题的根本前提。尽管大多数学者认为《游记》中记载的东方情况基本是准确的，但因有渲染、漏写、误记等失实之处，不少学者对他是否到过中国仍持审慎乃至否定的态度。例如，1965 年，德国学者傅海波曾对此提出质疑⑤，但其后来的态度发生转变，并对下面提到的吴芳思（Frances Wood）错误引用他的论文提出批评⑥。1979 年，美国学者海格尔则在《马可·波罗在中国？从内证中看到的

---

① A. C. 穆尔，出生于中国杭州，来自剑桥入华传教士知名家庭，是第三任英国驻华外交官。保罗·伯希和，出生于法国巴黎传统的天主教家庭，是法国语言学家、汉学家和探险家。他精通英语、德语、俄语、汉语、波斯语、藏语、吐火罗语等多种语言。"如果没有伯希和，汉学将成为一个孤儿"，有学者以此来评论他对汉学的巨大贡献。他对马可·波罗研究也有精深造诣。

② 据邬国义先生考证，映堂居士是同治年间英国驻华汉文正使梅辉立（William Frederick Mayers），参见邬国义《映堂居士为何人》，《近代史研究》2009 年第 6 期。

③ 参见余世雄《中世纪大旅行家马可·波罗》，中国旅游出版社 1988 年版。

④ 参见杨志玖《马可·波罗在中国》，南开大学出版社 1999 年版。

⑤ Herbert Franke, "Sino-Western Contacts under the Mongol Empire", *Journal of the Royal Asiatic Society*, Hong Kong Branch, 1966（6）.

⑥ 参见杨志玖《马可·波罗在中国》，南开大学出版社 1999 年版，第 126 页。

问题》①一文中提出马可·波罗只到过中国北方的观点。1982 年 4 月 14
日，英国学者克鲁纳斯（Craig Clunas）在《泰晤士报·中国增刊》发表
了《探险家的足迹》一文，对波罗到过中国一说进行全面否定。他认为
马可·波罗只到过中亚的伊斯兰国家，从那里的波斯或土耳其商人那里
得知中国的情况。中国学者王育民等也曾提出过类似质疑。② 1995 年，
英国学者吴芳思出版《马可·波罗到过中国吗？》③集此前的怀疑与否定
论者之大成。

对于怀疑甚至否定马可·波罗来华的观点，中国著名学者杨志玖和
黄时鉴都曾撰文予以有力的回应。杨先生曾先后发表《马可·波罗足迹
遍中国——与海格尔先生商榷》《马可·波罗到过中国——〈马可·波
罗到过中国吗？〉的回答》《马可·波罗与长老约翰——附论伍德博士的
看法》《再论马可·波罗书的真伪问题》《马可·波罗所记远道节日与刑
制》等重要文章④，用翔实的史料证明了马可·波罗来华的真实性。杨
先生撰《关于马可·波罗在中国的几个问题》⑤就马可·波罗是否懂汉
语、是否做过扬州总管等问题进行了考辨。黄时鉴的《关于茶在北亚和
西域的早期传播——兼说马可·波罗未有记茶》《马可·波罗与万里长
城——兼并〈马可·波罗到过中国吗？〉》和《元代缠足与马可·波罗
未记缠足问题》⑥三篇文章专门就吴芳思否定马可·波罗来华的三个主

① John W. Haeger, "Marco Polo in China? Problem with Internal Evidence", *Bulletin of Sung and Yuan Studies*, 1979（14）.

② 参见王育民《关于〈马可·波罗《游记》〉的真伪问题》，《史林》1988 年第 4 期。

③ Frances Wood, *Did Marco Polo Go to China*? London, 1995；弗朗西斯·伍德（吴芳思）《马可·波罗到过中国吗？》，新华出版社 1997 年版。

④ 参见杨志玖《马可·波罗足迹遍中国——与海格尔先生商榷》，《南开学报》1982 年第 6 期；《马可·波罗到过中国——〈马可·波罗到过中国吗？〉的回答》，《历史研究》1997 年第 3 期；《马可·波罗与长老约翰——附论伍德博士的看法》，《元史论丛》第 7 辑，江西教育出版社 1999 年版；《再论马可·波罗书的真伪问题》，《历史研究》1994 年第 2 期；《马可·波罗在中国》，南开大学出版社 1999 年版，第 189—194 页。

⑤ 参见杨志玖《关于马可·波罗在中国的几个问题》，《中国史研究》1982 年第 2 期。

⑥ 参见黄时鉴《关于茶在北亚和西域的早期传播——兼说马可·波罗未有记茶》，《历史研究》1993 年第 1 期；《马可·波罗与万里长城——兼并〈马可·波罗到过中国吗？〉》，《中国社会科学》1998 年第 4 期；《元代缠足与马可·波罗未记缠足问题》，《黄时鉴文集》第 2 卷，中西书局 2010 年版，第 254—272 页。

要依据，即《游记》中没有提到万里长城、茶和缠足逐条进行了有理有据的驳斥。

尤其能说明马可·波罗来华真实性的古代文献史料，是杨志玖先生从《永乐大典》卷 19418 "站"字韵引《经世大典》站赤中检出的一条珍贵史料：

> 今年三月奉旨，遣兀鲁䚟、阿必失呵、火者，取道马八儿，往阿鲁浑大王位下。同行一百六十人，内九十人已支分例，余七十人，闻是诸官所赠遗及买得者，乞不给分例口粮。奉圣旨：勿与之！

这是迄今所见唯一可与马可·波罗所记相印证的汉文史料。为此，杨先生写出了《关于马可·波罗离华的一段汉文记载》一文，他的导师、我国著名中西交通史专家向达先生对此文的评价是："这一发现证明两点：一、马可所记他们陪同波斯阿鲁浑汗使者是事实，元代官书可以证明。虽然《站赤》中没有提到马可诸人，但是波斯使者的名字和马可所记完全一致，这就够了；二、阿难答的奏章是一二九〇年的阴历八月，提到本年阴历三月的事，请示圣旨。这说明马可诸人离开中国应该是一二九〇年阴历年底或一二九一年阴历年初，为《马可·波罗游记》中的年月问题提出了极其可靠的证据。这也就是替《马可·波罗游记》的真实性提供了可靠的证据。"[①]

能够印证《游记》真实性的另一份珍贵史料是伊利汗国宰相拉施特主持撰修的《史集》，书中这样记载道：

> 在阿巴哈耳城中，遇到了火者及一群使者，他们曾奉阿鲁浑汗之命前往合汗处，请求合汗赐予大不鲁罕［哈敦］亲族［中的一个姑娘］，以承袭其位［指大不鲁罕哈敦的王后之位］。他们带来了阔

---

① 转引自李宝柱《马可·波罗到过中国的新证据》（http://blog.legaldaily.com.cn/blog/html/93/2442393-6392.html）。

阔真哈敦及其他为帝王们所重视的中国南北方［所产］的珍稀物。合赞汗在那里停驻下来，与阔阔真哈敦结婚。①

　　除了以上两条珍贵的史料外，李宝柱教授在杨志玖先生发现的同书同卷中，又找到了从未被人发现的一条马可·波罗出使伊利汗国的史料：

　　（至元二十四年四月）二十五日，尚书省定拟廪给司，久馆使臣分例，令通政院、兵部一同分拣起数，行移合属，依例□给。廪给司□八起：一拜八千户子母二人。一阿鲁浑大王下使臣寄住马，奉圣旨赐亡宋宫女朱氲氲等三人，及从者一名；一回回太医也薛哈钦四人；一熬沙糖倒兀等二十七名；一海都大王位下小云赤二人；一蒙古生员三十名……一缅人撒蛮答速等一百四十人。住□：一回回阴阳人阿伦一名；一升硬弓八里弯一名。②

　　据李宝柱分析，阿鲁浑大王的使臣（这里虽然没有具体的名字），在至元二十四年（1287）四月二十五日之前，就已经到达元大都，而且还被奉旨赐予了朱氲氲等三名亡宋宫女，外加一名从者，同时都享受寄住期间赐予官马使用的待遇。这三名阿鲁浑的使者必定是马可·波罗记载的阿鲁浑王派遣到元庭的使者兀鲁［角加碍］、阿必失呵、火者三人。因为在至元二十四年至二十七年（1290）离华的三年期间，阿鲁浑大王处并未再派其他使臣来华。这使得王育民教授所说使臣为"大汗"忽必烈所派的观点不攻自破。马可·波罗不可能从当时的官方记载中得知这一信息，也不可能从传闻中得知这一信息，只能是来自亲耳所闻。因此，我们可以断言：马可·波罗的确曾经来华，的确曾经与阿鲁浑的使臣相伴回国。李宝柱教授新发现的资料以及分析再次有力佐证了马可·波罗

---

　　① ［波斯］拉施特主编：《史集》第3卷，余大钧译，商务印书馆1986年版，第261—262页。
　　② 转引自李宝柱《马可·波罗到过中国的新证据》（http：//blog. legaldaily. com. cn/blog/html/93/2442393－6392. html）。

来华及《游记》的真实性。

　　另外，国外很多学者尽管提出《游记》的某些不实之处，但它没有重大的年代和地理错误，总体上符合当时中国的社会状况，基本信息是准确的，因此大都承认马可·波罗来过中国的事实。如英国著名的马可·波罗学者亨利·裕尔著《威尼斯人马可·波罗阁下关于东方诸国奇事之书》①、法国著名汉学家伯希和在其《马可·波罗注》②及其与穆尔合著的《马可·波罗寰宇记》③，意大利学者奥勒斯吉（L. Olschki，曾著《马可·波罗的亚洲》）④都持肯定的观点，澳大利亚蒙古学及元史学家罗依果（Igorde Rachewiltz）的《马可·波罗到过中国》论文中，亦称赞马可·波罗书中记述中国事物之详细而精确，并说"赖有马可·波罗，才有欧洲第一次获得有关远东地区的可靠消息"⑤。美国的柯立夫（F. W. Cleaves）《关于马可·波罗离华的汉文资料及其到达波斯的波斯文资料》⑥、约翰·克里奇利（John Critchley）《马可·波罗的书》，对《游记》的 F 本、作者、马可·波罗时代的作家和《游记》的读者等问题进行了研究，提出了不少有价值的观点，根本上也是对马可·波罗来华持肯定态度。⑦

　　约翰·拉纳（John Larner）的《马可·波罗与世界的发现》⑧、斯蒂芬 G. 豪（Stephen G. Haw）的《马可·波罗眼中的中国：忽必烈帝国的一个威尼斯人所看到的》⑨等著作都表达了对马可·波罗来华事实的认

---

　　①　Henry Yule, *The Book of Ser Marco Polo*, *the Venetian Concerning the Kingdoms and Marvels of the East*, 2vols, London：John Murry, 1871.

　　②　Paul Pelliot, *Notes on Marco Polo*, Paris：Imprimerie Nationale. Vol. 1, 1959；Vol. 2, 1963；Vol. 3, 1973.

　　③　A. C. Moule and Paul Pelliont, *Marco Polo：The Discription of the World*, Vol. 1, London, 1938；reprinted by AMS Press, 1976.

　　④　Leonardo Olschki, *Marco Polo's Asia*, tr. J. A. Scott, Berkly and Los Angeles, 1960.

　　⑤　Igorde Rachewiltz, "Marco Polo went to China", *Zentralasiatische Studien*, 1997（27）.

　　⑥　Francis Woodman Cleaves, "A Chinese Source Bearing on Marco Polo's Departure from China and A Persian Source on His Arrival in Persia", *Harvard Journal of Asiatic Studies*, Vol. 36, 1976.

　　⑦　John Critchley, *Marco Polo's Book*, Aldershot Hampshire：Variorum, 1992.

　　⑧　John Larner, *Marco Polo and the Discovery of the Worlds*, New Haven：Yale University Press, 1999.

　　⑨　Stephen G. Haw, *Marco Polo's China：A Venetian in the Realm of Khubilai Khan*, Routledge, 2006.

可。大卫·雅各比（David Jacoby）的论文《马可·波罗、亲属以及游记记载的一些新视角》①多角度全方位地使用新研究成果来论证马可·波罗来华的真实性。2013 年德国图宾根大学汉学系教授傅汉思（Hans Ulrich Vogel）最新出版的《马可·波罗到过中国：货币、食盐、税收方面的新证据》一书中，通过对中文、日文、意大利文、法文、德文、西班牙文等大量文献的研究，有力说明：不但怀疑者的一切疑问都可以解释，而且马可·波罗书中很多对中国的描述是十分准确的。他就至今被学界忽略的重要课题，即《游记》中对当时元代的货币、食盐以及税收体制等做了大量且详细的记录。但在当时的欧洲、阿拉伯或波斯文献中根本没有马可·波罗如此详尽的讲述。这些看起来"冷门"的知识足以说明是他的独家报道。②我们应该看马可·波罗记载了什么，而不是看他没有记载什么。现代人不能对古人苛全求备，应抱有同情和理解。

当然，学术研究贵在独立思考和百家争鸣。对该问题的争论必将有利于推进马可·波罗学的研究。目前，虽然有关波罗来华的真实性仍在争论之中，但是，我们认为肯定论者的研究更值得重视，这也是本课题开展深入研究的立足根本和研究基础。

第二，《游记》的版本问题。迄今，《游记》各种版本达 200 多种，其中比较重要的抄本和早期刊本有：鲁思蒂谦最初写作使用的中古法、意混合语的 F 本，因该抄本于 1824 年由法国地理学会作为《旅行记与回忆录文集》的第一集刊印出版，所以 F 本又被称为"地理学会本"。FG 本，即 1865 年法国学者颇节（Jean Pierre Guillome Pauthier）汇校的中世纪法国宫廷的五种抄本，译成现代法语，并用东方史料进行注解，出版《威尼斯市民马可·波罗的生活》，中文译为《忽必烈枢密副使博罗全

---

① David Jacoby, "Marco Polo, His Close Relatives, and His Travel Account: Some New Insights", *Mediterranean Historical Review*, Vol. 21, No. 2, Dec. 2006.

② Hans Ulrich Vogel, *Marco Polo Was in China: New Evidence from Currencies, Salts and Revenues*, Leiden: Brill, 2013.

书》；后由法裔华籍的沙海昂（Antonie J. H. Charignon）为其增加了元史史料并出版了新法语译本。冯承钧先生将这个本子翻译并增补，1935年出版，定名为《马可波罗行纪》。亨利·裕尔根据颇节和意大利地理学家剌木学（Giovani Battista Ramusio，1458—1557）的注本，用了更为丰富的东方史料补订完善，于1871年以"威尼斯人马可·波罗阁下关于东方诸国奇事之书"为名出版。后法国考狄埃为其增加了一卷注释和附录，于1920年再次重印，成为19世纪博学的不朽巨著。较古老的有托斯堪纳语的T本、意大利威尼斯方言的V本，波罗纳多明我修士皮皮诺（Francis Pipino of Bologna，1270—1328）将其翻译成拉丁语的P本；1559年意大利地理学家剌木学修订的意大利译本即R本。据很多学者推测，剌木学很有可能接触过《游记》的原稿，因此R本价值很高。

还有一部重要的古代抄本是18世纪的红衣主教弗朗西斯科·才拉达（Francesco Xaverio de Zelada，1717—1801）拥有的1470年左右出版的拉丁文本。1938年，英国学者穆尔和法国学者伯希和根据此本，综合各种版本为一书，并于正文旁注明版本的缩写，即被称为"百衲本"的《马可·波罗寰宇记》（*Marco Polo: The Description of the World*）（以最古老的书名命名）。这是迄今最完整、最权威的本子。伯希和曾花费巨大心血为《游记》做注，以《马可·波罗注》为名出版，此书征引详备，多为学者重视。中国有关《游记》的汉文译本大致有7种，蒙文译本有2种，最早的中文译著是1913年魏易翻译的《元代客卿马哥博罗游记》，当时名气颇大，但有不少错误。① 张星烺译的《马哥孛罗游记》②、李季译的《马可·波罗游记》③、上文提到的冯承钧译的《马可波罗行纪》④ 等。

---

① 参见《元代客卿马哥博罗游记》，魏易译述，正蒙印书局1913年版。
② 参见《马哥孛罗游记》，张星烺译，商务印书馆1937年版。
③ 参见《马可波罗游记》，李季译，亚东图书馆1936年版。
④ 参见《马可波罗行纪》，冯承钧译，商务印书馆1936、1947年第3版，中华书局1954、2002重印；《马可波罗行纪》，沙海昂注，冯承钧译，商务印书馆2012年版。

其中较为权威的译本是中华书局出版的冯承钧翻译的沙海昂注本，较新的是党宝海对其新的注解①，使其得到进一步完善。

总体看来，对于《游记》基本文献的翻译与整理工作，中国学界尚有很多工作要做。迄今为止，尚未有权威、完备的中译本问世。最近得知北京大学的荣新江教授在着手组织国内外学者进行大规模的《游记》版本的校订和整理工作，以期国内最权威的版本在未来的几年面世，这将是学界一大喜事。

第三，有关马可·波罗身份的研究。关于这个问题，学术界曾出现过法国学者颇节主张的"枢密副使"说，认为马可·波罗即阿合马事件中元世祖任命讨伐叛乱者的枢密副使孛罗，亨利·裕尔、张星烺从之。但《蒙兀儿史记》的作者屠寄（1856—1921）在其书卷117《马可保罗传》中则反对此说，只是"孛罗"二字与"保罗"音近罢了。伯希和与冯承钧也反对此说。"扬州总管说"，映堂居士在《元代西人入中国述》中说，博罗玛格"曾为扬州总管"，这是在我国提出扬州总管说的第一人。屠寄在所著《蒙兀儿史记·马可保罗传》中也用这种说法。冯承钧在译本序言中亦持其说。张星烺先生译亨利·裕尔的《马哥孛罗游记导言》时称马可·波罗为"扬州宣慰使"。②迄今均被晚近学者的研究所否定。蔡美彪提出了较具创新的观点。他认为，马可·波罗具有丰富的商业知识和从事商业的经历，并多次奉命出使，是元朝常见的"斡脱"商人。③另据李治安的研究，马可·波罗并非正式使臣，而是斡脱商人兼宫廷侍从。④上述观点的陈述反映了学界对马可·波罗身份的学术探索的基本走向。

---

① 参见［意］马可波罗《马可波罗行纪》，A. J. H. Charignon 注，冯承钧译，党宝海新注，河北人民出版社1999年版。

② 参见杨志玖《百年来我国对〈马可·波罗游记〉的介绍与研究》（上），《天津社会科学》1996年第1期。

③ 参见蔡美彪《试论马可·波罗在中国》，《中国社会科学》1992年第2期。

④ 参见李治安《马可·波罗所记乃颜之乱考释》，《元史论丛》第8辑，江西教育出版社2001年版。

第四，马可·波罗在中国的行程和所经重点城市。该问题主要涉及马可·波罗是否到过云南、杭州、两都和其他地区。陈得芝分别就马可·波罗出使云南、奉使扬州与杭州，以及出使印度与离开中国三个部分，考察了他奉使的真实性。[①] 石坚军利用裕尔、伯希和的研究成果与元史相对照，对马可·波罗旅行云南（认为马可·波罗出使云南时间应为 1281—1282 年）、孟加拉（认为马可·波罗并没有到过孟加拉，只是道听途说了此地）以及上都的旅行路线进行了考证。[②] 杭州是马可·波罗《游记》中的重点记载城市。向达的《元代马哥孛罗所见之杭州》[③] 对杭州大火、街道等考证甚详，是早期研究的代表作；鲍志成《马可·波罗与天城》[④] 则是系统考察马可·波罗杭州之行的著作。在 2010 年 11 月杭州召开的"元代杭州研究论坛"上，黄时鉴利用欧洲古地图，证明了马可·波罗笔下的杭州对西方人 300 多年制图史观念的影响。600 多年前古地图上有西湖，马可·波罗游记中的杭州篇幅占 1/15。从 13、14 世纪世界史的角度来看，在蒙古人向陆地和海洋两个方向的武力拓展而形成的世界新格局中，尤其是在海洋体系里，杭州成为世界海洋贸易体系的一个中心。[⑤]

方国瑜与林超民合著的《〈马可·波罗行记〉云南史地丛考》[⑥] 独辟蹊径，以翔实的材料证明马可·波罗确实到过云南与东南亚，为马可·波罗到过中国的证据。张宁《〈马可·波罗《游记》〉中的元大都》对马可·波罗所记述的大都城址、宫阙与苑囿、交通贸易、居民风俗和宗教信仰做了详尽的研究。蔡美彪《马可·波罗归途记事析

---

① 参见陈得芝《马可·波罗在中国的旅程及其年代》，《元史及北方民族史集刊》第 10 期，《南京大学学报》1986 年专辑。

② 参见石坚军《马可·波罗出使云南时间考》，《云南师范大学学报》2007 年第 1 期；《对〈马可·波罗游记〉Bangala 史实的考释》，《中国历史地理论丛》2007 年第 7 期；《马可·波罗上都之旅考述》，《中国历史地理论丛》2012 年第 1 期。

③ 参见向达《元代马哥孛罗所见之杭州》，《东方杂志》1929 年 26 卷第 10 号。

④ 参见鲍志成《马可·波罗与天城》，香港新风出版社 2000 年版。

⑤ 《600 多年前古地图上有西湖 马可·波罗游记中杭州篇幅占 1/15》（http://www.anhuinews.com/zhuyeguanli/system/2010/11/12/003457427.shtml）。

⑥ 参见方国瑜、林超民《〈马可·波罗行记〉云南史地丛考》，民族出版社 1994 年版。

疑》① 一文，对《游记》中有关归途记事的真伪问题做了辨析，包括马可归途身份、阔阔真公主和"蛮子国王的女儿"、马可在波斯及奉使英法辨伪等。显然，上述研究涉及广泛，各有侧重，对我们开展综合性研究大有裨益。

第五，对《游记》中所记相关时间和语言、地名的考证。杨志玖的《关于马可·波罗的研究——读柯立夫教授的〈关于马可·波罗离华的汉文资料及其到达波斯的波斯文资料〉》② 对马可·波罗离华和到达波斯的时间做了考证。他认为马可·波罗一行离华的时间是 1291 年初，到达波斯的时间为 1293 年 2 月间。彭海的《关于马可·波罗在扬州的时间》③ 认定马可·波罗在当地的滞留时间应在 1282 年到 1285 年。余志群的《马可·波罗行迹扬州方志考》④ 在《扬州府志》和《〔康熙〕扬州府志》中找到了马可·波罗曾在扬州为官的事实，并提出"火者"是马可·波罗的职官名。黄时鉴在《关于马可·波罗的三个年代问题》⑤ 一文中对马可·波罗离开威尼斯前往中国、离开中国、抵达波斯等几个重要的时间进行了考证。蔡美彪的《马可·波罗所记阿合马事件中的 Cenchu Vanchu》⑥ 一文中引用汉文记载与马可·波罗的记载相对照，认为是千户、万户的对音。另外，邵循正在《历史与语言——附论〈马可·波罗游记〉的史料价值》⑦ 一文中对《游记》中的语言及相关问题做了研究，对澄清学者的误解及推动研究的深入多有帮助。张星烺的

① 参见蔡美彪《马可·波罗归途记事析疑》，《元史论丛》第 6 辑，中国社会科学出版社 1996 年版。

② 参见杨志玖《关于马可·波罗的研究——读柯立夫教授的〈关于马可·波罗离华的汉文资料及其到达波斯的波斯文资料〉》，《南开大学学报》1979 年第 3 期。

③ 参见彭海《关于马可·波罗在扬州的时间》，《历史研究》1980 年第 2 期。

④ 参见余志群《马可·波罗行迹扬州方志考》，《扬州大学学报（社会科学版）》2012 年第 2 期。

⑤ 参见黄时鉴《关于马可·波罗的三个年代问题》，《中外关系史论丛》第 1 辑，世界知识出版社 1985 年版。

⑥ 参见蔡美彪《马可·波罗所记阿合马事件中的 Cenchu Vanchu》，《中国社会科学院研究生院学报》1985 年第 5 期。

⑦ 参见邵循正《历史与语言——附论〈马可·波罗游记〉的史料价值》，《元史论丛》第 1 辑，中华书局 1982 年版。

《中西交通史料汇编》① 有些教皇、大汗以及传教士的珍贵书信和《游记》的资料。前辈学者与年轻学者的考订精审，为我们深入探讨打下了良好的基础。

第六，关于马可·波罗及其《游记》在其他领域的研究。随着研究的深入，不少学者开始研究《游记》中的宗教问题，包括基督教、景教、伊斯兰教和佛教，甚至是藏传佛教等。龙达瑞的《〈马可·波罗游记〉中所涉及的宗教问题研究》② 对《游记》中描写的儒释道三教的记载进行了较为详细的分析。2000 年 8 月 16—20 日，由南开大学历史系、中国元史研究会及香港教育学院共同举办的"马可·波罗与 13 世纪中国国际学术讨论会"在天津举行。在会议上，刘迎胜教授的《关于马薛里吉思》③ 一文认为马可所述马薛里吉思老家薛迷思贤的教堂及所见镇江之聂斯脱里寺与同期汉籍相吻合；邱树森教授的《马可·波罗笔下的中国穆斯林》研究了马可笔下的伊斯兰教，马可对阿合马事件及赛典赤家族的记载反映了当时"回回人"政治地位之一斑；日本学者乙坂智子的《马可·波罗书中所述藏传佛教》以考察喇嘛教僧人法事及"神迹"为主题，认为喇嘛教可依靠法事，通过显示大汗周围的"神迹"以表现其神秘伟大，是儒学外的一种来自非汉族文化的统治工具。④

由以上的综述可以看出，国内外学者关于马可·波罗来华及《游记》真实性、身份、相关行程、地名人名考释等问题已做了大量的研究。前辈学者的研究多是参照马可·波罗书的记述与中国史料印证，借此考证当时中国政治、经济、军事、交通、宗教以及风土民情等状况。这些研究多属实证的、微观的研究，而较少从宏观的角度研究，如马可·波罗来华正处于成吉思汗开创的"全球化"肇始的历史大背景，

---

① 参见张星烺《中西交通史料汇编》（四卷本），中华书局 2003 年版。
② 参见龙达瑞《〈马可·波罗游记〉中所涉及的宗教问题研究》，《宗教学研究》1990 年第 Z1 期。
③ 参见刘迎胜《关于马薛里吉思》，《元史论丛》第 8 辑，江西教育出版社 2001 年版。
④ 摘要参见《"马可·波罗与 13 世纪中国"国际学术讨论会综述》，《历史教学》2000 年第 11 期。

马可·波罗来华及其《游记》对中世纪东西方世界交流的重要作用，东西方人员及文化的互动交往，西方对东方形象的塑造等，因而仍有借助新的研究方法和理论进行研究的必要。这些也是我们继续深入探索的空间。

进入新世纪以来，中西方学术界出现一些立意新、观念新的研究为我们提供了新视角，开阔了思路。中国部分学者在逐渐克服以西方中心主义的文化观念等同于认识、将西方等同于世界的问题，研究中国"自我"的同时，不再陷入"他人等于地狱"的境地。如周宁编著《契丹传奇——中国的形象：西方的学说与传说》① 和黄兴涛、杨念群主编的《西方视野里的中国形象》② 认为：西方的中国形象对中国的实际有真实的一面，也有难免变形、歪曲的一面；有受其文化心理需求左右，优先摄取或者夸大反映的部分，也有视而不见、充耳不闻的"盲点"。

目前，部分西方学者也已将马可·波罗及其《游记》作为研究的切入点，而将视野扩展到观念和认知领域之中。例如，约翰·拉纳的著作《马可·波罗与世界的发现》③ 认为，马可·波罗肯定到过"契丹"（北中国）和杭州，至于中国其他地区的描述则是依靠后来的拼凑和修补而成的。他和合著者鲁思蒂谦夸大了他在蒙古朝廷的地位和南方中国的游历，他很可能只是一个小官，或许是盐业部门的管理者。他是从蒙古人的视角和观念来写游记的，持较为客观公正的态度。该书重点强调《游记》在地理大发现中的重要作用以及其对于西方人观念的影响。托马斯·阿尔森（Thomas Allsen）在对约翰·拉纳《马可·波罗的文化世界》④ 的书评中，提出马可·波罗对中国的描述是以一个蒙古人的"视

---

① 参见周宁编《契丹传奇——中国的形象：西方的学说与传说》，学苑出版社 2004 年版。

② 参见黄兴涛、杨念群主编《西方视野里的中国形象》，时事出版社 1998 年版。

③ John Larner, *Marco Polo and the Discovery of the World*, New Haven: Yale University Press, 1999.

④ Thomas Allsen, "The Cultural Worlds of Marco Polo", *Journal of Interdisciplinary History*, Vol. 31, No. 3, 2001.

角"来观察元帝国。他对那个时代的东方记述反映了一个复杂的、两个或三个维度的文化世界。而引起这么多文化碰撞的元帝国自身是一个由欧洲人航海探险带来碰撞的前奏和刺激。吴芳思的《中国的魅力：从马可·波罗到巴拉德》[①] 指出，马可·波罗结合事实和虚构，建构了一幅异地情调的浪漫图像。阿卡巴里、苏珊·康克林主编的《马可·波罗与东西之间的遭遇》[②] 论文集是 2002 年加拿大多伦多"马可·波罗国际学术研讨会"参会论文的成果，展示了当今西方学界的最新研究动向：马可·波罗与其经历传奇、中世纪与近当代对马可·波罗的接受和马可·波罗在文化交流与碰撞中的影响。此书以马可·波罗及其《游记》所带来的东西方交流与碰撞为主题，探讨当今东西方不应采取二元对立的视角，而应采用马可·波罗时代文化碰撞时的"双目"观察（binocular vision）。

意大利著名汉学家白佐良（Giuliano Bertuccioli）等编写的《意大利与中国》[③] 展开了这两个相距遥远的文明国家两千余年交往的历史画卷，马可·波罗时代的部分列为一章。尽管它以拉丁文、意大利文的原始资料为主，但因时间跨度很大，都是"对那些较为突出和最有趣的事例加以叙述"，因而也不能为我们提供一个马可·波罗时代的中意文化交流的全貌。在前无资鉴的情况下，需要我们尽力挖掘原始资料、考古文物，运用历史比较的方法将其做得扎实饱满、丰富有趣。

第二节　意大利与日本的马可·波罗研究

13 世纪的旅行家马可·波罗是世界文化史上一个引人注目的名字。由马可口述、鲁思蒂谦执笔的《马可·波罗游记》（在意大利，此书一

---

① France Wood, *The Lure of China: Writers from Marco Polo to J. G. Ballard*, London: New Haven, Conn. , 2009.

② Akbari, Suzanne Conklin, *Marco Polo and the Encounter of East and West*, Toronto: NY University of Toronto Press, 2008.

③ 参见［意］白佐良、马西尼《意大利与中国》，萧晓玲译，商务印书馆 2002 年版。

般被称为《百万》）一书，是中世纪欧洲影响最大、传播最广的一部奇书。书中所描绘的奇妙的东方世界、伟大的忽必烈大汗，令中世纪乃至今日的西方人心驰神往。2014年底，美国的电视台（Netflix）播出了关于马可·波罗故事的大制作剧集，又引起了世界范围的关注。几乎同时凤凰卫视播出的纪录片，也可以视为马可·波罗诞辰760周年在中国的回响。可以说马可·波罗如今已成为东西方的共同话题。在学术界同样如此。对于欧洲而言，马可·波罗研究史非常悠久。相对而言，日本对马可·波罗的研究要晚于马可故乡意大利，成果也无法与之比肩。但是，日本学者很关注在东西方文化交流史上占有重要地位的马可·波罗，并取得相对不错的成果。

一 意大利的马可·波罗研究

在马可·波罗的故乡意大利，相关研究蔚为兴盛，成果迭出。据笔者不完全统计，学术性很强的新的整理译注本有近10种、专著2部、会议论文集4部。篇幅所限，本节仅选择性地介绍近10年来比较重要的学术项目、会议及其成果。在抄本整理与译注方面，意大利学者做了非常详缮和坚实的工作，《游记》最主要的几个版本系统F、TA、R、Z、VA、VB、V本都单独整理译注出版，颇便于学者利用。1975年，伯托卢奇·比佐鲁索（V. Bertolucci Pizzorusso）整理译注的托斯卡纳语本（TA本）出版[1]，在学界影响很大，其后多次重印。1980年，刺木学的6卷本《航海与旅行丛书》整理出版，《游记》（R本）在第3卷。[2] 1988年，荣基（Gabriella Ronchi）整理翻译出版F本与TA本[3]，其中，F本依据法国国家图书馆藏ms. fr. 1116，更正了老一辈学者贝内戴托

---

① Valeria Bertolucci Pizzorusso, *Milione. Versione toscana del Trecento*, indice ragionato di Giorgio Raimondo Cardona, Milano：Adelphi, 1975.

② *I viaggi di Marco Polo, gentiluomo veneziano*, in Giovanni Battista Ramusio, *Navigazioni e viaggi*, a cura di Marica Milanesi, Torino：Einaudi, 1980, Vol. Ⅲ.

③ Gabriella Ronchi, *Marco Polo, Milione. Le divisament dou monde：Il Milione nelle redazioni toscana e franco-italiana*, with a preface of Cesare Segre, Milano：Mondadori, 1988.

（L. F. Benedetto）整理本的许多错误，TA 本为重印了伯托卢奇·比佐鲁索的 TA₂ 本。这个本子也为学术界所常用，多次再版。2001 年，比萨大学的巴塔格里亚·里奇（Lucia Battaglia Ricci）整理出版了 TA 本。[1] 20 世纪末以来，帕多瓦大学的巴比耶里（Alvaro Barbieri）做了很多整理译注工作。1998 年，他出版了 Z 本的现代转写本。[2] 次年，他与同事安德烈欧塞（Alvise Andreose）合作整理出版帕多瓦图市立书馆（Biblioteca Civica di Padova）收藏的一种 VA 本（Ms. CM 211）[3]，并撰文研究[4]。随后，巴比耶里重新整理刊布了 VA 系统中最早的抄本——罗马 Casanatense 图书馆藏 ms. 3999 抄本残件[5]，安德烈欧塞对该抄本进行了语言研究[6]。孔秦（Chiara Concina）发现了 F 本的残卷，虽然只有 4 页，但是对于马可·波罗《寰宇记》文本研究而言非常重要。[7] 西米恩（Samuela Simion）2009 年在威尼斯大学（Università Ca' Foscari, Venezia）的博士论文是整理研究德国柏林藏的 15 世纪威尼斯语抄本（简称 V 本，Staatsbibl. Hamilton 424）。[8]

　　2000 年以来，一个重要研究项目在威尼斯大学（Università

①　Lucia Battaglia Ricci, *Milione*, Firenze：Sansoni, 2001, p. 256.

②　Alvaro Barbieri ed. critica, *Milione. Redazione latina del manoscritto Z, versione italiana a fronte*, Milano；Fondazione Pietro Bembo/Ugo Guanda Editore, 1998.

③　Alvaro Barbieri & A. Andreose, *Il Milione veneto. Ms. CM 211 della Biblioteca Civica di Padova*, ed. critica, premessa di L. Renzi, Venezia, Marsilio, 1999. 参见 Eugenio Burgio 书评，载 *Quaderni Veneti*, Vol. 33. 该书有日文版：高田英树译，《マルコ·ポーロ写本：パドヴァ市図書館 Ms. CM211》，大阪国际女子大学 2000 年版。

④　Alvaro Barbieri & L. Renzi, "Commento al cap. LV del Milione veneto（ms. CM 211 della Biblioteca Civica di Padova）", in *Antichi testi veneti*, a cura di A. Daniele, Padova：Esedra, 2002.

⑤　Alvaro Barbieri, "La prima attestazione della versione VA del Milione（ms. 3999 della Biblioteca Casanatense di Roma）. Edizione del testo", in *Critica del testo*, IV/3, 2001, and in Barbieri's *Dal viaggio al libro：studi sul Milione*, Verona：Fiorini, 2004.

⑥　Alvise Andreose, "La prima attestazione della versione VA del *Milione*（ms. 3999 *della Biblioteca Casanatense di Roma*）. *Studio linguistico*", in *Critica del testo*, V/3, 2002.

⑦　Chiara Concina, "Prime indagini su un nuovo frammento franco-veneto del Milione di Marco Polo", *Romania*, CXXV, 2007.

⑧　Samuela Simion, *Il "Milione" di Marco Polo secondo il manoscritto Hamilton 424 della Staatsbibliothek di Berlino：edizione critica*, Tesi di dottorato, Università Ca'Foscari：Venezia, 2009.

Ca'Foscari, Venezia) 的布尔吉奥 (Eugenio Burgio) 和尤塞比 (Mario Eusebi) 领导下展开。目前已出版 F 本的意大利文新译注本第 1 卷[1]，作为文本语言分析研究的第 2 卷不久也将出版。同时在进行的还有"刺木学本 (R 本)《马可·波罗游记》电子版"项目。[2] 一个成果是《刺木学——〈百万〉的编辑者》一书[3]，作为"威尼斯图书馆丛书：马可·波罗书全本资料" (Biblioteca Veneta Poliana-Documenti per l'edizione integrale del libro di Marco Polo) 之一出版。这是 2010 年 9 月 9—10 日于威尼斯召开的学术会议的论文集，主题是研究刺木学对马可·波罗书的编订工作。主要参加者为威尼斯大学的布尔吉奥、福尔娜希耶罗 (Serena Fornasiero)、马斯凯尔帕 (Giuseppe Mascherpa)、西米恩，帕多瓦大学的安德烈欧塞、巴比耶里，费拉拉大学 (Università degli studi di Ferrara) 的罗马尼尼 (Fabio Romanini) 七位学者。该研究的目的是查核刺木学所用的原材料，对他如何使用这些材料进行语言学的解读，尤其关注其译文风格，以求厘清刺木学的语言与文化，加深对《游记》在中世纪以至现代传播史的认识。书前为众学者合撰的长达 42 页的"导言"，正文包括曾出版《〈航海与旅行丛书〉的编校者刺木学》[4] 一书的罗马尼尼学者撰写的文章《关于刺木学编印活动的新发现》("Nuovi rilievi sulla prassi editoriale ramusiana", pp. 3 – 26)、西米恩《V 本的结构与来源》("Struttura e fonti di V")，以及诸学者对三卷本《百万》各卷文本的细致研究。

在研究方面，意大利学界的成果相当丰硕。比较有代表性的学者有乌戈·图齐 (Ugo Tucci)、伯托卢奇·比佐鲁索、巴比耶里、布尔吉奥

---

① Mario Eusebi, *Il manoscritto della Bibliothèque nationale de France fr. 1116*, I. Testo, Roma-Padova：Antenore, 2010, pp. XVII – 265.

② Eugenio Burgio, M. Buzzoni & A. Ghersetti, "A Digital Edition of 'Dei Viaggi di Messer Marco Polo, Gentilhuomo Venetiano' (Giovanni Battista Ramusio, 'Navigationi et Viaggi', II, 1559)：The Project and Its Recent Updates", *Quaderni Venneti*, Vol. 2, 2013.

③ Eugenio Burgio ed., *Giovanni Battista Ramusio "editor" del* Milione：*Trattamento del testo e manipolazione dei modelli*, Roma-Padova：Antenore, 2011.

④ Fabio Romanini, *Se fussero più ordinate, e meglio scritte... Giovanni Battista Ramusio correttore ed editore delle Navigationi et Viaggi*, Roma：Viella, 2007.

等。近十年来，意大利学界不仅发表了很多论文，还出版专著 1 部、会议论文集 3 部。著名经济史专家乌戈·图齐发表《早期旅行家与马可·波罗之书》《马可·波罗时代的威尼斯贸易》《商人马可·波罗》《马可·波罗真的到过中国吗?》《马可·波罗书：从语文学到信息学》① 等文章。曾整理 TA 本的伯托卢奇·比佐鲁索近年又发表《〈百万〉的语言与风格》②《开始讲述旅行：马可·波罗〈寰宇记〉序》③《马可·波罗与鲁思蒂谦的新研究》④ 等文章，并于 2011 年出版了论文集⑤，收录了她的主要论文。佐尔治（Alvise Zorzi）1982 年的著作《马可·波罗生平》于 2000 年、2006 年两次再版。⑥

　　帕多瓦大学的巴比耶里是意大利中生代学者中成果最多的马可·波罗研究者之一，2004 年出版专著《从旅行到书：〈百万〉研究》⑦，是他论文的合集。其中部分篇目单独发表过。最早的一篇是曾于 1996 年发表的重要文章《何为〈百万〉? 马可·波罗书的文本问题与主要现代

① Ugo Tucci, "I primi viaggiatori e l'opera di Marco Polo", in *Storia della cultura veneta. I. Dalle origini al Trecento*, a cura di G. ARNALDI e M. Pastore Stocchi, Pozza, Vicenza, voi. I/ 1, 1976; "Il commercio veneziano e l'Oriente al tempo di Marco Polo", in *Marco Polo Venezia e l'Oriente*, a cura di A. Zorzt, Electa, Milano, 1981; "Marco Polo mercante", in *Venezia e l'Oriente*, a cura di L. Lancioiti, Atti del 25° Corso Internazionale di Alta cultura promosso e organizzato dalla Fondazione Giorgio Cini, dal Comune di Venezia e con la collaborazione dell'ISMEO, (Venezia, 27 agosto-17 settembre 1983), Leo S. Olschki, Firenze, 1987; "Marco Polo andò veramente in Cina?", in *Studi veneziani*, n. s, 33, 1997; "Il libro di Marco Polo fra filologia e informatica", in *Studi Veneziani*, n. s, 43, 2002.

② Valeria Bertolucci Pizzorusso, "Lingue e stili nel 'Milione'", in Renzo Zorzi ed., *L'epopea delle scoperte*, Firenze: Olschki, 1994.

③ Valeria Bertolucci Pizzorusso, "Pour commencer à raconter le voyage. Le prologue du Devisement du Monde de Marco Polo", in Emmanuèle Baumgartner & Laurence Harf-Lancner eds., *Seuils de l'oeuvre dans le textes médiéval*, Paris: Presses de la Sorbonne nouvelle, 2002.

④ Valeria Bertolucci Pizzorusso, "Nuovi studi su Marco Polo e Rustichello da Pisa", in Luigina Morini ed., *La cultura dell'Italia padana e la presenza francese nei secoli XII – XV*, Alessandria: Edizioni dell'Orso, 2001.

⑤ Valeria Bertolucci Pizzorusso, *Scritture di viaggio. Relazioni di viaggiatore e altre testimonianze letterarie e documentarie*, Roma: Aracne, 2011.

⑥ Alvise Zorzi, *Vita di Marco Polo veneziano*. Milan: Rusconi, 1982; Milan: Bompiani, 2000, 2006.

⑦ Alvaro Barbieri, *Dal viaggio al libro: studi sul Milione*, Verona: Fiorini, 2004. 参见 Eugenio Burgio 书评，载 *Quaderni Veneti*, Vol. 40。

版本》。① 另一篇文章《一个威尼斯人在中国：马可·波罗旅行的真实性》② 是对吴芳思质疑马可·波罗到过中国的回应。《马可·波罗、鲁思蒂谦、"契约"、书：近期研究之下〈寰宇记〉文本的起源与状态》③ 是对马可·波罗、鲁思蒂谦如何合作撰写《游记》的研究。另外的篇目有《马可·波罗及其他》④《马可·波罗与山：〈百万〉（VA 本）的民族志记录》⑤《弓手民族：马可·波罗书中的军事组织与战争技术》⑥《〈波罗东方游记〉（Orienti poliano）中的风俗与信仰：〈百万〉中的民族志记录》⑦《民族志者马可·波罗：马八尔的庙妓（cortigiane templari）》⑧，涉及军事、文化、地理、风俗、信仰等诸多领域。

威尼斯大学的布尔吉奥是当前最活跃的马可·波罗研究者之一。除前文提到的成果外，他还发表过多篇论文和书评。较重要的论文有《旅

---

① Alvaro Barbieri, "Quale 'Milione'? La questione testuale e le principali edizioni moderne del libro di Marco Polo", in *Studi mediolatini e volgari*, 42 (1996), also in his *Dal viaggio al libro*: *studi sul Milione*, Verona：Fiorini, 2004.

② Alvaro Barbieri, "Un Veneziano nel Catai: sull'autenticità del viaggio di Marco Polo", in *Critica del testo*, III/3 (2000), also in his *Dal viaggio al libro*: *studi sul Milione*, Verona：Fiorini, 2004.

③ Alvaro Barbieri, "Marco, Rustichello, il 'patto', il libro: genesi e statuto testuale del Devisement dou monde alla luce degli studi recenti", in his *Dal viaggio al libro*: *studi sul Milione*, Verona：Fiorini, 2004, also in *Medioevo romanzo e orientale. Il viaggio nelle letterature romanze e orientali. Atti del V Colloquio Internazionale. VII Convegno della Società Italiana di Filologia Romanza* (Catania-Ragusa, 24 – 27 *settembre* 2003), a cura di G. Carbonaro, M. Cassarino, E. Creazzo e G. Lalomia, Soveria Mannelli, Rubbettino, 2006.

④ Alvaro Barbieri, "Marco Polo e l' altro", in *Studi testuali* 5, Alessandria, Edizioni dell'Orso, 1998, also in his *Dal viaggio al libro*: *studi sul Milione*, Verona：Fiorini, 2004.

⑤ Alvaro Barbieri, "Marco Polo e la montagna: schede etnografiche dal Milione veneto (redazione VA)", in *I dialetti e la montagna. Atti del convegno* (Sappada/Plodn [Belluno], 2 – 6 luglio 2003), a cura di G. Marcato, Padova, unipress, 2004, also in his *Dal viaggio al libro*: *studi sul Milione*, Verona：Fiorini, 2004.

⑥ Alvaro Barbieri, "Il popolo degli arcieri: l'organizzazione militare e le tecniche di combattimento dei Mongoli nel libro di Marco Polo", in *Annuario dell'Istituto Romeno di Cultura e Ricerca Umanistica*, 2 (2000), a cura di S. Marin e I. Bulei, Bucarest, Casa Editrice Muzeul Satu Mare, 2000, also in his *Dal viaggio al libro*: *studi sul Milione*, Verona：Fiorini, 2004.

⑦ Alvaro Barbieri, "Usanze e culti nell' Orienti poliano (schede etnografiche dal Milione)", in his *Dal viaggio al libro*: *studi sul Milione*, Verona：Fiorini, 2004.

⑧ Alvaro Barbieri, "Marco Polo etnografo: Le cortigiane templari nella provincia di Maabar", in his *Dal viaggio al libro*: *studi sul Milione*, Verona：Fiorini, 2004.

行地图：论毛罗地图与〈百万〉的关系》① 　《〈百万〉札记一则：
"trejes" / "sli（o）zola（'slitta'）"》②《拉丁文本〈百万〉：Z 本与 L 本
语言与历史札记》（与马斯凯尔帕合撰）③《〈百万〉自传体的形式与结
构》④《马可·波罗与偶像教徒》⑤ 等。

　　威尼斯大学从事历史档案研究的马可·波萨（Marco Pozza）发表
《与马可·波罗有关的一件不为人知的材料》⑥ 一文，整理了威尼斯慈悲
圣母会（the confraternity of Santa Maria della Misericordia）的一件写于
1319 年的档案，从中发现了马可·波罗及其家族另两位成员的名字。此
外，意大利学者对马可·波罗的绰号"马可百万"表现出了较大的兴
趣。早在 1960 年，博尔斯劳·斯泽西纳克（Boleslaw Szczesniak）曾利用
当时新发现的档案资料，专门撰文讨论"百万"这一绰号的来源，并对
裕尔、伯希和等人的观点提出了挑战⑦；2006 年，马可·波萨再次探讨
"百万"绰号的真实性，他根据教会新发现的档案文献明确提出马可·
波罗的确被当时的人们称为"马可百万"⑧。

　　威尼斯大学博士马斯凯尔帕《圣托马斯在印度：〈百万〉的象征性

---

① Eugenio Burgio, "Cartografie del viaggio. Sulle relazioni fra la 'Mappamundi' di Fra Mauro e il 'Milione'", *Critica del testo*, Vol. XII, 2009.

② Eugenio Burgio, "Una nota per il 'Milione': 'trejes' / 'sli（o）zola（"slitta"）'", in M. Giachino, M. Rusi & S. Tamiozzo Goldmann Curr, *La passione impressa. Studi offerti a Anco Marzio Mutterle*, Venezia, Cafoscarina, Vol. 1.

③ Eugenio Burgio & G. Mascherpa, "'Milione' latino. Note linguistiche e appunti di storia della tradizione sulle redazioni Z e L", in R. Oniga & S. Vatteroni, *Plurilinguismo letterario*, Convegno internazionale, *Udine*, 9 – 10 novembre 2006, *Soveria Mannelli*, *Rubbettino*, Vol. 1, 2007.

④ Eugenio Burgio, "Forma e funzione autobiografica nel 'Milione'", in F. Bruni, "*In quella parte del libro del libro della memoria*". *Verità e finzione dell'"Io" autobiografico*, Venezia, Marsilio, 2003.

⑤ Eugenio Burgio, "Marco Polo e gli 'idolatri'", in N. Pasero-S. Barillari, *Le voci del Medioevo. Testi, immagini, tradizioni*, Alessandria, Edd. dell'Orso, 2005.

⑥ Marco Pozza, "Marco Polo Milion: An Unknow Source Concerning Marco Polo", *Mediaeval Studies*, 2006（68）.

⑦ Boleslaw Szczesnia, "Marco Polo's Surname 'Milione' according to Newly Discovered Documents", *T'oung Pao*, Second Series, 1960（48）.

⑧ Marco Pozza, "Marco Polo Milion: An Unknow Source Concerning Marco Polo", *Mediaeval Studies*, 2006（68）.

构造中的非直接传承》^① 一文，考察了 14 世纪意大利圣多明我会作家彼德罗·卡洛·基奥贾（Pietro Calò da Chioggia）的著作《传说》（Leggendario）（成书于 1330—1332 年或 1340 年）中收录的马可·波罗所述圣托马斯在印度半岛之灵异，经过文本比较，发现其内容与 Z 本较远，而与 F 本更接近，进而认为《游记》最初在意大利北部、东北部流传时内容是更为丰富的。

安德烈欧塞《马可·波罗〈寰宇记〉与法语—意大利语混合语传统》^② 一文整理并考量了 F 本的语言，认为马可·波罗所说的语言为威尼斯语和黎凡特法语，而鲁思蒂谦说的语言为法语和比萨语。

2004 年是马可·波罗诞辰 750 周年。意大利为此举办了一系列学术活动，并在罗马开始出版一套"马可·波罗 750 周年"丛书。丛书内容不限于马可·波罗研究，还包括研究中意历史文化的著作。丛书中与马可·波罗研究有关的是 3 部会议论文集，分别于 2006 年、2007 年、2008 年出版。

2006 年出版的《马可·波罗 750 周年：远行、书与法律》^③ 是 2004 年 11 月于罗马、威尼斯召开的同名国际学术会议论文集。内容分为两部分：第一部分为法学研究，第二部分为马可·波罗研究。后者又分为两个专题。"旅行、书"专题收录的文章有梅纳尔的《马可·波罗〈寰宇记〉法文本的优点与重要性》（Philippe Ménard, "Intérêt et importance de la version française du Devisement du Monde de Marco Polo", pp. 183 – 198），伯托卢奇·比佐鲁索的《〈百万〉在意大利的历史版本：托斯卡纳方言

---

① Giuseppe Mascherpa, "San Tommaso in India. L'apporto della tradizione indiretta alla costituzione dello stemma del ' Milione '", in *Prassi ecdotiche. Esperienze editoriali su testi manoscritti e testi a stampa*, *Atti della giornata di studi（Milano，Università degli Studi，7 giugno 2007）*, a cura di Alberto Cadioli e Paolo Chiesa, Milano, Cisalpino, 2008.

② Alvise Andreose, "Marco Polo's *Devisement dou monde* and Franco-Italian tradition", *Francigena* 1（2015）.

③ Frederico Masini, Franco Salvatori, and Sandro Schipani eds. , *Marco Polo 750 anni, il viaggio, il libro. Il diritto*, Roma：Tiellemedia, 2006.

本》（Valeria Bertolucci Pizzorusso，"Le versioni storiche del *Milione* in Italia：La versione Toscana"，pp. 199 – 208），埃拉尔第的《马可的自传》（Gabriella Airaldi，"Autobiografia di Marco"，pp. 209 – 219），以及拉戈的《〈世界形象〉的推测与实践：源自〈马可·波罗游记〉的贡献》（Luciano Lago，"Congetture ed esperienze nell "Imago Mundi". Il contributo di derivazione poliano"，pp. 221 – 268）。"马可·波罗在中国"专题收录的文章有兰乔第《马可·波罗与西方汉学》（Lionello Lanciotti，"Marco Polo e la sinologia occidentale"，pp. 269 – 274），以及三位中国学者文章的意大利文版，包括张铠《马可·波罗与"泉州—威尼斯轴心时代"——宋元海外贸易与地中海商业革命之关系研究》、张西平《〈马可·波罗游记〉与中国基督教史研究》、顾卫民《中国的马可·波罗介绍与研究（1874—1990）》。

2007 年出版的《马可·波罗的事业：地图、旅行、认知》① 是 2005 年 12 月于斯波莱托（Spoleto）召开的国际学术会议的论文集。其中收录了苏尔第《三十年来意大利的马可·波罗研究》（Francesco Surdich，"Trent'anni di studi italiani su Marco Polo"，pp. 161 – 193），对我们了解意大利的研究情况很有帮助。其他还有研究古地图的康蒂《中世纪至 15 世纪地图制作中对东方的观念》（Simonetta Conti，"L'idea dell'Oriente nella cartografia dal Medioevo al XV secolo"，pp. 37 – 52）；以考古见长的罗西—欧斯米达《马可·波罗与东方的基督教徒：历史与考古证据》（Gabriele Rossi-Osmida，"Marco Polo e i Cristiani d'Oriente. Evidenze storiche e archeologiche"，pp. 109 – 124）；艺术史学者费迪的《不花剌：马可·波罗的消息与 19 世纪末意大利旅行者的证言》（Pierfrancesco Fedi，"Bukhara：le notizie di Marco Polo e le testimonianze di alcuni viaggiatori italiani del secondo Ottocento"，pp. 195 – 214）。

2008 年出版的《〈百万〉之旅：多重证据下马可·波罗与鲁思蒂谦

---

① Cosimo Palagiano，Christiano Pesaresi & Miriam Marta eds.，*L'impresa di Marco Polo. Cartografia*，*viaggi*，*percezione*，Roma：Tiellemedia，2007.

〈寰宇记〉的文本旅程、传播方向与变型》① 是 2005 年 10 月 6—8 日于威尼斯召开的国际学术会议的论文集。在文本流传的主题之下,蒙迪《传统与创新:〈奇观之书〉最早的西班牙语译本》(Angélica Valentinetti Mendi, "Tradizione ed innovazione: La prima traduzione spagnola del *Libro delle meraviglie*", pp. 113 – 172)介绍了早期的西班牙语、葡萄牙语译本。伯托卢奇·比佐鲁索的文章将马可·波罗与另一位元代来华的意大利人鄂多立克的旅行做了文本比较(Valeria Bertolucci Pizzorusso, "Le relazioni di viaggio di Marco Polo e di Odorico da Pordenone: due testi a confronto", pp. 155 – 172)。瑟尔吉《谁写了〈百万〉》(Cesare Serge, "Chi ha scritto il *Milione*")研究认为,F 本中,马可·波罗被称作 mesire Marc Pol;鲁思蒂谦自称 le mesre,鲁思蒂谦使用第一人称单、复数称自己,但有时第一人称单数、复数也指马可·波罗,TA 本、Z 本也有这种用法。巴比耶里的文章研究《寰宇记》的叙述风格、史源、结构(Alvaro Barbieri, "Il 'narrativo' nel Devisement dou moude: Tipologia, fonti, funzioni", pp. 49 – 75)。

意大利学者对于《游记》所涉及的中世纪意大利威尼斯语、托斯卡纳语、法语、拉丁语研究具有得天独厚的优势,又有丰富的抄本馆藏资源,因此其研究总体上以抄本文献学见长,尤其注重校勘学与版本源流问题。抄本文献学是历史研究的坚实基础。在世界范围的马可·波罗研究中,意大利学者的成果显然应是学者必读的基本参考书目。

二 日本的马可·波罗研究

日本的马可·波罗研究起步较早,《游记》译本有多种,一般译为《马可·波罗东方见闻录》或《马可·波罗旅行记》。20 世纪前期有佐

---

① Silvia Conte ed., *I viaggi del Milione: Itinerari testuali, vettori di trasmissione e metamorfosi del Devisement du monde di Marco Polo e Rustichello da Pisa nella pluralità delle attestazioni*, Roma: Tiellemedia, 2008.

野保太郎、生方敏郎、深泽正策三种译本①，底本皆辗转出自剌木学本。
20 世纪中期，青木富太郎译出裕尔本②，青木一夫③、爱宕松男分别译出
里奇（Aldo Ricci）英译本。爱宕松男研究水平高，其译注本在日本学界
影响最大。④ 爱宕松男发表了一些研究文章，比较重要的有《马可·波
罗元朝滞在年次考》⑤《马可·波罗游记中的火浣布》⑥，以及《马可·
波罗旅行记地名考略》系列考订中国地名的文章⑦。

　　1986 年东洋文库出版渡边宏编《马可·波罗书志》⑧，著录了世界各
国的各种抄本、译本、研究，截止到 1983 年，搜罗广泛，便于查检。近
年，研究西洋文学的日本学者继续将一些西方新出版的译本译为日文。
如法国 1999 年整理出版的带有大量华丽插图的 fr. 2810 抄本，很快就由
月村辰雄等译为日文 2002 年出版，简本 2012 年出版。⑨ 这个抄本的文本
本身并无多少新东西，其主要价值在于其插图对欧洲中世纪艺术史、观
念史、东西方交流史的反映。⑩ 高田英树将意大利学者巴比耶里整理翻

　　① ［日］佐野保太郎译：《東方見聞録》，赤城正藏1914年版。生方敏郎译：《マルコポー
ロ旅行記》，新潮社1914年版。深泽正策译：《マルコ・ポーロ旅行記》，改造社1936年版。
　　② ［日］青木富太郎译：《マルコ・ポーロ旅行記》，河出书房1954年版。
　　③ ［日］青木一夫译：《マルコ・ポーロ東方見聞録》，校仓书房1960年版。
　　④ ［日］爱宕松男译：《マルコ・ポーロ東方見聞録》，平凡社1970—1971年版。
　　⑤ ［日］爱宕松男：《マルコ・ポーロ元朝滞在年次考》，《文化》15—2，1951年3月。
　　⑥ ［日］爱宕松男：《マルコ＝ポーロ所伝の火浣布（Salamander）に就いて》，《東洋学》
28，1964年7月。于景让译，《马哥孛罗游记中的火浣布》，《大陆杂志》34—8，1967年4月。
　　⑦ ［日］爱宕松男：《マルコ＝ポーロ旅行記地名考訂》（一）福建の二地 Vuguen と Tyun-
ju；（二）腹裏の三地；（三）Linjin＝宿遷道中（Ciugiu，Caiju）と Tanpigiu＝富陽道中（Vugiu，
Cingiu），《集刊東洋学》13，1965年5月；14，1965年10月；18，1967年10月。
　　⑧ ［日］渡边宏编：《マルコ・ポーロ書誌：1477—1983（Marco Polo bibliography：1477—
1983）》，东洋文库1986年版，第345页。
　　⑨ ［日］月村辰雄、小林典子、黑岩三惠、久保田胜一 、驹田亚纪子译，フランソワ
アヴリル，マリー＝テレーズ グセ，《全訳 マルコ・ポーロ東方見聞録—“驚異の書”
fr. 2810 写本》，岩波书店2002年版。再版：《マルコ・ポーロ東方見聞録》，岩波书店2012
年版。
　　⑩ 也许这些领域对于日本学术界而言并不热门，所以这个日译本引起的反响不大，以笔
者所见，仅有西泽治彦发表一篇书评。然而，西泽对于东西交流史、元史颇为陌生，没有指明
新译本的价值所在，反而大力褒扬吴芳思的书。参见［日］西泽治彦《Book Review：マルコ・
ポーロ東方見聞録：新訳の意義：月村辰雄・久保田勝一訳 マルコ・ポーロ東方見聞録》，《東
方》391，2013年9月。

译的 VA 系统帕多瓦市立图书馆藏 CM211 抄本译为日文。①

在研究方面，不同领域的学者从各自的角度出发对《游记》进行专门考察，如泉森皎对织物、高山卓美对酒、谷口学对福建糖业各有研究文章。② 堤一昭考察石滨文库藏日本老一辈著名学者桑原隲藏的书简中关于"行在"这一地名的勘同，填补了日本的马可·波罗研究史的空白。③

专攻意大利文学的高田英树是日本近 20 年用力最勤的马可·波罗翻译与研究者。他翻译了剌木学的《马可·波罗书序》④，以及意大利学者贝内戴托对马可·波罗诸写本翔实的梳理研究⑤。高田英树自己的研究文章有《马可·波罗年次考》⑥，以及《马可·波罗的东方》系列论文⑦。2012 年高田英树于京都大学提交博士论文《马可·波罗研究》（《マル

---

① ［日］高田英树译：《マルコ・ポーロ写本：パドヴァ市図書館 Ms. CM211》，大阪国際女子大学 2000 年版。

② ［日］泉森皎：《マルコ・ポーロ "東方見聞録" から見た織物産業》，《シルクロード学研究（シルクロード織機研究）》，2002 年。高山卓美：《"東方見聞録" における酒に関する一考察》，《日本醸造協会誌》2007 年 3 月 15 日。谷口学：《マルコ・ポーロは福建糖業の繁栄に驚愕した：インドの製糖起源と東西世界への伝播（5）》，《季刊糖業資報》2012（3）。

③ ［日］堤一昭：《石濱文庫所蔵の桑原隲藏書簡：マルコ・ポーロの "キンサイ＝行在" 説をめぐって》，《待兼山論叢》46《文化動態論篇》，2012。

④ ［日］高田英树译：《ラムージォ "マルコ・ポーロの書序文" ——ルコ・ポーロ伝記研究》，《大阪国際女子大学紀要》19，1993。

⑤ Luigi FoscoloBenedetto, *Marco Polo*, *Il Milione*, a cura di Luigi Foscolo Benedetto, Firenze, 1928, "Inroduzione: la tradizione manoscritta", Cap II: Il rimanegiamento di Grgore（FG），pp. LXVI – LXXIX & Conclusione, pp. CCXXVIII – CCXXI（1）– （5）. 单行本：Luigi Foscolo Benedetto, *La tradizione manoscritta del "Milione" di Marco Polo*, Torino, Bottega d'Erasmo, 1962, p. 229. 日译本：高田英树译《ベネデット "マルコ・ポーロ写本"》（1）（2）（3）（4）（5）（6 – 1）（6 – 2），载《大阪国際女子大学紀要》24（2），1998；《大阪国際女子大学紀要》25（1），1999；《大阪国際女子大学紀要》25（2），1999；《大阪国際女子大学紀要》26（1），2000；《大阪国際女子大学紀要》27（1），2001；《国際研究論叢：大阪国際大学紀要》16（2），2003；《国際研究論叢：大阪国際大学紀要》16（2），2003。

⑥ ［日］高田英树：《マルコ・ポーロ年次考》，《大阪国際女子大学紀要》25（1），1999；《大阪国際女子大学紀要》25（2），1999。

⑦ ［日］高田英树：《マルコ・ポーロの東方》（1《ザイトン 泉州》；2—1《マルコ・ポーロ写本（1）》；2—2《マルコ・ポーロ写本（2）》；3《カンバルク大都》；4《ジパング日本》），《国際研究論叢》23（2），2010；《国際研究論叢》23（3），2010；《国際研究論叢》24（1），2010；《国際研究論叢》24（2），2011；《国際研究論叢》24（3），2011。

コ・ポーロ研究》）。这是他多年研究成果的结集，长达 1800 页，分为 4
卷。第 1 卷为《游记》F 本、Z 本、R 本的日译，第 2 卷"马可·波罗
之书研究"，第 3 卷"马可·波罗论"，第 4 卷"中世纪中西交流史论"。
其中，日译文以《世界记——〈东方见闻录〉对校教程》（《世界の
記——〈東方見聞録〉對校譯》）由名古屋大学出版会于 2013 年出版①，
这部三种版本对照的译本对于马可·波罗研究有重要的意义，对于日本
乃至国际学界都大有裨益。

铃木彻也从语言学的角度，以 1998 年法国出版的巴代尔（Pierre-
Yves Badel）整理翻译的法国国家图书馆藏 FB$_4$ 系统抄本为基础，探讨为
何《游记》古本使用法—意这一"混合语"，进而追寻该书的共同编
者。② 元史学者四日市康博 2014 年发表《马可·波罗之书〈世界之记
述〉的虚构与小说性——小说家鲁思蒂谦是其共著者吗?》，利用高田英
树的最新译本，审读拉丁文，对校史实，重新检视骑士文学对《游记》
的影响，论证《游记》的材料来源。③ 专长于元帝国对外关系史的海老
泽哲雄新出版的《马可·波罗——〈东方见闻录〉解读》④ 是概论性的
小册子。

---

① ［日］高田英树译：《世界の記——〈東方見聞録〉對校譯》，名古屋大学出版会 2013
年版。
② ［日］铃木徹也：《謎の共同編集者——マルコ・ポーロ"東方見聞录"異聞》，《帝京
大学外国語外国文学論集》9，2003。
③ ［日］四日市康博：《マルコ＝ポーロの書"世界の記述"の虚構と物語性——物語作
家 ルスティケッロ＝ダ ピーサはその共著者か?》，《横浜ユーラシア文化館紀要》2，2014。
④ ［日］海老泽哲雄：《マルコ・ポーロ——"東方見聞録"を読み解く》，山川出版社
2015 年版。

第二章 马可·波罗在华旅行路线研究

国内外学者对马可·波罗来华旅程中的路线问题，一直众说纷纭，莫衷一是。本章主要在前人研究基础之上，以《马可·波罗寰宇记》（以下简称《寰宇记》）及《马可·波罗注》为主要参考依据，考察马可·波罗是否到过亦集乃城、元上都和云南这三个地方，对其路线进行考察，并客观分析他未到过或到过某地的理由。即便《马可·波罗游记》的记录有失实之处，也不影响马可·波罗来华真实性的结论。首先，马可·波罗在甘州与额里折兀之间插叙了亦集乃城、哈剌和林、巴尔忽平原诸地，以致国内外学者在其来华途中是否路经亦集乃城、哈剌和林问题上存在较大争议。仔细分析研究《寰宇记》主要版本对亦集乃城的记载内容，在考狄埃、伯希和等前人研究基础上，可进一步论证马可·波罗事实上并没有到过亦集乃城。马可·波罗对亦集乃城的记载，应均为道听途说之词。其次，对《寰宇记》所载首个隶属忽必烈汗之地——可失合儿至元上都期间若干地名、史实、马可·波罗旅行路线进行了详细考述，总结出《寰宇记》存在一种暂时偏离马可·波罗旅程正途，而插叙与之邻近或甚远地区的编排体例。最后，在马可·波罗何时出使云南这一问题上更是存在激烈争论。作者对马可·波罗出使云南的时间做了一番新的探讨，并提出马可·波罗在1281—1282年出使云南这一新的观点。

第一节　马可·波罗未到过亦集乃城考论

学者穆尔、伯希和所译《寰宇记》第 62 章"甘州"结尾言下文将续述北方诸州，及向北继续旅行 60 日，《寰宇记》遂在第 72 章"额里折兀国"前又描述了第 63 章"亦集乃城"、第 64 章"哈剌和林城"、第 65 章"成吉思汗之为鞑靼第一可汗"、第 66 章"成吉思汗率众征讨长老约翰"、第 67 章"长老约翰迎战成吉思汗"、第 68 章"成吉思汗与长老约翰之战"、第 69 章"成吉思汗后之嗣君"、第 70 章"鞑靼人神道及风习"、第 71 章"巴尔忽平原及其居民之奇风异俗"。因此，马可·波罗在甘州（Campcio，今甘肃张掖）与额里折兀（Ergiuul，即凉州，今甘肃武威）两地之间插叙了亦集乃城（Ecina，今内蒙古额济纳旗黑城遗址）、哈剌和林（Caracorom，今蒙古国后杭爱省额尔德尼召北）、巴尔忽（Bargu，今贝加尔湖东巴尔古津河一带）平原等地，以致许多《寰宇记》读者竟以为马可·波罗曾到过亦集乃城，甚至可能到过漠北哈剌和林。①

例如，曾实地考察过黑城遗址的斯坦因（Mark Aurel Stein）②，曾参加 2006 年"黑水城人文与环境国际学术研讨会"的史金波、牛达生、白滨等学者均以为马可·波罗曾路经亦集乃城③；元史专家杨志玖先生亦持此说④，但同时认为马可·波罗未到过哈剌和林，《寰宇记》对哈剌和林的记载乃马可·波罗听人转述，不免虚实混杂⑤。笔者一行 2014 年清明节期间去黑城遗址实地考察时，见到额济纳胡杨林景区额济纳文化

① Henry Yule, *The Book of Ser Marco Polo, the Venetian Concerning the Kingdoms and Marvels of the East*, London: John Murray, 1929, p. 22.

② 参见 [英] 奥里尔·斯坦因《沿着古代中亚的道路》，巫新华译，广西师范大学出版社 2008 年版，第 265 页。

③ 参见沈卫荣等《黑水城人文环境研究》，载《黑水城人文与环境国际学术研讨会文集》，中国人民大学出版社 2007 年版，第 428、498、519 页。

④ *The Travels of Marco Polo*, William Marsden 译，外语教学与研究出版社 1997 年版，第 8 页。

⑤ 参见杨志玖《马可·波罗在中国》，南开大学出版社 1999 年版，第 11 页。

长廊展示牌宣传马可·波罗曾经由黑水城赴漠北朝觐忽必烈。此外，学者彭海认为马可·波罗1275年出使西夏（其误以为马可·波罗乃《元史·世祖本纪》至元十二年二月甲辰条之"孛罗"），三年后的1277年受命于忽必烈驻跸之黑城亦集乃（其将《元史·蔡珍传》之"黑城"误以为黑水城，此"黑城"实乃《元史·昔都儿传》之"黑城哈剌火林"，即哈剌和林）出使云南，马可·波罗甚至可能两度经亦集乃城至元上都。[①] 由上可见，目前国内外学者对马可·波罗东方行程及其年代的解释莫衷一是，而在马可·波罗来华途中是否到过亦集乃城问题上尚有较大争议。本节拟就这一问题展开探讨，不当之处，敬请方家批评指正。

一 《寰宇记》亦集乃记载之探析

为便于考证马可·波罗笔下亦集乃城客观史实，现将学界公认的最好的《寰宇记》版本伯希和本第63章"亦集乃城"主要内容翻译如下：

从此前（VB本补）所言甘州城首途，若骑行12日，在第12日（V本补），可抵一城，名为亦集乃。地处北方沙漠边界，属唐古特州。并且（VB本补）所有（LT本补）此州（V本补）百姓是偶像教徒，而且（V本补）他们有骆驼和其他（R本补）大量（V本补）许多种类（VB本补）的牲畜。[26b] 此地有大量而上好的饲养的隼、苍鹭或（V本补）猎鹰。此地有数量众多的各种动物的幼崽。居民特农牧业为生，而不经商。行人启程上路时（Z本补）宜在此城中预备四十日口粮，当行人离开亦集乃城后需向北骑行四十天以穿越沙漠，沙漠沿途没有民居或客栈，除非在夏季，否则也没有百姓，沙漠冬季酷寒（FB本补）。沙漠（VA本补）山谷和山上确实可以发现这里有许多生活着鱼和狗鱼的水域以及（V本补）大量野兽，以及极度（VB本补）丰富的野驴，因为在沙漠边缘（VA

---

① 参见彭海《马可·波罗来华史纪实》，中国社会科学出版社2010年版，第91、139页。

本补）其地间或（FB 本补）分布着众多的小（FB 本补）松林。当行人骑行这些（L 本补）四十日程穿越这沙漠后，抵达一个规模很大的名为哈剌和林（LT 本补）的北方之州，请为君等言之。①

纵观《寰宇记》诸版本对亦集乃城的记载，多种迹象表明应均为马可·波罗道听途说之词，而没有丝毫证据可证明其到过亦集乃城。主要理由如下。

首先，根据《寰宇记》书中某些迹象和 15 世纪剌木学可能从马可家族幸存者那里听来的传说——马可·波罗曾遣人从热亚那赴威尼斯其父亲处取其回国时带回来的著述与备忘录②，可知《寰宇记》很可能是据马可·波罗一行的旅行日志加工而成。因此，《寰宇记》诸版本对马可·波罗亲见亲历之地之间的日程记载基本一致，日程记载不一或漏载之处，则往往多是其道听途说之地。例如，马可·波罗来华后首次出使哈剌章（今云南大理）往返所经之地间日程，《寰宇记》诸版本记载一致。而关于甘州到亦集乃城日程，裕尔本、伯希和本作 12 日，沙海昂所注颇节本作 16 日，这已令人怀疑马可·波罗是否自甘州到过亦集乃城。同时，肃州（Succiu，今甘肃酒泉）、甘州虽为马可·波罗亲临之地，但不知何故《寰宇记》各版本均漏载肃州至甘州日程，而《寰宇记》最大悬案则是"甘州"一章所载马可·波罗旅居甘州一年之事。《寰宇记》F 本载马可·波罗与其父亲、叔叔三人因毋庸赘述之事留居甘州一年，剌木学本亦持此说，FG 本则载马可·波罗与其叔叔玛窦二人奉命停留甘州一年。③ 伯希和先生推断马可·波罗一行三人来华途中留居甘州一年，此后他们很少有机会一同留居甘州，忽必烈很可能遣使至距上都（Cian-

---

① A. C. Moule & Paul Pelliot, *Marco Polo：The Description of the World*, London：George Rout ledge & Sons Ltd, 1938, pp. 160, 161.

② Ibid. , p. 43；John Critchley, *Marco Polo's Book*, Hampshire：Ashgate Publishing Ltd, 1992, pp. 21, 34, 130.

③ 参见杨志玖《马可·波罗在中国》，南开大学出版社 1999 年版，第 223 页。

du，今内蒙古正蓝旗东闪电河北岸）40 日程之甘州迎接他们。[①] 马可·波罗来华后的旅程及年代，元史专家陈得芝先生已有论述[②]，马可·波罗一行三人确实不可能在到达上都后的某个时期留居甘州一年，伯希和所谓马可·波罗来华途中留居甘州一年之说有理有据。《寰宇记》载马可·波罗一行自阿卡（Acre，今以色列北部阿卡）至上都费时三年半，而阿卡至上都实际日程没这么远，马可·波罗来华之旅费时如此之长，最主要原因应是其因故在来华途中留居甘州一年。

刺木学本既载马可·波罗一行留居甘州一年，又载其此前在巴达哈伤（Badascian，今阿富汗东北部巴达赫尚）生病将近一年，登上高山呼吸清洁空气后始痊愈[③]，显然马可·波罗一行不可能来华途中在巴达赫尚、甘州各逗留一年；因为阿卡至上都日程已远远超过一年半，假如其在巴达赫尚、甘州各逗留一年，其自阿卡至上都日程将会超过《寰宇记》所载之三年半时间。刺木学本载马可·波罗因病留居巴达赫尚一年，呼吸清洁空气始痊愈之事颇具戏剧性色彩，读者不必盲信。但笔者以为刺木学本很可能张冠李戴了，《寰宇记》绝大多数版本均载马可·波罗一行留居甘州一年，马可·波罗应当是在甘州生病将近一年，因此其一行三人在甘州留居一年。马可·波罗一行留居甘州一年期间，在其父亲、叔叔未至上都或大都（今北京）觐见忽必烈复命之前，且马可·波罗重病在身情况下，笔者以为马可·波罗不可能私自从甘州北上前往亦集乃城。换言之，马可·波罗留居甘州一年期间，基本不可能自甘州前往亦集乃城，原路返回甘州，此后又东经额里折兀至上都。

其次，《寰宇记》载忽必烈曾遣使迎马可·波罗于 40 日程之外，并载沙州（Saciou，今甘肃敦煌）至肃州 10 日程、甘州至额里折兀 5 日

---

① Paul Pelliot, *Notes on Marco Polo*, Vol. Ⅰ, Paris: Imprimerie Nationale Librairie Adrien-Maisonneuve, 1959, p. 151.

② 参见陈得芝《马可·波罗在中国的旅程及其年代》，《元史及北方民族史研究集刊》1986 年第 10 期。

③ 参见［意］马可·波罗《马可·波罗游记》，梁生智译，中国文史出版社 1998 年版，第 56、73 页。

程、额里折兀至额里合牙（Egrigaia，今宁夏银川）8 日程、天德州
（Tenduc，当指今内蒙古呼和浩特托克托县）至契丹之地 7 日程、宣德州
（Sindaciu，今河北宣化）至察罕脑儿（Ciagannor，今河北张北县沽源东
北闪电诺尔）3 日程、察罕脑儿至上都 3 日程，而肃州至甘州、额里合
牙至天德州日程《寰宇记》诸版本均漏载。若加以肃州至甘州、额里合
牙至天德州实际日程，沙州至上都日程显然已超过 40 日。裕尔已考马
可·波罗 1271 年 11 月自阿迦启程而于 1275 年 5 月至上都①，今人又考
马可·波罗 1274 年初至《寰宇记》所载首个隶属忽必烈汗之地——可失
合儿（Cascar，一译可失哈耳，今新疆喀什）②。因此，可以推知马可·
波罗约在 1274 年春至 1275 年春留居甘州一年，忽必烈 1275 年遣使至上
都 40 日程外之甘州迎马可·波罗一行赴上都。《寰宇记》第 62 章"甘
州"结尾言将向北继续旅行 60 日，而自甘州骑行 12 或 16 日可至亦集乃
城，自亦集乃城骑行 40 日可至哈剌和林，则自甘州经亦集乃城至哈剌和
林实际为 52 或 56 日程。如果马可·波罗自甘州北行至亦集乃、哈剌和
林，绕一大圈子，再原路返回甘州，东经额里折兀至上都，则甘州至上
都日程已远远超过 40 日程。显然，马可·波罗在甘州没必要，也不可能
北行至亦集乃或哈剌和林再经额里折兀至上都。

再次，《寰宇记》颇节本载自哈剌和林及埋葬鞑靼诸汗之阿尔泰
（Altai，当指今蒙古肯特山）山北行 40 日（笔者按：剌木学本作 60 日，
L 本作 4 日）至巴儿忽平原，自巴儿忽平原骑行 40 日至大海（当指今北
冰洋），而地理学会本似乎仅言穿越巴儿忽平原需 40 日，遗漏了哈剌和
林至巴儿忽平原日程。③ 自甘州至巴儿忽平原、大海日程，则远远超过
了《寰宇记》所载自甘州继续旅行 60 日程，显而易见马可·波罗并未
去过巴儿忽平原、大海。因此，可进一步推断甘州之后，亦集乃、哈剌

---

① Henry Yule, *The Book of Ser Marco Polo*, *the Venetian Concerning the Kingdoms and Marvels of the East*, London：John Murray, 1929, pp. 19, 21.

② 参见石坚军《马可·波罗上都之旅考述》,《中国历史地理论丛》2012 年第 1 期。

③ Henry Yule, *The Book of Ser Marco Polo*, *the Venetian Concerning the Kingdoms and Marvels of the East*, London：John Murray, 1929, p. 270.

和林、巴儿忽平原、大海诸地马可·波罗均未亲临其境。

最后，《寰宇记》第71章"巴尔忽平原及其居民之奇风异俗"结尾载："（甘州以北）北方诸州迄于地近大海之处已备述于前，兹将言往谒大汗沿途所经其他诸州，因此吾人重返本书前述之甘州。"第72章"额里折兀国"开头即言："自甘州向东骑行5日至额里折兀。"在此，可以推知《寰宇记》由甘州偏离主题向北插叙亦集乃、哈剌和林、巴儿忽平原、大海北方诸地后，又言归正传自甘州向东继续描述往谒大汗沿途所经其他诸地。沙海昂、帕拉弟乌斯、考狄埃、伯希和等西方学者已注意到马可·波罗在甘州与额里折兀之间偏离旅程正途而插叙其他诸地之事，裕尔本马可·波罗旅程图Ⅳ以为马可·波罗至甘州后乃东经永昌路（Yungchang，治今甘肃永昌县）直达额里折兀，而没有自甘州北上亦集乃，此说甚是。

总体而言，《寰宇记》诸版本对亦集乃城的记载大同小异，且内容较为简单，只简介了其方位、距甘州与哈剌和林日程、物产、居民信仰等，而自亦集乃至哈剌和林沿途沙漠只有夏季可能见到行人，冬季酷寒，一夏一冬之事，显然并非其亲见亲历，因其不可能夏冬季节两度路经亦集乃至哈剌和林沙漠之路。因此，据马可·波罗对亦集乃城之简单记载，径以为其到过亦集乃，甚至经亦集乃赴漠北朝觐忽必烈，未免推测成分过多，缺乏直接史料根据，而经不起仔细推敲。笔者尚未发现忽必烈曾临幸亦集乃或黑水城之文献记载，《寰宇记》明载马可·波罗一行来华时乃赴上都觐见忽必烈，《元史·世祖本纪》又明载忽必烈1274年与1275年春幸上都、秋返大都，因而马可·波罗1274—1275年留居甘州一年期间不可能经亦集乃赴漠北朝觐忽必烈。

二 前人对亦集乃之考释

裕尔、伯希和是学界公认的马可·波罗学两大专家，考狄埃注裕尔本与伯希和《马可·波罗注》对《寰宇记》中地名考释多旁征博引，阐幽发微，考证精确，令人信服。下面我们不妨再看一下两书对亦集乃的精辟考释。

[我确信毫无疑问 Etzina 一定要在黑水附近寻之，其位于肃州东部，蒙古时代称之为亦集乃，黑水将其水流注入索果克和硕博两湖。……"路经甘州是通往亦集乃最近、最直接、最便捷之路，亦集乃或额济纳很可能源于一个湖名。……在马可·波罗时代，存在一条自亦集乃直达哈剌和林之路，此路至今仍有明显踪迹可寻，但已被废弃不用。这一情形，即存在一条自亦集乃通往哈剌和林之路，很可能促使马可·波罗对蒙古北部蒙古汗廷哈剌和林做了一次旅行（我认为是精神之旅）。"（帕拉弟乌斯《评注马可·波罗北游记》，第10—11页）——亨利·考狄埃][1]

Ecina 一词，《寰宇记》V 本作"azina"，TA1 本作"eezima"，L、LTr、P、R 本作"ezina"，Z 本作"azina"，FA、FB 本作"esanar"，VA 本作"ocina"，VL 本作"eccina"，TA3 本作"ezima"，VB 本作"zenoda（？）"、"zinai"，F、Fr、t、L、LT 本作"ecina"。

ECINA 即蒙古时代的亦集乃（I-chi-nai, I-tsi-nai, ＊Izinai?）路，其名称留存于甘州（位于甘肃）北部的额济郭勒（Etsin-gol, Edzin-γol）或"额济河"中；亦集乃城即黑城遗址，哈剌浩特（"黑城"），因科兹洛夫（Kozlov）和斯坦因（Stein）的探险与发现而闻名于世（参阅斯坦因《亚洲腹地考古图记》第 1 卷，第435—506 页）。……我同意帕拉弟乌斯所言存在一条连接亦集乃与哈剌和林之路，这正是波罗在甘州之后偏离主题插叙亦集乃，并附言了其从未去过哈剌和林之原因。[2]

---

① Henry Yule, *The Book of Ser Marco Polo*, *the Venetian Concerning the Kingdoms and Marvels of the East*, London：John Murray 1929, p. 225.

② Paul Pelliot, *Notes on Marco Polo*, Vol. Ⅱ, Paris：Imprimerie Nationale Librairie Adrien-Maisonneuve, 1963, p. 163.

由上可知《寰宇记》之 Ecina 即亦集乃，考狄埃、伯希和均赞同帕拉弟乌斯所倡马可·波罗未经亦集乃至哈剌和林之说，此说甚是。亦集乃一词很可能来源于西夏语"黑水"之意，今额济纳当为亦集乃同音异译。亦集乃在西夏时期为黑水镇燕军司驻地，1226 年二月被蒙古军占领①，此后一度称黑水城，后不知何时又称亦集乃，但可以肯定马可·波罗 1274 年来甘州时亦集乃的名称已经出现。1286 年元朝在亦集乃立总管府②，正式称亦集乃路，元末明军攻破此城后一度弃守。1409 年，鞑靼脱脱卜花等人曾率所部至亦集乃城欲归附甘肃总兵③，其后此城一直被长期废弃。近代蒙古语称亦集乃城遗址为哈剌浩特，"黑城"之意。马可·波罗来华时，显然存在一条经甘州、亦集乃至哈剌和林之路，此路在永乐初期很可能仍可通行，因此鞑靼脱脱卜花等人至亦集乃城欲南下归附甘肃总兵。亦集乃城在元代可谓连接甘肃行省与漠北地区纳怜道的最重要交通枢纽，《寰宇记》在甘州与额里折兀之间插叙了亦集乃、哈剌和林，虽然不能说明马可·波罗到过亦集乃、哈剌和林，但反映了当时存在一条甘州通往亦集乃、哈剌和林之路。

三 结语

《寰宇记》序言已言书中内容为马可·波罗所见所闻，此书所载许多地区实际上并非其亲见亲历。《寰宇记》存在一种暂时偏离马可·波罗旅程正途而插叙与之邻近或甚远地区的编排体例，这些插叙地区其事实上均未去过，《寰宇记》这一成书体例可谓导致读者经常误以为马可·波罗曾亲临某地，或对若干地名勘同出现失误的重要原因。④《寰宇记》书中暂时偏离马可·波罗旅程正途而离题插叙其他其未亲临地区的例子较多。例如，在可失合儿与鸭儿看（Yarcan，今新疆莎车）两章之间插

① 参见（明）严从简《殊域周咨录》，中华书局 2000 年版，第 23 页。
② 参见（明）宋濂《元史》，中华书局 1976 年版，第 1451 页。
③ 参见（明）严从简《殊域周咨录》，中华书局 2000 年版，第 543 页。
④ 参见石坚军《马可·波罗上都之旅考述》，《中国历史地理论丛》2012 年第 1 期。

叙了撒麻耳干（Samarcan，今乌兹别克斯坦撒马尔罕）；在沙州与肃州两章之间插叙了哈密（Camul，今新疆哈密）、畏兀儿斯坦（Iuguristan）、哈剌火州（Carachoco，今新疆吐鲁番）、欣斤塔剌思（Chingintalas，盖指别失八里一带）；在金齿州（今云南保山一带）与秃老蛮州（Toloman，位于今云南昭通至四川宜宾一带）两章之间插叙了缅城（Mien，今缅甸）、朋加剌（Bangala，今孟加拉）、交趾国（Caugigu，今越南北部）、阿木（Amu，当为Annam，即安南之讹）；在扬州（Yangiu，今江苏扬州）与真州（Singiu，今江苏仪征）两章之间插叙了南京（Namghin，今河南开封）与襄阳（Saianfu，今湖北襄阳）。

马可·波罗来华途中，因生病留居甘州一年，在此期间或此后某个时期，其盖从他人那里获知甘州经亦集乃可至哈剌和林，因而在甘州与额里折兀两章之间插叙了亦集乃城、哈剌和林、巴儿忽平原。马可·波罗对亦集乃城、哈剌和林的记载，均为蜻蜓点水式的轻描淡写，没有亲见亲历之后记载得那么具体详细，其对成吉思汗、鞑靼习俗的记载虽看似颇为详细，但较侧重于战争描写。英国埃克塞特大学克里奇利（John Critchley）教授已考《寰宇记》对所有战争的描写都体现着一种中世纪骑士文学风格，而无可否认都是千篇一律的陈词滥调。例如，作战双方行军迅速、双方在一个大平原相遇（鲁思蒂谦更倾向于在"森林"）、双方统帅战前都进行过一番准备，这场战争是目前所见最宏大最残酷的一次，而双方损失惨重、被砍掉的头颅和手臂以及腿脚看起来很可怜。[①]因此，马可·波罗对亦集乃城、哈剌和林、巴儿忽平原诸地及相关史实的记载虚实混杂，引用时须辩证分析。

需要补充说明的是，虽然马可·波罗未到过亦集乃城，但以其所言亦集乃至哈剌和林沙漠之路为视角，有助于今人进一步研究黑水城历史、蒙夏战史，乃至考证若干西夏城寨地望。马可·波罗所言亦集乃至哈剌和林沙漠之路，笔者以为当始辟于1226年春速不台率军自漠北长途奔袭

---

① John Critchley, *Marco Polo's Book*, Hampshire：Ashgate Publishing Ltd，1992，p. 24.

黑水城之役，因史籍明载成吉思汗命速不台"度大碛（哈剌和林与亦集乃之间沙漠）以往"① 征西夏。蒙古军1226年春首次进攻黑水城，黑水城乃蒙古灭夏之役战略主攻方向，速不台为灭夏之役西路军统帅；成吉思汗则为东路军统帅，经兀剌海（今内蒙古巴彦淖尔临河区高油坊古城）直捣西夏中兴府（今宁夏银川）。② 据笔者一行实地调查，西夏黑水城城池规模甚小，无力持久抗衡蒙古大军。史载亦集乃路"元太祖二十一年（1226年）内附"③，可知黑水城西夏守军很可能主动归降，蒙古与西夏在黑水城并未发生过战事。学界所谓成吉思汗曾亲征黑水城或蒙古多次进攻黑水城，成吉思汗、忽必烈、马可·波罗曾到过黑水城等观点，均缺乏史料依据而值得商榷。《元史·地理志》亦集乃路尝立威福军之记载亦不确切，亦集乃路西夏时期为黑水镇燕军司驻地，黑山威福军司位于西夏东北今河套一带，即元代之兀剌海，兀剌海当为西夏语"黑山城"之意。前贤对黑水城或亦集乃城历史的研究已取得丰硕成果，笔者以为仍可深入挖掘黑城史实，学界日后应当加强研究，进一步发扬光大黑城学。

第二节　马可·波罗上都之旅考述

国内外学者对马可·波罗东方之旅莫衷一是，迄无定论。《寰宇记》第50章"巴达赫尚大河"载哇罕（Vocan，今阿富汗东北部瓦汉）称藩于巴达赫尚，而未载哇罕下两地帕米尔（Pamier）高原、博洛尔（Belor，今克什米尔西北部巴尔提斯坦一带）隶属哪个君主，但第51章"可失合儿国"明载博洛尔下一地可失合儿隶属大汗。④ 因而可推断可失合儿为马可·波罗所踏入的首个直隶忽必烈汗之地。关于马可·波罗自阿卡

---

① 《元史》，第2997页。

② 参见额尔登泰、乌云达赍校勘《蒙古秘史》，内蒙古人民出版社1980年版，第1047页。

③ 《元史》，第1541页。

④ A. C. Moule & Paul Pelliot, *Marco Polo*: *The Description of the World*, London: George Routledge & Sons Ltd, 1938, pp. 141 – 143.

启程至博洛尔期间旅程，笔者暂不论述。本节拟在前人研究基础上，按《寰宇记》叙事顺序，对马可·波罗自可失合儿至上都期间这段古为忽必烈汗辖地、今乃中国领土的旅程做一详细考述。不当之处，敬请方家指正。

一　大突厥之行

"可失合儿国"一章末尾在叙述完可失合儿后提示下一章欲言撒麻耳干，并专辟一章（第52章）"撒麻耳干大城"描述此城，随后第53章"鸭儿看州"又描述了鸭儿看，且《寰宇记》载撒麻耳干、鸭儿看均属大汗之偰海都。[①] 撒麻耳干远在可失合儿西北，不在自可失合儿赴上都途中，而鸭儿看位于可失合儿东南，地处南疆交通要道。因此，可推知撒麻耳干为《寰宇记》插叙之地，并非马可·波罗亲见亲历。前人亦言："马可·波罗显然未到过撒麻耳干，虽然毫无疑问其父叔首次来华之旅时路经此城，当我们深知其父叔曾久居不花剌（Bokhara，今乌兹别克斯坦布哈拉）时。"[②]《寰宇记》在鸭儿看随后的第54章"忽炭大州"描述了忽炭（Cotan，今新疆和田），并载忽炭臣属大汗[③]；且此后第55章所载媲摩州（Pem，今新疆策勒县北）、第56章所载车尔成州（Ciarcian，今新疆且末）、第57章所载罗卜城（Lop，今新疆若羌）鸭儿看以东的南疆诸地均属大汗。其中，可失合儿、忽炭隶属忽必烈，两地之间的鸭儿看却隶属海都之事不免为一大疑问。对此伯希和先生曾有详考，其推断马可·波罗很可能在1273年底或次年初至忽炭[④]，此说颇令人信服。但笔者以为可进一步推断马可·波罗1274年初抵达忽炭。沙海昂据马可·波罗所言地处高寒的帕米尔高原行人不见飞鸟之事，已推断

---

① A. C. Moule & Paul Pelliot, *Marco Polo*：*The Description of the World*，London：George Routledge & Sons Ltd，1938，p. 143.

② Ibid.，p. 186.

③ Ibid.，p. 146.

④ Paul Pelliot, *Notes on Marco Polo*，Vol. Ⅰ，Paris：Imprimerie Nationale Librairie Adrien-Maisonneuve，1959，pp. 207 – 208，423.

其经行帕米尔高原必在春前①，其说甚是。20 世纪初曾亲赴新疆、甘肃探险追寻昔日马可·波罗之旅的斯坦因又言敦煌通往若羌的沙碛古道旁所有泉眼和井水含盐量极高而苦涩至无法饮用，此古道仅限冬季几个月可用，因只有冬季才可用冰块克服沿途缺水困难，至晚春时此路便不能通行，直到冬季来临才能恢复使用。② 所以，可推断马可·波罗路经帕米尔高原、南疆诸地而至沙州之时为冬季或早春。《寰宇记》载马可·波罗留忽必烈汗之所垂 17 年，前人已考马可·波罗 1291 年初离华。③ 按西历上推 17 年，马可·波罗当于 1274 年来蒙古汗廷。裕尔已考马可·波罗 1271 年 11 月自阿迦启程，而于 1275 年 5 月至上都④，因此可推知马可·波罗盖在 1274 年初至《寰宇记》所载首个隶属忽必烈汗之地——可失合儿，进而于 1274 年初至忽炭，其留华 17 载之时当以其进入可失合儿境内算起。而任荣康先生采《马可·波罗游记》R 本（即剌木学本）独载马可·波罗因病在巴达赫尚耽搁一年之说，所考马可·波罗当在 1275 年底或次年初至可失哈儿、鸭儿看、忽炭三地之年限⑤，并不可取。

据《寰宇记》相关记载及元代南疆交通状况，可推知可失合儿之后鸭儿看、忽炭、媲摩、车尔成、罗卜城为马可·波罗亲身经历之地，此问题毋庸赘述，前人亦对此均无异议。马可·波罗南疆之旅本可以《寰宇记》所载至罗卜城后骑行 30 日穿越罗卜大沙漠至沙漠东界之沙州为

　　① 参见［意］马可·波罗《马可·波罗游记》，冯承钧译，党宝海新注，河北人民出版社 1999 年版，第 154 页。
　　② 参见［英］奥里尔·斯坦因《沿着古代中亚的道路》，巫新华译，广西师范大学出版社 2008 年版，第 172、181 页。
　　③ Paul Pelliot, *Notes on Marco Polo*, Vol. I, Paris: Imprimerie Nationale Librairie Adrien-Maisonneuve, 1959, p.393；杨志玖《马可·波罗在中国》，南开大学出版社 1999 年版，第 49 页；黄时鉴《关于马可·波罗的三个年代问题》，《中外关系史译丛》第 1 辑，上海译文出版社 1984 年版，第 62 页。
　　④ Henry Yule, *The Book of Ser Marco Polo, the Venetian Concerning the Kingdoms and Marvels of the East*, London: John Murray, 1929, pp. 19, 21.
　　⑤ 参见任荣康《元初的元—伊联盟与中亚交通——兼考马可·波罗抵忽炭三地之年限》，《中亚学刊》第 3 辑，中华书局 1990 年版，第 192—193 页。

终，但《寰宇记》在第58章"唐古忒州"叙述完沙州后又相继插叙了
罗卜大沙漠西北之哈密州，及哈密西北与北方间之欣斤塔剌思州（按：
《游记》多数版本作"Chingintalas"，唯 F 本作"Ghinghin talas"）两章
（第59、60章），以致《寰宇记》一些读者据此两章内容推断马可·波
罗似曾至哈密、欣斤塔剌思两地。前人言："哈密并不在马可·波罗赴
契丹所循之路的旅行要道上，其对哈密及下一州（即欣斤塔剌思）的描
述，形成了如同此前其对撒麻耳干一样的离题。看起来马可·波罗亲自
访问过哈密是很有疑问的，其父叔首次来华之旅时很可能曾至哈密，作
为自西亚经此城通往北中国的这样一条主要线路已有数世纪。"[1] 此说可
从，从《寰宇记》对撒麻耳干、哈密的记载可以得知，很可能乃马可·
波罗得之于其父叔之口，或其父叔所作旅行日志。此外，有重大版本价
值的《游记》Z 本在"哈密州"一章结尾紧接着叙述了畏兀儿斯坦，且
言此州最主要城市为哈剌火州。[2] 伯希和先生言马可·波罗关于畏兀儿
王国及其都城哈剌火州的章节仅见于《游记》Z 本，虽然波罗对其描述
乃道听途说，但此记录非常准确。[3] 在此，不但马可·波罗对畏兀儿斯
坦及哈剌火州的描述乃道听途说之说完全可从，且《游记》Z 本对畏兀
儿斯坦及哈剌火州的记载有助于考证欣斤塔剌思地望。

　　关于欣斤塔剌思的位置，学界有吐鲁番、乌鲁木齐附近之赛因塔剌
（Saiyintala）、鄯善（或楼兰）、赤斤（今甘肃玉门西北）、巴尔库勒（今
新疆巴里坤哈萨克）、哈剌火州、科布多（今蒙古国科布多）、谦谦州
（今唐努山以北、叶尼塞河上游流域）等说法，甚至裕尔本在马可·波
罗旅程图 IV 上既将 Chingintalas 标在赤斤处，又在谦谦州处疑 Chinginta-
las 为谦谦州。《游记》有的版本载自前述哈密首途，欣斤塔剌思亦地近

　　① Henry Yule, *The Book of Ser Marco Polo*, *the Venetian Concerning the Kingdoms and Marvels of the East*, London：John Murray, 1929, p. 211.

　　② A. C. Moule & Paul Pelliot, *Marco Polo*：*The Description of the World*, London：George Routledge & Sons Ltd, 1938, p. 156.

　　③ Paul Pelliot, *Notes on Marco Polo*, Vol. I, Paris：Imprimerie Nationale Librairie Adrien-Maisonneuve, 1959, p. 164.

（"哈密州"一章）前述小沙漠，位于西北与北方间[1]，"哈密州"一章又载哈密处罗卜大沙漠与一广3日程小沙漠之间，则欣斤塔剌思当地近哈密或与哈密交界。笔者以为既然哈剌火州位于哈密西北与北方间，《游记》诸版本亦载欣斤塔剌思地处西北方与北方间，《寰宇记》对欣斤塔剌思记载顺序仅次于哈剌火州，则欣斤塔剌思很可能位于哈剌火州西北与北方间。《游记》诸版本载欣斤塔剌思臣属大汗，而马可·波罗路经南疆时元朝在哈剌火州西北与北方间重镇唯别失八里（治今新疆吉木萨尔北破城子）可以当之。同时，《游记》诸版本载欣斤塔剌思州北一山产火鼠（石棉或火浣布），史籍所载"别怯赤山石绒织为布，火不能然"[2]之别怯赤山盖即《新元史》首倡今乌鲁木齐东之博格达山，而位于别失八里治所西南。所以，笔者以为欣斤塔剌思盖指别失八里一带地区。

田卫疆先生关于欣斤塔剌思即曲先塔林，位于今新疆库车及塔里木地区之说值得商榷，但其哈密、欣斤塔剌思恐非马可·波罗亲身所历之推论可从。[3] 显然马可·波罗不可能自可失合儿东经鸭儿看、忽炭、媲摩、车尔成、罗卜城至沙州后，又西北行至哈密、哈剌火州、欣斤塔剌思。此外，《寰宇记》载可失合儿广5日程、鸭儿看广5日程、忽炭广8日程、媲摩广5日程，车尔成至罗卜城5日程，罗卜城至沙州30日程，沙州至肃州10日程，而未载沙州至哈密、哈密至欣斤塔剌思日程，以及《游记》一些版本误以为肃州、哈密、欣斤塔剌思并属唐古忒之事[4]，亦可为马可·波罗未至哈密、欣斤塔剌思的旁证。总之，遑论欣斤塔剌思为何地，马可·波罗并未亲临其境，因其对哈密、欣斤塔剌思二州的描述都是离题的，其离题与返回主题的位置为沙洲。[5] 裕尔本马可·波罗

---

① A. C. Moule & Paul Pelliot, *Marco Polo: The Description of the World*, London: George Routledge & Sons Ltd, 1938, p. 156.

② 《元史》卷6《世祖本纪三》。

③ 参见田卫疆《元代欣斤塔剌思（Chingintalas）地望考释》，《新疆社会科学》1990年第4期。

④ A. C. Moule & Paul Pelliot, *Marco Polo: The Description of the World*, London: George Routledge & Sons Ltd, 1938, p. 158, 161.

⑤ Henry Yule, *The Book of Ser Marco Polo, the Venetian Concerning the Kingdoms and Marvels of the East*, London: John Murray, 1929, p. 214.

旅程图 IV 标明马可·波罗父叔曾经阿里麻里（今新疆霍城西北）、别失八里、哈剌火州、吐鲁番、哈密而至沙州，马可·波罗对欣斤塔剌思的描述很可能得之于其父叔，或兼得之"欣斤塔剌思州"一章所载马可·波罗之突厥友人祖立福合（Culficar）。

二　唐古忒之行

"唐古忒州"一章所载沙州可谓马可·波罗唐古忒之行首站，《寰宇记》在夹叙第 59、60 两章"哈密州""欣斤塔剌思州"后，第 61 章"肃州"接着叙述第 58 章所载沙州东北方及东方 10 日程之肃州，第 62 章"甘州"又描述了甘州。肃州、甘州为马可·波罗亲临之地已成公论，但不知何故《游记》各版本均漏载肃州至甘州日程；而"甘州"一章最大疑问则是《寰宇记》所载马可·波罗旅居甘州一年之事。《游记》F 本载马可·波罗随其父叔因毋庸赘述之事停留甘州一年，剌木学亦持此说；FG本则载玛窦与马可·波罗奉命留居甘州一年。[①] 对此伯希和先生曾言：

> 宫廷法文修订本（按：即 FG 本）载玛窦与马可·波罗因公事留居甘州一年，颇节、裕尔、沙海昂亦持此说。但 F 本、R 本一致记载波罗三人曾同居甘州，且系为他们自己的某些事情。我认为任何注释者没有认真地论述这一点。事实上可以肯定我们只能接受 F 本、R 本之说。但是什么时候波罗三人一起最有可能留居甘州呢？裕尔似乎理所当然以为是他们在已经开始为忽必烈效劳之后的某个不确定时刻（裕尔本卷 1，导言，第 22 页），但这可能是因为其在其书中接受了"*en legation*"一说。在我看来，似乎假设声称自阿迦至上都之旅费时三年半的波罗三人在途中共同停留甘州一年更合常理。在此稍后的日期，他们很少有机会一同留居甘州。我甚至不排除自甘州开始他们的到来被上报至忽必烈的可能性，忽必烈所遣自

---

① Henry Yule, *The Book of Ser Marco Polo*, *the Venetian Concerning the Kingdoms and Marvels of the East*, London: John Murray, 1929, p. 223.

四十日程外之地前去迎接这三个拉丁人的使者一定是乘急递铺行进，而且此行程很可能已含自汗八里或上都至甘州路程所需时间。①

伯希和先生在此阐幽发微，推断马可·波罗三人在阿迦至上都途中留居甘州一年，其说可从。《寰宇记》载忽必烈曾遣使迎马可·波罗一行于40日程之外，并载沙州至肃州10日程、甘州至额里折兀5日程、额里折兀至额里合牙8日程、天德州至契丹之地7日程、宣德州至察罕脑儿3日程、察罕脑儿至上都3日程。而肃州至甘州、额里合牙至天德州日程，《游记》诸版本均漏载。若加以肃州至甘州、额里合牙至天德州实际日程，沙州至上都日程显然已超40日，因而可推知甘州至上都为40日程。上文已言马可·波罗1274年初至可失合儿、1275年5月至上都，则马可·波罗约在1274年春至1275年春留居甘州一年，而1275年春忽必烈遣使至上都40日程外之甘州城中迎马可·波罗一行赴上都。

"甘州"一章结尾处记载下文将述北方诸州，及将向北继续旅行60日，于是《寰宇记》在第72章"额里折兀国"之前又描述了第63章"亦集乃城"、第64章"哈剌和林城"、第65章"成吉思之为鞑靼第一可汗"、第66章"成吉思汗率众征讨长老约翰"、第67章"长老约翰迎战成吉思汗"、第68章"成吉思汗与长老约翰之战"、第69章"成吉思汗后之嗣君"、第70章"鞑靼人神道及风习"、第71章"巴尔忽平原及其居民之奇风异俗"，从而在甘州与额里折兀之间插叙了亦集乃城、哈剌和林、巴尔忽平原等地，以致一些《游记》读者误以为马可·波罗曾到过亦集乃城，甚至似乎到过蒙古汗廷哈剌和林。② 例如，曾实地考察过黑城的斯坦因③，以及杨志玖先生便以为马可·波罗

---

① Paul Pelliot, *Notes on Marco Polo*, Vol. Ⅰ, Paris: Imprimerie Nationale Librairie Adrien-Maisonneuve, 1959, p.151.

② Henry Yule, *The Book of Ser Marco Polo, the Venetian Concerning the Kingdoms and Marvels of the East*, London: John Murray, 1929, p.22.

③ 参见［英］奥里尔·斯坦因《沿着古代中亚的道路》，巫新华译，广西师范大学出版社2008年版，第265页。

曾路经亦集乃城。① 帕拉弟乌斯以为马可·波罗时代存在一条自亦集乃直达哈剌和林之路，波罗很可能据此偏离主题而对蒙古汗廷哈剌和林做了一次精神之旅。② 伯希和先生亦同意帕拉弟乌斯所言存在一条连接亦集乃与哈剌和林之路，并以为这正是波罗在甘州之后偏离主题插叙亦集乃，而附言了其从未去过哈剌和林的原因。③ 在此可肯定马可·波罗并未路经哈剌和林，笔者以为可进一步推断其亦未去过亦集乃。理由如下。

（1）"甘州"一章结尾提示下文将向北方诸州继续旅行 60 日，《寰宇记》载自甘州骑行 12 日（按：沙海昂注本为 16 日，裕尔本、伯希和本均为 12 日）至亦集乃城，自亦集乃城骑行 40 日至哈剌和林。《游记》颇节本又载自哈剌和林及埋葬鞑靼诸汗之阿尔泰山北行 40 日（按：剌木学本作 60 日，L 本作 4 日）至巴儿忽平原，自巴儿忽平原骑行 40 日至大海（当指北冰洋）。而地理学会本（按：F 本）似乎仅言穿越巴儿忽平原需 40 日，从而遗漏了哈剌和林至巴儿忽平原日程。④ 由上可见，甘州至哈剌和林至少有 52 日程，至巴儿忽平原、大海则远远超过了《寰宇记》上文所载 60 日程；而马可·波罗自肃州东行至甘州后亦没必要再绕道北行至亦集乃。因此，可推知甘州之后亦集乃、哈剌和林、巴儿忽平原、大海诸地马可·波罗均未亲临其境。

（2）《寰宇记》第 71 章"巴尔忽平原及其居民之奇风异俗"结尾载

---

① 参见 William Marsden 译《马可·波罗游记》，外语教学与研究出版社 1997 年版，序言第 8 页。

② Henry Yule, *The Book of Ser Marco Polo, the Venetian Concerning the Kingdoms and Marvels of the East*, London: John Murray, 1929, p. 225.

③ Paul Pelliot, *Notes on Marco Polo*, Vol. Ⅱ, Paris: Imprimerie Nationale Librairie Adrien-Maisonneuve, 1963, p. 638.

④ Henry Yule, *The Book of Ser Marco Polo, the Venetian Concerning the Kingdoms and Marvels of the East*, London: John Murray, 1929, p. 270; A. C. Moule, Paul Pelliot, *Marco Polo: The Description of the World*, London: George Routledge & Sons Ltd, 1938, p. 177. 按：Altai 可译为阿尔泰，国人多径以为其地即阿尔泰山，并以蒙古汗陵在今蒙古国肯特山，而认为马可·波罗对蒙古诸汗葬地记载有误。但《游记》诸版本均载自哈剌和林及埋葬鞑靼诸汗之 Altai 山启程骑行若干日而至巴儿忽平原之事，仔细判读《游记》文意，不难发现哈剌和林与埋葬鞑靼诸汗之 Altai 山地理位置相近，因而《游记》之 Altai 山当实指肯特山。

（甘州以北）北方诸州迄于地近大海之处已备述于前，将言往谒大汗沿途所经其他诸州，因此重返该书前述之甘州，第 72 章"额里折兀国"开头即言自甘州向东骑行 5 日至额里折兀。显而易见，《寰宇记》由甘州偏离主题向北插叙亦集乃、哈剌和林、巴儿忽平原、大海北方诸地后，又言归正传自甘州向东继续描述往谒大汗沿途所经其他诸地。沙海昂、帕拉弟乌斯、伯希和等学者已注意到马可·波罗在甘州与额里折兀之间偏离旅程正途而插叙其他诸地之事，裕尔本马可·波罗旅程图 IV 以为马可·波罗至甘州后乃东经永昌路直达额里折兀，此说甚是。

综上所述，马可·波罗至甘州后并未向北骑行至亦集乃。此外，"额里折兀国"一章明载马可·波罗自甘州向东骑行 5 日至额里折兀，并载自额里折兀向东南行至契丹道中有一 Silingiu 城。学界除对额里折兀地望略有分歧外①，对 Silingiu 亦颇有争议。陈炳应先生考证 Silingiu 为兴州（今宁夏银川）②，学者党宝海新注《马可波罗行纪》采用了此说；马尔斯登（William Marsden）则谓其为西宁州，裕尔、颇节亦均持此说③。伯希和先生已详考 Silingiu 必为西宁州，并言马可·波罗描述了其从未去过的作为中国一部分的西宁州，且将西宁州位于其赴忽必烈汗廷时路经甘州—凉州—宁夏（指宁夏府，今宁夏银川）与其此后经西安—汉中—成都前去云南的路程之间。可能由于存在若干路经西宁州的商道，因而波罗提及了其地。④ 此说甚是，而杨志玖先生所谓马可·波罗曾亲莅西宁州之说并不属实。⑤《寰宇记》第 73 章"额里合牙国"载自额里折兀向东骑行 8 日至额里合牙，主要之城名哈剌善（Calacian），此亦证马可·

① Ergiuul，颇节以为永昌路，克拉普罗特（Klaproth）以为凉州府，或以为永昌、凉州两地之北。伯希和已详考其为凉州，详见 *Notes on Marco Polo*, Vol. Ⅱ, pp. 646 – 647。

② 参见陈炳应《〈马可·波罗游记〉甘肃部分考释》，《陇右文博》1997 年第 1 期。

③ Henry Yule, *The Book of Ser Marco Polo, the Venetian Concerning the Kingdoms and Marvels of the East*, London：John Murray, 1929, p. 276；Paul Pelliot, *Notes on Marco Polo*, Vol. Ⅱ, Paris：Imprimerie Nationale Librairie Adrien-Maisonneuve, 1963, p. 832.

④ Paul Pelliot, *Notes on Marco Polo*, Vol. Ⅱ, Paris：Imprimerie Nationale Librairie Adrien-Maisonneuve, 1963, p. 832.

⑤ 参见杨志玖《马可·波罗在中国》，南开大学出版社 1999 年版，第 12 页。

波罗至额里折兀后并未东南行至西宁州。

关于额里合牙，颇节将其与兀剌海（Ulahai，今内蒙古乌拉特中旗新忽热古城）混为一谈[1]；裕尔亦由于误读而将Irγai、Ergiuul与Uraqai，一个唐古忒中完全不同的地方相混同[2]。陈寅恪先生已考衣儿格依城Irgai（Irghai）即《元朝秘史》之额里合牙，而与斡罗孩（兀剌海、兀剌孩）并非一地。[3] 沙海昂[4]、伯希和亦指出裕尔将兀剌海与额里合牙混而为一之误，且伯希和已考Egrigaia当为西夏都城宁夏[5]，即今宁夏银川。Calacian，帕拉弟乌斯以为即《蒙古秘史》中阿拉筛之对音，汉译贺兰山，而马可·波罗所言之Calacian很可能指宁夏西60里贺兰山下元昊所建驻夏离宫。[6] 伯希和、周清澍先生采纳了帕拉弟乌斯此说，并进一步对Calacian做了考释[7]，此说可从。弄清哈剌善、额里合牙位置后，可知马可·波罗自甘州东行至额里折兀后又经哈剌善东行至额里合牙，哈剌善、额里合牙当为其亲身经历之地。

三　长老约翰旧地之行

"额里合牙国"一章结尾载将离开此州（额里合牙），东行至昔日曾为长老约翰之地的天德州。《寰宇记》第74章"大天德州"仅言天德为

---

[1]　Henry Yule, *The Book of Ser Marco Polo*, *the Venetian Concerning the Kingdoms and Marvels of the East*, London：John Murray, 1929, p. 282.

[2]　Paul Pelliot, *Notes on Marco Polo*, Vol. Ⅱ, Paris：Imprimerie Nationale Librairie Adrien-Maisonneuve, 1963, p. 641.

[3]　参见陈寅恪《灵州宁夏榆林三城地名考》，《陈寅恪先生全集》上册，里仁书局1979年版，第311—316页。

[4]　参见［意］马可·波罗《马可·波罗游记》，A. J. H. Charignon注，冯承钧译，党宝海新注，河北人民出版社1999年版，第257页。

[5]　Paul Pelliot, *Notes on Marco Polo*, Vol. Ⅱ, Paris：Imprimerie Nationale Librairie Adrien-Maisonneuve, 1963, p. 641.

[6]　Henry Yule, *The Book of Ser Marco Polo*, *the Venetian Concerning the Kingdoms and Marvels of the East*, London：John Murray, 1929, p. 282.

[7]　Paul Pelliot, *Notes on Marco Polo*, Vol. Ⅰ, Paris：Imprimerie Nationale Librairie Adrien-Maisonneuve, 1959, pp. 132–137；周清澍《读〈唐驭马简介〉的几点补充意见》，《元蒙史札》，内蒙古大学出版社2001年版，第315页。

向东一州，主要之城名天德，而《游记》各版本均未载额里合牙至天德州日程。裕尔亦言波罗没有提供哈剌善与其下一驿站之间路程的数据。[①]伯希和先生曾言：

> 裕尔与彭泽（N. M. Penzer）所绘地图以为波罗沿着（黄）河北岸自宁夏抵达天德，这只有其沿水路旅行才有可能属实；而且事实上中兴（即宁夏）至东胜之间的"水驿"早在1267年已建立（《元史》卷6，第5页a），但路程缓慢。一条自宁夏经榆林直达东胜的陆上驿路曾长期存在，而且这些古代驿站的名称载在一张可追溯自契丹时代的地图上。在我看来，其时被忽必烈期待的波罗三人最有可能通过陆路穿越河套地区。[②]

裕尔本马可·波罗旅程图IV以为马可·波罗自额里合牙沿黄河左岸一直北行，至大拐弯处又东行，进而（约在今内蒙古包头附近）渡河东至天德城（此图以天德城为东胜州，故将Tenduc标在东胜州，即今内蒙古托克托县），并于天德城南附近渡河至库库和屯（今内蒙古呼和浩特）。周清澍先生亦以为马可·波罗自宁夏至天德乃取1227年耶律楚材自灵武沿黄河经原西夏新安县（位于兀郎山下，距黄河约70里）至东胜、天德之路。[③] 裕尔本马可·波罗旅程图IV意味着马可·波罗自额里合牙沿黄河北行，且此后两渡黄河，但《游记》诸版本均载马可·波罗自额里合牙东行至天德州。笔者以为伯希和先生所谓马可·波罗自中兴路经榆林东行至东胜渡黄河而至天德州之说可从。东胜州金初曾属西夏[④]，元

---

① Henry Yule, *The Book of Ser Marco Polo*, *the Venetian Concerning the Kingdoms and Marvels of the East*, London：John Murray, 1929, p. 282.

② Paul Pelliot, *Notes on Marco Polo*, Vol. Ⅱ, Paris：Imprimerie Nationale Librairie Adrien-Maisonneuve, 1963, p. 850.

③ 参见周清澍《蒙元时期的中西陆路交通》，《元史论丛》第4辑，中华书局1992年版，第25页。

④ 参见《元史》卷58《地理志一》。

代则为地处蒙古汪故部驻地与西夏旧境交通要道上的重要黄河渡口。例如，木华黎1221年秋曾自青冢（昭君墓）经东胜州渡河，假道西夏南下攻拔金朝葭州（治今陕西佳县）。① 此外，史载1252年九月忽必烈启程远征大理，十二月渡黄河；次年春经夏州（治今陕西靖边县白城子）、盐州（治今陕西定边）；四月出萧关（今宁夏同心县南红古城）而至六盘山。② 今影印文渊阁四库全书本《藏春集》残本卷三所收《大理途中寄窦侍讲先生二首》《过丰州二首》《云内道中》《过东胜》《过盐州》《四月望日途中大风》《六盘会仲一饮》诸诗，显然乃刘秉忠为随忽必烈从征大理之事而作。综合相关记载，可推知1252—1253年忽必烈率军经丰州（治今内蒙古呼和浩特东白塔村）、云内州（治今内蒙古托克托县古城乡白塔古城）至东胜州渡黄河，经夏州、盐州、萧关至六盘山。1258年蒙哥汗亲征南宋时，亦曾由漠北南下自东胜州渡河，进而驻跸六盘山。③ 所以，马可·波罗来蒙古汗廷时，不但存在一条建于1267年的中兴路至东胜州之间共十站的水上驿路④，且早已存在一条自中兴路东经夏州、盐州，进而自东胜州渡黄河，经云内州至丰州之路。据上文笔者所考甘州至上都40日程，及《寰宇记》所载甘州至额里折兀5日程、额里折兀至额里合牙8日程、天德州至契丹之地7日程、宣德州至察罕脑儿3日程、察罕脑儿至上都3日程，可进一步推知额里合牙至天德州14日程。《寰宇记》之天德城当为东胜州（详考见下），胡小鹏先生所考自中兴府附近哈剌温至东胜州哈必儿哈必剌十四站之驿道⑤，很可能为陆上驿道；且极有可能为马可·波罗自额里合牙至天德城所循之路，而这十四站有可能每一站恰巧为一日程。

据元代中兴路与丰州交通状况来看，已可肯定马可·波罗乃自东胜州渡黄河至天德州界，但中外学者对马可·波罗所言天德城位于东胜州

① 参见《元史》卷119《木华黎传》；《元史》卷149《石天应传》。
② 参见（元）程矩夫《雪楼集》卷5《平云南碑》，影印文渊阁《四库全书》本。
③ 参见《元史》卷3《宪宗本纪》。
④ 参见《元史》卷6《世祖本纪》。
⑤ 参见胡小鹏《元甘肃行省诸驿道考》，《西北史地》1997年第4期。

还是丰州尚有严重分歧。一些学者多以为《寰宇记》之 Tenduc 乃马可·波罗袭用辽金天德军旧称,进而据元代改天德军为丰州之事径以为 Tenduc 城为丰州,如帕拉弟乌斯、裕尔、沙海昂、杨志玖、周清澍、党宝海等学者均持此说。下面不妨看一下一些西方学者对 Tenduc 城位置的详细考证,考狄埃先生言:

> 下列迹象表明,我以为我们只能在被蒙古人称之为 Togto 或 Tokto(按:即托克托)的 TouCh'eng 或 Toto Ch'eng(按:即东胜)寻找天德城。柔克义(Rockhill)(《1891—1892 年蒙藏旅行记》,第 18 页)曾路经此地,向南 5 里抵达了黄河 Ho-k'ou(汉语,按:即河口),或 Dugus、Dugei(蒙古语)。张诚(Gerbillion)在鞑靼地界其第 6 天旅程中提及了 Toto(杜赫德《中华帝国全志》卷 4,第 345 页)。柔克义补充说其不得不想起裕尔忽视了托克托的存在,而把归化城与天德等同起来。东胜位于归化城西两日程。"在东胜后边的黄土小山上有一个大的营地废墟,很可能为东胜古城的遗址"(前引第 18 页)。博宁(M. Bonin)采纳了柔克义的观点(《皇家亚洲学会杂志》卷 15,1900 年,第 589 页)。博宁曾自归化城沿黑水河谷行往黄河,在两河的汇合处是河口镇。小城东胜的南边,位于托克托古老的正方形蒙古要塞的废墟之上,要塞的城墙至今处于良好的保护状态(《地理》卷 1,1901 年,第 116 页)。[①]

此外,伯希和先生言:"毫无疑问,天德州位于河套东北部地区,其时被基督教徒汪古部占据(见'Ung'与'Giorge'条)。至于天德城,某人可能想到绥远(原归化城,蒙古语称之为库库和屯,'青城'之意),但有很大的可能性支持其为位于黄河东岸的元代东胜州,即今托克托(参《通报》1914 年,第 632、634 页;穆尔《1550 年前的中国基

---

① Henry Yule, *The Book of Ser Marco Polo, the Venetian Concerning the Kingdoms and Marvels of the East*, London: John Murray, 1929, pp. 285 – 287.

督教史》，第 134 页）。"① 在《马可·波罗注》索引中，伯希和又直言："Tenduc 为一州、城或平原。此词源自天德军，天德州必位于其时被聂斯脱里基督教徒汪古部所占据的河套东北部，天德城必为元代的东胜，即今托克托。"② 早在 20 世纪初，伯希和已言 40 年前俄国修道院长帕拉弟乌斯所考马可·波罗所言天德州国王阔里吉思王即 1298 年被杀的汪古部阔里吉思王之说毫无可疑，而 1325 年鄂多立克经行汪古部时亦视其地为长老约翰之国，并名其城为 Tozan 或 Cozan。伯希和以为 Tozan 或 Cozan 城必为拉班·扫马之 Kǒsang 城。拉班·扫马记事有叙利亚译文之前先有波斯译文，而波斯文中 t 与 k 易于相混。伯希和据柔克义已想到天德城与拉班·扫马、鄂多立克所言之城应为河套东北角托克托县治，亦即元朝东胜州之说，推断 Kǒsang 当为 Tǒsang 之讹，Tǒsang 即东胜对音，因而鄂多立克 Tozan 写法不误。③

20 世纪 30 年代，学者穆尔言："伯希和将 Koshang 与鄂多立克 Tozan 形式比较之后，已考 Koshang 即山西东胜（参前引），并指出 To 与 Qo 在波斯文中易于混淆，波斯原著可能尚在。"④ 此外，穆尔又言："天德州穿越黄河流域北部，但确定其治所是否已被证明较为困难。鄂多立克称天德城为 Tozan（参该书第 96 页上），而《大总管马·雅巴拉哈和拉班·扫马传》中 Koshang 很可能为 Toshang 之误。柔克义《1891—1892 年蒙藏旅行记》一书第 659 页与 1914 年《通报》第 634 页所刊伯希和之文，证明天德城很可能为地近河套东北部的托克托或东胜。"⑤

综观一些著名学者对 Tenduc 的考释，克拉普罗特（Klaproth）、帕拉

---

① Paul Pelliot, *Notes on Marco Polo*, Vol. Ⅱ, Paris：Imprimerie Nationale Librairie Adrien-Maisonneuve, 1963, p. 850.

② Ibid., p. 265.

③ 参见《唐元时代东亚及中亚之基督教徒》，《西域南海史地考证译丛》第 1 卷第 1 编，冯承钧译，商务印书馆 1962 年版，第 60—61 页。原文题名"中亚及远东之基督教徒"，刊于《通报》1914 年。

④ A. C. Moule, *Christians in China before the Year 1550*, London：Society for Promoting Christian Knowledge, 1930, p. 96.

⑤ Ibid., p. 134.

弟乌斯 Tenduc 即天德军之说在学界已成定论。天德城虽有东胜州与丰州之争，但马可·波罗言长老约翰定都天德城，拉班·扫马曾于 Kŏsang 城附近觐见其时汪古部首领，鄂多立克亦称汪古部长老约翰之城为 Tozan，则伯希和所考 Kŏsang、Tozan 为东胜州之说可从。因而柔克义、博宁、伯希和、穆尔诸人所谓《寰宇记》之天德城为东胜州或托克托之说更为可取，且马可·波罗当自东胜州渡黄河，之后始路经东胜州东 2 日程之丰州。

四 契丹地界之行

《寰宇记》载自天德州向东骑行 7 日（VB 本作 "vna"）至契丹之地，此 7 日中见有沿途居民制造纳失失等金锦。契丹之地有一 Sindaciu 城，居民以制造武器为业，此州 Ydifu 有一绝佳银矿，产量极大。帕拉弟乌斯已考 Sindaciu 即宣化府，金朝称之为宣德州[1]，裕尔、伯希和、周清澍、杨志玖诸学者均同意此说，此说甚是。沙海昂以为宣德州仅在金代有此名称，至元代改名顺宁府，而疑 Sindaciu 当为兴和路（原名隆兴路，1312 年改称兴和路）治所兴和城（今河北张北），学者党宝海便采纳了此说。[2] 杨志玖先生已考顺宁府在金朝时为宣德州，元初为宣宁府，1263 年改名宣德府，1337 年又改称顺宁府。[3] 可知沙海昂忽视了顺宁府在元代一度沿袭金朝宣德旧称之事，而元代宣德府军器人匠提举司之设，亦证明马可·波罗所言宣德州居民以制造武器为业之事不误。

关于马可·波罗天德、宣德之行，杨志玖先生已有专文论述[4]，但仍有深入研究的必要。尤其需要补充说明的是，沙海昂虽疑 Sindaciu 为兴和城之说不实，但基本可肯定马可·波罗至契丹地界之始属其时隆兴

---

[1] Henry Yule, *The Book of Ser Marco Polo*, *the Venetian Concerning the Kingdoms and Marvels of the East*, London：John Murray, 1929, p. 295.

[2] 参见［意］马可·波罗《马可·波罗游记》，A. J. H. Charignon 注，冯承钧译，党宝海新注，河北人民出版社 1999 年版，第 267、259 页。

[3] 参见《元史》卷 58《地理志一》。

[4] 参见杨志玖《马可·波罗在中国》，南开大学出版社 1999 年版，第 172—188 页。

路（兴和路）辖境，并非宣德府地界。同时，Sindaciu 虽为宣德州，但马可·波罗自天德赴上都途中可能仅路经宣德府辖境，并未至宣德城。据上都及周边地区驿站交通状况，笔者以为帕拉弟乌斯、沙海昂对马可·波罗自天德至宣德、上都是否路经今山西大同的争论，及天德至上都路线的推论多不足为据；而裕尔本马可·波罗旅程图 IV 所标马可·波罗自天德城（今托克托）经库库和屯直接东行至宣德州之说有一定可取之处。

观元代中书省地图可知①，马可·波罗自东胜州至丰州后东行当首经丰州东百里燕只哥赤斤站一带，该驿站周边想必为《元史》所载 1292 年十一月其时之"燕只哥赤斤地面"②，可能已非长老约翰之地，但马可·波罗可能不知其地真正归属。至燕只哥赤斤地面后，又可经大同路北部平地县（治今内蒙古察哈尔右翼前旗苏集村南古城）地界至集宁路（治今内蒙古察哈尔右翼前旗巴彦塔拉乡土城子）境内。元集宁路当由金朝抚州集宁县沿革而来，集宁县"明昌三年（1192 年）以春市场置，北至界二百七十里"③。由"春市场""集宁"地名及地近蒙古诸部之事，可推知集宁县在金代曾为金朝与蒙古诸部互市之地，而必地处交通要道上。因而马可·波罗自东胜州、丰州、燕只哥赤斤地面东行路经集宁路非常合理。1352 年闰三月元廷曾"命工部尚书朵来、兵部侍郎马某火者，分诣上都、察罕脑儿、集宁等处，给散出征河南达达军口粮"④，则上都、察罕脑儿、集宁当为蒙古诸部居地，马可·波罗不可能视集宁为契丹地界。自集宁路东行便至兴和路，而不是宣德府地界。

马可·波罗言自天德州至宣德州途中见有居民织造纳失失等金锦，而元代曾于弘州（治今河北阳原）、荨麻林（今河北万全县洗马林）置

---

① 参见谭其骧《中国历史地图集》第 7 册，地图出版社 1982 年版，第 7—8 页。
② 《元史》卷 100《兵志三》。
③ 《金史》卷 24《地理志五》。
④ 《元史》卷 42《顺帝本纪五》。

纳失失局令工匠织造纳失失。据元代"兴和路荨麻林人匠提举司"① 之设，可知荨麻林隶属兴和路。伯希和先生已考荨麻林位于兴和路境内，宣化府西北，其以为中国史文著录之纳失失当为荨麻林人匠特制品，并据马可·波罗自天德赴宣化途中有回教侨民纺织纳失失之事，推断马可·波罗从归化城至宣化时恰好路经荨麻林。② 周清澍先生已指出伯希和在此忽视了元代亦于弘州置纳失失局令"回回人"织造纳失失之事③，但弘州距荨麻林 200 余里，位置又显然不在天德州赴上都途中。因而伯希和所谓中国史文著录之纳失失当为荨麻林人匠特制品之说虽有失偏颇，但其马可·波罗自归化城至宣化必经荨麻林的推论仍然可信，且荨麻林很可能为马可·波罗首至契丹之地。荨麻林"盖距宣府西百八十里"④，且地近其北之野狐岭（金代属宣德州，元代盖属兴和路，今河北张北县春垦村南、万全县小麻坪村北）、其东之宣德府宣平县（治今河北万全县宣平堡）驿和得胜口（今河北万全县万全镇）。因此，马可·波罗自天德州至荨麻林后可立即北上野狐岭，取道大都至上都西道（孛老路或孛落路）北段，经兴和城、宝昌州（治今河北沽源县九连城古城）地界至察罕脑儿、上都；而大可不必经荨麻林至宣德府后，又自宣德府西北行经沙岭子口（今河北宣化县沙岭子镇）、宣平县驿、得胜口而至野狐岭。⑤ 此外，《游记》诸版本虽对上都、汗八里（Cambaluc，今北京）有较长篇幅描述，却漏载上都与汗八里间行程。所以，马可·波罗自天德州赴上都途中可能仅路经宣平县境，未至宣德城，但此后其自上都随忽必烈沿上都至大都西道返还大都时始真正路经宣德城，裕尔本马可·波

---

① 《元史》卷 85《百官志一》。

② 参见《荨麻林》，《西域南海史地考证译丛三编》，冯承钧译，商务印书馆 1936 年版，第 77 页。原文《蒙古时代华北的一个回回人的城市》，刊于《亚洲报》1927 年下册。

③ 参见周清澍《马可·波罗书中的阿尔浑人与纳失失》，《元史论丛》第 8 辑，江西教育出版社 2001 年版，第 3—4 页。

④ （明）杨士奇：《东里续集》卷 14《西巡扈从诗序》，影印文渊阁《四库全书》本。

⑤ 参见（元）张德辉《纪行》，载王恽《秋涧先生大全集》卷 100，《四部丛刊》初编本；（元）周伯琦《近光集》卷 3《扈从集后序》，影印文渊阁《四库全书》本。

罗旅程图 IV 标明马可·波罗曾自宣德州至大都颇为可取。《寰宇记》对宣德州的记载，可能源自马可·波罗自天德州至上都、自上都至大都两次路经宣德府界的亲身经历。

关于 Ydifu 地名勘同，帕拉弟乌斯以《元史》所载宣德府、蔚州（治今河北蔚县）、鸡鸣山（今河北张家口市下花园区东）有金银矿，始由官采，迄于 1323 年任民采取之事，疑 Ydifu 可能为一《游记》抄写者传抄之误，而意味着蔚州。① 考狄埃、沙海昂、杨志玖等学者均承认或默认此说。蔚州虽为元朝宣德府辖区，并非马可·波罗自天德或宣德赴上都，或自上都赴大都必经之地，可肯定马可·波罗未亲莅蔚州。帕拉弟乌斯所引原始史料为 1323 年正月"罢上都、云州（今河北赤城北云州镇）、兴和、宣德、蔚州、奉圣州（治今河北涿鹿）及鸡鸣山、房山、黄芦、三叉诸金银冶，听民采炼"②，其中宣德府蔚州虽然产银，但宣德府东北之上都路云州较蔚州产银更为出名。如史载"产银之所，在腹里曰大都、真定（治今河北正定）、保定、云州、般阳（治今山东淄川）、晋宁（治今山西临汾）、怀孟（治今河南沁阳）、济南、宁海（治今山东牟平）"，"在云州者，至元二十七年，拨民户于望云煽炼，设从七品官掌之。二十八年，又开聚阳山（今河北赤城东南）银场。二十九年，遂立云州等处银场提举司"③。可见若以产银之地来推断 Ydifu 所在，云州更为适合。笔者以为不必据《寰宇记》记载将 Ydifu 限定为宣德府境内某地，毕竟马可·波罗显然不可能确知其时宣德府具体辖境为奉圣州（下辖永兴县）、蔚州（下辖灵仙、灵丘、飞狐、安定、广灵五县）两州，以及宣德、宣平、顺圣（今河北阳原县东）三县；其很可能在自天德州赴上都或自上都至大都途中风闻其时以产银闻名于世的云州，但不

---

① Henry Yule, *The Book of Ser Marco Polo, the Venetian Concerning the Kingdoms and Marvels of the East*, London: John Murray, 1929, p. 295；［意］马可·波罗《马可·波罗游记》，A. H. J. Charignon 注，冯承钧译，党宝海新注，河北人民出版社 1999 年版，第 266 页。

② 《元史》卷 28《英宗本纪二》。

③ 《元史》卷 94《食货二》。

知云州与宣德府均属上都路，误将云州划入宣德府境内。

《寰宇记》载自宣德州骑行 3 日至察罕脑儿，自察罕脑儿又骑行 3 日至上都。察罕脑儿、上都在马可·波罗眼中盖属鞑靼地界，因二地位于野狐岭之北，而野狐岭以北诸驿皆为蒙古部落或鞑靼站户掌管。① 不知何故，裕尔本马可·波罗旅程图 IV 没有标明马可·波罗自宣德至察罕脑儿、上都路线。帕拉弟乌斯、沙海昂等学者认为马可·波罗自宣德至上都乃循大都至上都西道之说大体可从，在此笔者对马可·波罗宣德至上都具体路线不予详考，毕竟已可肯定其到过察罕脑儿、上都。需补充说明的是，马可·波罗宣德至上都路线仍存在较多疑问，其自宣德府何处开始踏上大都至上都西道而至察罕脑儿、上都不免是一难解之谜，且我们亦难以肯定其自天德至上都途中是否路过宣德城。

五 结语

《寰宇记》序言已言此书内容为马可·波罗所见所闻，书中所载许多地区其实际上并未去过。笔者已考马可·波罗很可能在首次出使云南时听说过周边缅国、朋加剌、交趾或安南一些情况，遂在金齿州（今云南保山一带）与秃老蛮州之间插述了缅城、朋加剌、交趾国、阿木。《游记》多数版本载马可·波罗出使云南时间乃自阿木返程，以致学界对马可·波罗是否到过缅国、朋加剌、交趾（或安南）有较大争议。马可·波罗对缅国、朋加剌、交趾（或安南）的记载实质上均为道听途说之词，且有较多疏漏失误之处，其甚至分不清交趾与安南是否为同一国家，误以为交趾远离大海、安南和秃老蛮濒临东京湾（今北部湾）。② 马可·波罗出使云南终点与返程起点当为永昌，其出使云南时并未顺路进入缅国，更没去过朋加剌、交趾（或安南）。③《寰宇记》此类暂时偏离

---

① 参见（元）张德辉《纪行》，载王恽《秋涧先生大全集》卷100，《四部丛刊》初编本。

② 参见石坚军《对〈马可·波罗游记〉Bangala 史实的考释》，《中国历史地理论丛》2007 年第 3 辑。

③ 参见石坚军《马可·波罗涉足缅甸说质疑》，《云南民族大学学报》2007 年第 3 期。

马可·波罗旅程正途，而离题插叙其他地区的例子较多。例如，在扬州与真州之间插叙了南京与襄阳府。上文所述可失合儿至上都期间，《寰宇记》则在可失合儿与鸭儿看之间插叙了撒麻耳干；在沙州与肃州之间插叙了哈密、畏兀儿斯坦、哈剌火州、欣斤塔剌思；在甘州与额里折兀之间插叙了亦集乃城、哈剌和林、巴儿忽平原。此外，"额里折兀国"一章附言了西宁州，"大天德州"一章附言了Ydifu。马可·波罗并没到过南京和襄阳，中外学者早已考证出其襄阳献炮一事纯属杜撰。但《游记》多数版本在叙述完襄阳后紧接着言自襄阳启程东南行15里而至Singiu，有的版本则言乃自南京或扬州启程，以致后人对Singiu所在有较大分歧。

通过以上例子，辅以仔细判读《寰宇记》内容，可总结出《寰宇记》存在一种暂时偏离马可·波罗旅程正途，而绕道插叙与之邻近或甚远地区的编排体例，这些插叙地区马可·波罗实际上均未去过。《寰宇记》这一成书体例，可谓导致读者经常误以为马可·波罗曾亲临某地，或对若干地名勘同出现失误的重要原因。综上所述，《寰宇记》可失合儿至上都之间所载地名，可考为马可·波罗必经之处有可失合儿、鸭儿看、忽炭、媲摩州、车尔成、罗卜城、沙州、肃州、甘州、额里折兀、哈剌善、额里合牙、天德州、察罕脑儿、上都；可考为马可·波罗未经过之处有撒麻耳干、哈密、畏兀儿斯坦、哈剌火州、欣斤塔剌思州、亦集乃城、哈剌和林、巴儿忽平原、西宁州、Ydifu。此外，马可·波罗自可失合儿至上都途中肯定路过东胜州、丰州，极有可能路过荨麻林；很可能没至宣德城，而仅路经宣平县。

第三节　马可·波罗出使云南时间考

马可·波罗自述其在华期间曾出使过哈剌章城（今云南）、占城（今越南南部）及印度等地，国内外学者对其东方行程和年代的注释可谓众说纷纭，莫衷一是，而在其何时出使云南这一问题上更是存在着较大争议。目前学界对马可·波罗出使云南的时间主要有 1275—1278 年①、1277 年②、1277—1280 年③、1279 年④、1280 年⑤、1280—1281 年⑥、1280—1290 年⑦、1283—1284 年⑧、1287 年⑨等说法，而以 1277—1280 年、1280—1281 年及 1287 年三说较为流行。本节以《寰宇记》及《马可·波罗注》为主要参考依据，试图在前人研究成果基础之上对马可·波罗出使云南的时间做一新的探讨。

马可·波罗来到元廷不久，便学会了多种语言和四种不同文字，当其已经成年且精明能干之后，忽必烈为某项重要事情便派其出使行程有六个月之远的哈剌章城。⑩ 马可·波罗此行即自大都启程而出使云南一事，笔者十分赞成张星烺与陈得芝二人云南之行乃马可·波罗首次出使任务的观点，因为《游记》序言已言此书将按时间先后顺序叙事，而且《游记》对马可·波罗在华旅程的记载也首先言及了云南之行。那么，马可·波罗出使云南的时间必在其 1275 年来华后不久。

马可·波罗出使云南路经京兆府（西安）时，曾言安西王忙哥剌为该地之王，则其经过京兆府时应在至元十五年（1278）十一月忙哥被刺死之前，但据《游记》下文对云南王也先帖木儿的记载，可知其抵达云南必在至元十七年（1280）也先帖木儿袭封为云南王之后。陈得芝教授《马可·波罗在中国的旅程及其年代》一文，首先考证出《元史·世祖本纪》和《诸王表》对忙哥剌死期记载的错误，而断言马可·波罗到达

---

① 参见秦晖《陕西通史·宋元卷》，陕西师范大学出版社 1997 年版，第 322 页。

② 参见彭海《关于马可·波罗在扬州的时间》，《历史研究》1980 年第 2 期。

③ 参见张星烺《马哥孛罗游记导言》，中国地学会 1924 年版，第 100 页。

④ 参见李思纯《元史学》，上海书店出版社 1996 年版，第 191 页。

⑤ 参见《马可·波罗行纪》，冯承钧译，沙海昂注，中华书局 2004 年版，第 461 页。

⑥ 参见陈得芝《马可·波罗在中国的旅程及其年代》，《元史及北方民族史研究集刊》1986 年第 10 期。

⑦ 参见方国瑜《马可·波罗云南行纪笺证》，《西南边疆》1939 年第 4 期

⑧ 参见格鲁塞《蒙古史略》，冯承钧译，商务印书馆 1934 年版，第 77 页。

⑨ 参见方国瑜、林超民《马可·波罗行纪云南史地丛考》，民族出版社 1994 年版，第 15 页。

⑩ A. C. Moule & Paul Pelliot, *Marco Polo：The Description of the World*, London：George Routledge & Sons Ltd，1938, p. 86.

云南的时间应在也先帖木儿袭封为云南王的至元十七年或稍后；并据至元十七年六月元廷罢安西王王相府而立陕蜀行省之事，推测马可·波罗路过京兆时"虽然忙哥剌已死，但王妃和王相府可能还在当政，而嗣王名声又不显，所以他只知道当地声望很高的前王之名，以为忙哥剌还在世。根据这个推论，波罗经过京兆的时间大约在至元十七年六月之前不久"。① 此说有一定道理，但却忽视了一个最关键的问题——马可·波罗在当时根本不了解行省与王相府的区别，也从没提及忙哥剌王相府或陕蜀行省的概念。马可·波罗分不清王国与行省的界限，其对宗王出镇制度和行省制度的理解仅是一鳞半爪而不知二者是并行不悖、相辅相成的。事实上问题可能很简单，马可·波罗路过京兆时盖以安西王忙哥剌声名显赫且王宫犹在而嗣王名声不显，因此才误以为忙哥剌当时尚在世。依据王相府和陕蜀行省的废置变革来判断马可·波罗经过京兆的时间，未免过高估计了马可·波罗对元朝当时军政制度的理解程度，所以《游记》中关于忙哥剌的记载实际上并不能作为判断马可·波罗出使云南时间的有效线索。

马可·波罗抵达哈剌章时又言也先帖木儿为该地之王，其英明睿智而善治其国。也先帖木儿为忽必烈五子忽哥赤之子，《元史》载至元十七年（1280）十月丙子"赐云南王忽哥赤印"②，而忽哥赤1271年已被毒杀。据《元史·张立道传》载，至元十七年张立道请以也先帖木儿袭封为云南王、《元史·诸王表》也先帖木儿至元十七年袭封云南王及《元史·世祖本纪》忽哥赤至元四年（1267）八月被赐驼钮金镀银印诸事，可知本纪此处必有脱文，应作"赐云南王忽哥赤印予皇孙也先帖木儿"或"赐皇孙也先帖木儿云南王忽哥赤印"，即元廷将前已拘收云南王忽哥赤印又赐予也先帖木儿。由于元朝诸王"惟视印章，以为轻

---

①　陈得芝：《马可·波罗在中国的旅程及其年代》，《元史及北方民族史研究集刊》1986年第10期。

②　《元史》，第226页。

重"①，所以也先帖木儿只有在拿到云南王印后才算是真正袭爵封王了。估计赐印与封王当为同日之事，这与至元四年八月丁丑忽哥赤同一天之内赐印封王之事如出一辙。因此，至元十七年十月丙子（阴历十月八日，阳历11月1日）当是也先帖木儿赐印封王之日，柯劭忞、屠寄、伯希和等学者也均以为其此时始赐印封王。

有一个问题需要特别指出的是，袭爵封王与就藩上任绝不可混为一谈，两者之间必然有一定时间间隔。据《元史·世祖本纪》知忽哥赤至元四年（1267）八月封王，而据《牧庵集》卷19《资德大夫云南行省右丞李公（爱鲁）神道碑》知至元五年（1268）爱鲁始将卫士从忽哥赤抵达大理。据《元史·显宗传》知甘麻剌至元二十七年（1290）十月被封为梁王出镇云南，而其次年始抵达云南。由此可知，忽必烈时期忽哥赤与甘麻剌均是当年封王而次年始就藩上任。根据马可·波罗所述，其抵达云南时也先帖木儿必已就藩上任，但相关史籍没有记载也先帖木儿何时就藩上任，也没记载其袭封为云南王时身在大理还是大都。不过首任云南王忽哥赤1271年被毒杀后，其设在大理的王府（亦作王相府）当年或次年便已"既还"②大都而被撤销，其云南王印亦被元廷拘收。忽哥赤云南王府被撤销而王府官员多北还大都之后，其王妃与其子也先帖木儿很可能在1271年或次年亦返回大都，毕竟云南王府被罢后二人已没必要再待在大理了。因此，也先帖木儿袭封云南王时很可能身在大都，忽必烈可能还召见过他并向其面授机宜；当然也先帖木儿此时也有可能在云南。总的来说，1280年11月1日也先帖木儿赐印封王之时不外乎有以下两种可能性：第一，也先帖木儿身在大都，当日其亲自接受王印。第二，也先帖木儿身在大理，当日元廷下诏遣使赴大理赐其王印。然而，由于大都距大理路程十分遥远，即使也先帖木儿或使者此后不久便佩印快马加鞭赶赴云南，也不可能在1281年之前抵达大理，据此可以肯定也

---

① 《元史》，第2735页。

② 参见（元）王恽《秋涧先生大全集》，乌台笔补《乞尚书柴祯北还事状》卷86，《元人文集珍本丛刊》本，第412页。

先帖木儿必在 1281 年初始能就藩上任。由忽哥赤与甘麻剌均是当年封王而次年始就藩上任之事，可以推知也先帖木儿 1280 年封王而 1281 年始就藩上任完全是合情合理的。

《游记》在马可·波罗抵达金齿省时插叙了至元十四年（1277）元缅首战——牙嵩延之战，不过《游记》对此战元缅军队统帅、交战人数、交战时间、地点、过程的描述错误百出，且与中国史籍的记载大相径庭。据贝内戴托、伯希和、克里奇利诸位学者对《游记》F 本、Z 本的研究，《游记》1298 年成书后又被马可·波罗和他人增加了许多内容，如《马可·波罗寰宇记》序言、第 121—123 章元缅首战、第 162—167 章占婆到苏门答剌，以及第 230—232 章脱脱与那海之战等。[1] 既然国外马可·波罗研究专家已考证出《游记》所载元缅首战为《游记》成书后被增加的内容，则此战对判断马可·波罗出使云南的时间便已毫无意义可言。

据《元史·世祖本纪》载，至元十九年（1282）二月，元朝派遣太卜、也罕的斤领兵征缅，并签发亦奚不薛及播、思、叙三州军从征。《元史·信苴日传》又载"十九年，诏同右丞拜答儿迎云南征缅之师，行至金齿"[2]，可见当年元缅必然发生过交战，否则元廷岂用下诏信苴日与拜答儿迎征缅元军回师？元廷下诏签发的亦奚不薛及播、思、叙三州征缅之军必将取道建都或乌蒙抵达云南，但马可·波罗却没有言及往返云南途中曾见过征缅之军，更没提到当年发生的元缅之战。由此可以推知马可·波罗出使云南必在至元十九年以前，不然其往返途中必然会遇上征缅大军。假如马可·波罗见到元廷调兵遣将以备征缅的话，根据他喜言战事的嗜好，估计《游记》必会留下相关记载。同时，至元十九年三月戊寅（《世祖本纪》作"辛酉"，误）王著、高和尚刺杀阿合马事件发生时[3]，《游记》言马可·波罗当时正在大都。虽然阿合马一章仅见于

---

① John Critchley, *Marco Polo's Book*, Hampshire：Ashgate Publishing Ltd, 1992, p. 11.
② 《元史》，第 3911 页。
③ 同上书，第 4563 页。

《游记》R 本，但所言内容基本正确，所以贝内戴托、彭泽、伯希和诸人均以为此章内容为马可·波罗本人所述。① 既然阿合马被刺杀时马可·波罗身在大都，假如此前其出使云南的话，则其必须在至元十九年三月戊寅（阴历三月十八日，阳历 4 月 27 日）前返回大都。另外，陈得芝教授一文根据马可·波罗出使云南时从成都经吐蕃至建都驿站尚未建立、至元十九年始立"黎雅站道"之事，也推断马可·波罗出使云南必在至元十九年之前，其说可从。综上所述，马可·波罗必在 1281 年初也先帖木儿就藩上任后抵达云南，而在 1282 年 4 月 27 日阿合马事件发生前返回大都。

据《元史·世祖本纪》载，至元十七年（1280）二月丁丑（阴历二月五日，阳历 3 月 7 日），诏纳速剌丁将精兵万人征缅；乙酉（阴历二月十三日，阳历 3 月 15 日），赏纳速剌丁所部征金齿功银 5320 两；庚子（阴历二月二十八日，阳历 3 月 30 日），以阿里海牙、纳速剌丁招缅国及洞蛮降臣，诏就军前定录其功以闻。陈得芝教授一文据此以为马可·波罗可能是被派去传送其中某个诏令的使者，而得出马可·波罗 1280—1281 年奉使云南的推论。然而，假如马可·波罗是被派往云南传送上述某个诏令的话，估计元廷下诏不久马可·波罗便当启程而不会耽搁很久。上面三个诏令的下达时间均在二月，无论马可·波罗被派往永昌传送哪个诏令，按照《游记》所言自大都至永昌行程为六个月（含沿途逗留时间）来计算的话，马可·波罗将在 1280 年 11 月 1 日也先帖木儿赐印封王前的八九月到达永昌。前文已言也先帖木儿虽在 1280 年 11 月 1 日赐印封王，但必在次年始能就藩上任。既然马可·波罗不可能预知新的云南王为谁，那么，马可·波罗又怎能在抵达云南伊始便言也先帖木儿为该地国王，且善治其国而似乎已经就藩上任一段时间了呢？

马可·波罗来华之后，根据元朝"四等人制"和官吏入仕途径，估计其根本没有入朝做官的可能性，其在元廷也没有什么政治地位可言。

---

① Paul Pelliot, *Notes on Marco Polo* (3vols), Paris: Imprimerie Nationale Librairie Adrien-Maisonneuve, 1959 – 1973, p. 11.

在忽必烈眼中，马可·波罗只不过是为其效忠的一个奴仆而已。按常理分析，马可·波罗首次出使云南时，忽必烈一般不会交给他重要国务而可能只是试用他一下而已。所以，马可·波罗出使云南时一般不会担任正使，可能只是一个随员。假如马可·波罗是正使而沿当时驿道自大都至永昌的话，在《游记》中他不可能不谈到乘驿所需的铺马圣旨（或圆符）以及与云南行省官员会见的情形。同时，马可·波罗出使云南是从大都而不是从上都启程的，估计其奉命出使云南时必在大都觐见过忽必烈。忽必烈从上都遣使诏令马可·波罗出使云南的可能性微乎其微，毕竟马可·波罗身份卑微且地位低下。据《元史·世祖本纪》载，至元十七年（1280）三月甲辰忽必烈幸上都，九月壬子至自上都；至元十八年（1281）三月丙午忽必烈幸上都，闰八月丙午忽必烈至自上都。前文已言马可·波罗必在1281年初也先帖木儿就藩上任后抵达云南，而在1282年4月27日阿合马事件发生前返回大都。那么，马可·波罗出使云南的时间不外乎以下四种可能性。

第一，假如马可·波罗在至元十七年（1280）三月甲辰（阴历三月三日，阳历4月3日）忽必烈幸上都之前出使云南，自大都至永昌行程为六个月，那么，其必将在当年11月1日也先帖木儿赐印封王前抵达云南。此假设可排除。

第二，假如马可·波罗在至元十七年（1280）九月壬子（阴历九月十三日，阳历10月8日）忽必烈自至上都之后出使云南的话，那么，一方面，如果马可·波罗在当年11月1日也先帖木儿赐印封王之前出使云南，无论也先帖木儿身在大都还是大理，马可·波罗将在也先帖木儿就藩上任前抵达云南，则这一假设不成立，另一方面，如果马可·波罗在当年11月1日也先帖木儿赐印封王之后出使云南，则其时已为冬季。但《游记》明载马可·波罗自大都出使云南伊始便在沿途见到多处美丽葡萄园、园囿、桑树、桑叶等景象，而丝毫没有冬季那种萧条凄凉的景色，则马可·波罗出使云南时间只能定在春、夏、秋三季之一。这一假设也不成立。

第三，假如马可·波罗在至元十八年（1281）三月丙午（阴历三月十一日，阳历 3 月 31 日）忽必烈幸上都之前出使云南，其抵达云南时也先帖木儿必已就藩上任，而且只要往返日程不超过一年，就能赶在阿合马事件发生前返回大都。笔者比较赞成张星烺与陈得芝二人"马可·波罗云南之行终点为永昌"的观点，根据《游记》所述，马可·波罗当是自永昌经大理、押赤（昆明）、秃老蛮之地、叙州、成都、涿州等地而返回大都。《游记》载自押赤至永昌共 15 日程，则马可·波罗返程时自永昌至押赤估计也在 15 日程左右。《游记》又载自阿木州东行 8 日至秃老蛮，裕尔、伯希和、陈得芝诸人均以为马可·波罗当自昆明返程，笔者怀疑此 8 日程当为自押赤至秃老蛮之地所需时间。《游记》言自秃老蛮地沿一河骑行 12 日后至叙州，然后又沿此河骑行 12 日至成都。自押赤至叙州则为 20 日程，这与考狄埃所云自昆明至叙州 22 日程差不多。[①]《游记》又载自成都沿原来路线骑行 70 日后至涿州而返回大都。最后，笔者推算马可·波罗自永昌返回大都至少需 117 日程，比其自大都至永昌 129 日程少 12 日，这必与其往返成都和押赤之间路线不同有关。一般情况下，马可·波罗在永昌完成出使任务后便会早日回元廷复命，而沿途也不会逗留很长时间，估计马可·波罗出使永昌往返所需时间约为 10个月且一般不会超出 1 年。《游记》VL 本所言"整个出使过程共花了 14个月时间"[②] 是不足取的，VL 本属于威尼斯方言本系统，成书于 1465年，算不上较好的版本。这 14 个月时间其他版本均不见载，估计是被后人妄加的。综上所述，第三种假设很可能成立。

第四，假如马可·波罗在至元十八年（1281）闰八月丙午（阴历闰八月十四日，阳历 9 月 27 日）忽必烈至上都之后不久出使云南，按照往返日程为 10 个月推算，其将在阿合马事件之后返回大都，则这一假设不

①　参见［意］马可·波罗《马可·波罗行纪》，冯承钧译，沙海昂注，中华书局 2004 年版，第 510 页。

②　A. C. Moule & Paul Pelliot, *Marco Polo: The Description of the World*, London: George Rout ledge & Sons Ltd, 1938, p. 225.

成立。

　　通过对上面四种假设的分析，可见只有第三种假设——马可·波罗在至元十八年（1281）三月丙午（阴历三月十一日，阳历 3 月 31 日）之前出使云南差强人意。再联系马可·波罗出使云南沿途所见景象所反映的季节，可以推知马可·波罗很可能在至元十八年二三月时出使云南，在次年春又返回大都，即马可·波罗出使云南时间为 1281—1282 年。

第三章　马可·波罗眼中的中国
政治与经济

　　《马可·波罗游记》全书229章中记录的中国部分占82章，分量最大。书中对中国疆域辽阔、文明昌盛、财富无尽和宫殿华丽的热情洋溢的描述，是对西方人冲击最大、影响最久的部分。其中对蒙古大汗忽必烈宫殿、都城、朝廷、政府、税收、节庆、游猎等都有较为详细的描述。本章主要研究《游记》中记述的关于汪古部政治中心变迁、经济方面的杭州税收和皇帝诞辰节日三个问题。首先是关于马可·波罗与元初汪古部政治中心变迁的关系研究。中西文献对元代汪古部政治中心有多种不同的记载，以致前人众说纷纭，认为汪古部同一时期有多个政治中心。文章在学界以往研究基础上，初步探讨了元初汪古部政治中心由黑水之阳领主牙帐到按打堡子、东胜州、黑水新城的演变过程与原因。其次，在前辈杨志玖先生和许正弘对元代节日研究的基础上，对他们未曾涉及的元代天寿圣节的设立、庆贺、祈福与禁忌进行考述，并对节庆中蒙汉文化的交融、节庆对民众的影响等方面作出研讨。最后，是马可·波罗所记杭州税收数字的可靠性，说明作为商人的马可·波罗对中国经济问题的关注。作者在充分研究德国图宾根大学汉学系教授傅汉思（Hans Ulrich Vogel）的新著《马可·波罗到过中国：货币、盐、税收方面的新证据》（*Marco Polo Was in China：New Evidence from Currencies，Salts and Revenues*，Brill，2013）一书的基础上，运用经济史以及计量史学的方法来检验马可·波罗所记的杭州税收数字的可靠性。

第一节　元初汪古部政治中心变迁考
——以马可·波罗等中世纪旅行家的记述为依据

汪古部在元代地处漠北与中原、元朝与西方的交通要道，因其信仰基督教聂斯脱里派，而受当时来华的西方基督教人士广为关注。中西文献对元代汪古部政治中心（领主牙帐或王傅府）有按打堡子、德宁路、Tenduc、Kŏsang、Tozan 城等多种记载，以致前人莫衷一是，尚未意识到其政治中心随元初战局或政局的变化而有所变动。《马可·波罗游记》、拉班·扫马、鄂多立克的记载均直接或间接反映东胜州一度为汪古部政治、宗教中心，以此为突破口，可进一步深入探讨元初汪古部政治中心的演变与相关史实。

一　由黑水之阳领主牙帐到按打堡子

（一）黑水之阳汪古部领主牙帐

汪古部亦称白达旦、白鞑靼、白达达，辽金时期主要居住在阴山一带，故又称阴山鞑靼。汪古部先后为辽金属部，1204 年前后与蒙古部铁木真结盟，1210 年引导蒙古军通过金界壕南下而正式叛金。据姚燧应郐王府长史李惟恭之请至大庚戌（1310）所作《河内李氏先德碣》载，汪古部领主郐王术安之父高唐忠献王阔里吉思"世居静安黑水之阳"[1]，可知阔里吉思（约 1280—1298 年任汪古部领主）先祖世代居住于静安黑水之北。静安即静安路或靖安路，原称黑水新城或新城 [《元史·世祖本纪》至元二十年（1283）四月辛卯条已出现"新城"之名]；黑水新城大德九年（1305）七月升为靖安路[2]，延祐五年（1318）三月改称德宁路[3]。前人所谓德宁路治所位于今内蒙古和林格尔县土城古城，前引

---

① （元）姚燧：《牧庵集》卷 26《河内李氏先德碣》，《四部丛刊》初编本。
② 参见《元史》卷 21《成宗本纪四》，中华书局 1976 年版，第 464 页。
③ 参见《元史》卷 26《仁宗本纪三》，第 582 页。

之黑水为今呼和浩特市大黑河之说①，显系穿凿附会，不足为据。德宁路治所在今内蒙古达尔罕茂明安联合旗百灵庙镇东北敖伦苏木古城（俗称赵王城），黑水为城南艾不盖河②，已成学界定论。因此，汪古部世居之地中心地带为黑水之阳今艾不盖河以北一带，前人亦公认元朝中后期汪古部政治中心一直位于黑水新城或德宁路。

弄清汪古部辽金元以来居地或辖区，可深入研究其元初政治中心。史载 1122 年耶律大石自夹山（位于今内蒙古呼和浩特武川县）"北行三日，过黑水（今艾不盖河），见白达达详稳床古儿"③，说明其时汪古部无定居城堡，其领主牙帐或政治中心位于黑水一带。成吉思汗 1206 年建国前，多次遣使至汪古部领主阿剌兀思处，其中一次派人至"雍古（汪古部）王阿勒呼木实克奇呼尔（阿剌兀思惕吉忽里）所"④ 索取克烈部图卜巴哈二百户，"所"字亦间接反映当时汪古部并无城镇。

金朝疆域经"净州（今内蒙古四子王旗吉生太镇城卜子古城）之北，出天山外"⑤，净州为蒙古诸部向金朝进贡之地⑥，净州天山县曾为蒙古诸部与金朝贸易榷场⑦。蒙古崛起后，"章宗璟又以为患，乃筑新长城在静州（即净州）之北，以唐古糺人（汪古部人）戍之"⑧。史籍又载："亡金堑山为界，以限南北。忠武王（阿剌兀思）一军扼其冲。……天兵下中原，忠武为向导，南出界垣。"⑨ 综合以上记载，可知汪古部金末曾协助金军扼守净州北部界壕，以防御蒙古诸部南下，当时汪古部居地必位于净州界壕以北。

---

① 参见洪用斌《元代德宁路考》，《内蒙古社会科学》1980 年第 2 期。
② 参见陈得芝《耶律大石北行史地杂考》，《蒙元史研究丛稿》，人民出版社 2005 年版，第 84 页。
③ 《辽史》卷 30《天祚皇帝本纪四》，中华书局 1974 年版，第 355 页。
④ （元）姚燧：《牧庵集》卷 13《皇元高昌忠惠王神道碑铭》。
⑤ 《金史》卷 24《地理志上》，中华书局 1975 年版，第 549 页。
⑥ 参见《元史》卷 1《太祖本纪》，第 15 页。
⑦ 参见《金史》卷 24《地理志上》，第 566 页。
⑧ 王国维：《蒙鞑备录笺证》，《王国维全集》第 11 卷，浙江教育出版社 2009 年版，第 352 页。
⑨ （元）苏天爵：《元文类》卷 23《驸马高唐忠献王碑》，《四部丛刊》初编本。

史载"砂井（今内蒙古四子王旗红格尔苏木大庙古城）、集宁（今内蒙古察哈尔右翼前旗巴音塔拉镇土城子古城）、静州、按打堡子四处，壬子年（1252 年）元籍爱不花（阿剌兀思之孙、孛要合之子）驸马位下人户，揭照元籍相同，依旧开除"①，可见蒙古前四汗时期汪古部领地已由净州界壕之北黑水之阳南扩至砂井、集宁、净州、按打堡子，而史籍明载砂井、集宁、净州均原为金朝故土。砂井亦称沙井、沙城，位于"天山县（北）八十里"②，当今乌沙堡所在地，砂井或乌沙堡之名很可能均取其义③。金代集宁县由春市场改置，北距边界 270 里。④ 净州天山县在金代"近接边堡，互市所在"⑤，砂井则地处蒙古诸部通往净州交通要道，是金朝防范蒙古诸部南下的军事要地，因而金朝 1210 年在砂井新筑乌沙堡以待成吉思汗赴净州入贡时予以袭杀，进而引兵北上清剿蒙古诸部以绝后患。适有金朝糺军（汪古部人）告知成吉思汗此事，成吉思汗遂命哲别主动突袭乌沙堡。

综上所述，辽末（1122 年耶律大石经黑水见白达达详稳床古儿）至大蒙古国初期（1210 年汪古部引导蒙古军南出界垣），汪古部居地主要在净州界壕以北黑水之阳一带，当时并无固定城堡，但不排除有固定基督教堂或宗教中心的可能性，因汪古部信仰基督教聂斯脱里派。进而言之，其时汪古部政治中心应为领主牙帐，领主建牙之地必在黑水之北。汪古部逐水草而居，以游牧为主要生产方式，政治上应属季节性的行国制，因而领主牙帐在其世居之地可能不时迁徙。

（二）按打堡子

按打堡子亦作"安答堡子"，学界普遍以为汪古部领主阿剌兀思投奔成吉思汗后与其互称安答（蒙古语"契交"之意），故而阿剌兀思所居堡子或所驻守金界壕边堡被称为按打堡子。多数学者推测按打堡子位

---

① 方龄贵校注：《通制条格校注》卷 2《户令》，中华书局 2001 年版，第 25—26 页。
② 王国维：《黑鞑事略笺证》，《王国维全集》第 11 卷，第 367 页。
③ 参见张文平《内蒙古地区蒙元城镇研究》，博士学位论文，内蒙古大学，2009 年。
④ 参见《金史》卷 24《地理志上》，第 566 页。
⑤ （金）元好问：《遗山集》卷 27《恒州刺史马君神道碑》，《四部丛刊》初编本。

于汪古部世居故地，前人曾考按打堡子即德宁路①，立论依据主要是将上述"砂井、集宁、静州、按打堡子四处"引文与"赵王不鲁纳（字要合之孙、拙里不花之子）食邑沙（井）、净、德宁等处蒙古部民万六千余户饥"②等史料进行比勘。按打堡子为黑水新城（德宁路）之说在学界几为定论，但实际上经不起仔细推敲。

首先，假设按打堡子位于汪古部世居之地，史载"今忒没真（铁木真）乃黑鞑靼也，与白鞑靼（汪古部）皆臣属于金，每岁其王自至金界贡场，亲行进奉，金人亦量行答赐，不使入其境也。……（白鞑靼王）摄叔至环州（疑为净州之误）进贡，金人乘其不备，醉而杀之"③，可知汪古部领主平素居于金界壕之北世居故地。汪古部辽金以来至大蒙古国初期南出界垣前长期为游牧行国制，基本不可能有定居的土堡存在，其领主应常居于黑水之阳牙帐，牙帐难免四季迁徙。德宁路旧称静安路，静安路由黑水新城升置，既然有黑水新城，似乎暗示此前曾有黑水旧城。按照新城多接近旧城的筑城常理，黑水新城可能地近黑水旧城，且黑水新城建成后黑水旧城未必废弃，按打堡子为黑水旧城亦并非不可。此外，集宁路遗址 1976 年出土窖藏丝织物所印"□□□□八安答堡子照业军人""年甲子（1324 年）"墨书，前人据窖藏漆碗"己酉（1309 年）姜家上牢"漆书推断丝织物窖藏年代为 1309 年后④，说明黑水新城筑成后安答堡子依然独立存在。可见按打堡子难为汪古部世居之地之黑水新城。

其次，假设按打堡子最初为阿剌兀思所驻守金界壕边堡，史载"天兵下中原，忠武为向导，南出界垣。留居镇守，为畴昔异议所害。长子不颜昔班死焉。武殷（字要合）尚幼，王妃阿里黑挈之，偕犹子镇国夜遁至界垣，门已闭，诉于守者，缒垣以登，逃难云中（今山西大同）"⑤，则按打堡子当位于金界壕以北附近地区。前人已言今敖伦苏木古城位于

---

① 参见崔璇《安答堡子、按打堡子、雁塔堡辨析》，《内蒙古社会科学》1993 年第 5 期。
② 《元史》卷 35《文宗本纪四》，第 779 页。
③ （宋）李心传：《建炎以来朝野杂记》卷 19《鞑靼款塞》，中华书局 2000 年版，第 849 页。
④ 参见潘行荣《元集宁路故城出土的窖藏丝织物及其他》，《文物》1979 年第 8 期。
⑤ （元）苏天爵：《元文类》卷 23《驸马高唐忠献王碑》。

金界壕之北 40 余公里，与界壕沿线所有边堡筑在界壕附近的制度相违，汪古部为金朝守护界壕时不可能将边堡筑在远离界壕地带；敖伦苏木位于艾不盖河南北流向的河西岸冲积地带，并非军事据守的咽喉要地，金代不可能在其处修筑边堡；从城址内采集的各种文化遗物来看，也无确证其城为金代所筑的证据①，此说甚是。另外，据前人研究和实地调查，金界壕遗址沿线净州以北地区，今达尔罕茂明安联合旗额尔登敖包苏木和坤兑滩乡尚未发现汪古部古城遗址，汪古部世居之地今达尔罕茂明安联合旗境内仅发现一座赵王城（即敖伦苏木古城）遗址②，此亦证汪古部辽金时并无城堡作为政治中心。所以按打堡子为金界壕北部汪古部驻守边堡之说也不能成立。

既然按打堡子既非忽必烈时期新筑之黑水新城，又非汪古部领主所驻守金界壕北部边堡，笔者以为按打堡子最初并非汪古部居地，而应与上述砂井、集宁、净州皆原为金朝故土，大蒙古国初期始成为汪古部新的领地。当然，按打堡子虽位于金朝疆域内，但必邻近今达尔罕茂明安联合旗金界壕遗址之北汪古部地界，从而成为大蒙古国初期黑水之阳世居之地以及砂井、集宁、净州等新领地政治中心。今达尔罕茂明安联合旗境内金元古城遗址中，额尔登敖包苏木哈沙图嘎查木胡儿索卜嘎古城位于金界壕南 10 公里四面环山的南北交通要道山谷中，在被公布为第六批全国重点文物保护单位时定名为"安答堡子"，虽系推测而无实证，但仍是目前最令人信服之说。木胡儿索卜嘎古城、敖伦苏木古城内外、波罗板升古城（今内蒙古四子王旗大黑河乡古城南村北）东部王墓梁，乃目前发现汪古部景教石刻和遗物最为集中的三个地方；其中，木胡儿索卜嘎古城地处丰州（今内蒙古呼和浩特东郊白塔村）、波罗板升古城至敖伦苏木古城交通要道；木胡儿索卜嘎古城城内发现刻有十字架的残

---

① 参见李逸友《元丰州僧塔铭》,《内蒙古文物考古》1996 年第 Z1 期。

② 参见盖山林《阴山汪古》,内蒙古人民出版社 1991 年版,第 96—143 页;达茂旗文物管理所《达茂旗境内的金代边堡界壕》,《内蒙古文物考古》2000 年第 1 期。

砖、城外墓地分布有景教石塔与 30 多件景教墓顶石。① 综合以上因素，可推断木胡儿索卜嘎古城必为元代汪古部辖区内一座在政治、军事乃至宗教上具有重要意义的城镇。木胡儿索卜嘎古城盖原为金界壕南侧一重要边堡，金朝糺军中当有汪古部人协助守卫此古城北部界壕。

综合有关记载，可推知蒙古首次攻金之乌沙堡一役，汪古部人将所守木胡儿索卜嘎古城北部界壕关口交给蒙古军，蒙古军在汪古部人引领下南出界垣迂回突袭东北方砂井之乌沙堡，而不是自漠北直接正面强攻砂井北部界壕，因而金朝重兵屯守之乌沙堡被一举攻破。因汪古部引导蒙古军突破界壕、从征金朝有功，蒙古汗廷遂将砂井、集宁、净州、木胡儿索卜嘎古城赐为汪古部领地。地近汪古部世居之地的木胡儿索卜嘎古城遂成为汪古部领主驻营地和汪古部新的政治中心，蒙古人乃称此古城为按打堡子。

1210 年，汪古部引导蒙古军南出界壕后不久，其内部发生政变，阿剌兀思遇难，其妻阿剌海别吉先后改嫁给后任领主不颜昔班、镇国、孛要合。作为对汪古部政变的惩罚与防范，成吉思汗 1217 年从汪古部五千户（《史集》载为四千户）中抽调了一万骑兵编入探马赤军交与木华黎统率征金，几乎抽空了汪古部男丁，并将汪古部领主留在汪古部领地而与此万骑分开②。镇国去世后，孛要合随成吉思汗西征，成吉思汗三女阿剌海别吉权掌汪古部事，且号称"监国公主"，暂摄漠南军国大政。至迟其时汪古部势力已扩展到丰州、云内州（今内蒙古托克托县西白塔古城）、东胜州（今内蒙古托克托县大皇城）"西三州"境内。需要补充说明的是，丘处机 1223 年自西域东归途经"地临（西）夏人之北陲"300 余里沙路、渔阳关至丰州时（期间必穿越汪古部居地），"元帅以下来迎，宣差俞公请泊其家，奉以汤饼"③，而未受阿剌海别吉召见。此事

① 参见盖山林《中国北方草原地带的元代基督教遗迹》，《世界宗教研究》1995 年第 5 期。
② 参见黄时鉴《木华黎国王麾下诸军考》，《黄时鉴文集》一，中西书局 2011 年版，第 31 页。
③ 王国维：《长春真人西游记校注》，《王国维全集》第 11 卷，浙江教育出版社 2009 年版，第 613 页。

与上文 1252 年蒙古汗廷籍查汪古部爱不花砂井、集宁、净州、按打堡子四处位下人户之事，均间接或直接反映 13 世纪 20—50 年代汪古部政治中心当在按打堡子。

二　由按打堡子到 Tenduc 城

（一）Tenduc 城地望与汪古部一国多都之争

《寰宇记》第 73 章"额里合牙国"结尾言将自额里合牙州东行至昔属长老约翰（Prester John）之地的天德州；第 74 章"大天德州"载天德州辖有较多城镇，主要之城（the capital city，即都城）名天德，长老约翰统治鞑靼及周边地区时其政治中心即为天德州，其后裔第六任君主阔里吉思尚居于此，而为今天德州国王。[①] 亨利·裕尔已考马可·波罗 1271 年 11 月自阿卡启程，1275 年 5 月至上都。[②] 据前述《寰宇记》记载，可知马可·波罗 1275 年来华时汪古部政治中心当为 Tenduc 城。但中外学者对 Tenduc 城为东胜州还是丰州存在较大争议，帕拉弟乌斯、裕尔、沙海昂、杨志玖、周清澍、党宝海、盖山林等许多学者据元代改天德军为丰州之事径以为 Tenduc 城为丰州。

马可·波罗学两大巨擘裕尔与伯希和有关 Tenduc 城的详细考释，对弄清其地望极具参考价值。裕尔在克拉普罗特、颇节、帕拉基研究基础上，支持 Tenduc 城为丰州说；并指出约 1326—1327 年自汗八里（今北京）访问长老约翰之国的修道士鄂多立克所言长老约翰之国首要之城（政治中心）Tozan 似乎可追溯自天德（Tathung）；考狄埃据柔克义、博宁、张诚对托克托或河口镇（今托克托县南）的实地考察，修订了裕尔的观点，赞同 Tenduc 城为东胜州说。[③] 伯希和先生对 Tenduc 词源、地望、相关史实以及马可·波罗自额里合牙至天德城所行之路做了精辟论

---

① A. C. Moule & Paul Pelliot, *Marco Polo*：*The Description of the World*, London：George Rout-ledge & Sons Ltd, 1938, pp. 181 – 182.

② Henry Yule, *The Book of Ser Marco Polo*, *the Venetian Concerning the Kingdoms and Marvels of the East*, London：John Murray, 1929, intro. , pp. 19, 21.

③ Ibid. , pp. 285 – 288.

述：Tenduc 一词源自天德军，天德城必为东胜州，马可·波罗当沿自宁夏经榆林直达东胜州陆路驿道穿越河套，马可·波罗将基督教徒汪古部"天德"国王长老约翰与基督教徒克烈部君主王罕混为一谈。[1] 此说凿凿有据，令人信服。

　　裕尔、伯希和等学者在考释 Tenduc 城时并未进一步深入论述汪古部政治中心的变迁，裕尔甚至以为约翰·孟特戈维诺（Monte Corvino）约1295—1296 年至汗八里当年汪古部领主阔里吉思所建距北京 20 日程之罗马教堂应位于马可·波罗所言之天德城[2]，而未发现孟特戈维诺在华期间汪古部政治、宗教中心实际上已由 1275 年马可·波罗来华时的天德城迁至黑水新城（详考见下）。1927 年 6 月，中瑞西北科学考察团成员黄文弼先生首先发现了爱不干河（艾不盖河）西畔老弄苏木（敖伦苏木）古城遗址与《王傅德风堂碑记》残碑，并疑老弄苏木古城为金朝净州城遗址。[3] 虽然黄文弼对敖伦苏木古城遗迹性质与《王傅德风堂碑记》碑文内容不甚了解，尚未谈及碑文所见马札罕（丘邻察之孙、阿鲁秃之子）及其子八都帖木儿乃什么部族首领，甚至没注意到敖伦苏木古城内最引人注目的刻有十字架的景教墓石，但开启了发现元代汪古部王府遗址及其景教遗物之先河。[4] 美国学者拉铁摩尔（O. Lattimore）、马丁（D. Martin）以及日本学者江上波夫等人 20 世纪 30 年代先后赴敖伦苏木古城考察，在国外学者格外关注敖伦苏木古城景教遗迹的宗教文化背景下，汪古部政治中心开始被中外学者所论及。

　　例如，拉铁摩尔既言汪古部领地南部今归化城附近有座马可·波罗称之为"天德"的城市，归化城附近古城废墟托克托据说正是马可·波

---

① Paul Pelliot, *Notes on Marco Polo*, Vol. Ⅱ, Paris：Imprimerie Nationale Librairie Adrien-Maisonneuve, 1963, pp. 849－850.

② Henry Yule, *The Book of Ser Marco Polo*, *the Venetian Concerning the Kingdoms and Marvels of the East*, London：John Murray, 1929, p. 288.

③ 参见黄文弼《黄文弼蒙新考察日记（1927—1930）》，文物出版社 1990 年版，第 15—17 页。

④ 参见江上波夫《汪古部的景教系统及其墓石》，内蒙古大学蒙古史研究室编印《蒙古史研究参考资料》第 14 辑，1980 年 4 月。

罗所言之天德军；又言九庙废墟的景教古城（赵王城）乃汪古部"北
都"（天德城），与归化平原的"南都"（归化城）相呼应①；其在疑惑
天德城为托克托之余，仍倾向于天德城为赵王城，甚至首倡汪古部南都、
北都两个政治中心之说。马丁则言汪古部领地似乎自南边黄河河套到北
边戈壁，敖伦苏木遗址乃最北一座城，大概为汪古部阔里吉思之"夏
都"，托克托是其中最大甚至最南一座城；其在对托克托注释中先提及
伯希和托克托即东胜州之说，随后又补充托克托东北 80 公里之归化城始
建于阿勒坦汗时期，不可能为景教中心，但归化城东 28 公里之丰州古城
废墟可能一度为归化平原首府，或许其中有过一个景教团体。② 此外，
2000 年夏实地考察过敖伦苏木古城的意大利学者魏苞蕾（Paola Vergara
Caffarelli）据西方文献对汪古部首都 Tenduc、Koshang、Tozan 城的多种记
载以及元代"夏都""冬都"之两京制，推测敖伦苏木古城可能为汪古
部所建的两个或更多的首都之一。③

　　上述国外学者对敖伦苏木古城的调查报告在考古发现上成绩斐
然，但结合文献记载对汪古部政治中心的论述却失之偏颇。令人遗
憾的是，拉铁摩尔、马丁皆未完全肯定马可·波罗所言之 Tenduc 城
即东胜州，却武断以为丰州为汪古部领地，魏苞蕾甚至直接采纳了
盖山林 Tenduc 城为丰州之说；且拉铁摩尔、马丁、魏苞蕾均误以为
元代汪古部同时存在两个甚至多个首都，没考虑到汪古部领地和政
治中心曾有所变化。显而易见，确定 Tenduc 城地望对研究元初汪古
部政治中心变迁具有至关重要的意义。下面不妨通过史籍有关
Kŏsang、Tozan 城的记载，来深入探讨马可·波罗 1275 年来华时汪古
部之政治中心 Tenduc 城。

---

　　① 参见 ［美］O. 拉铁摩尔《内蒙古的一座景教废城》，《蒙古史研究参考资料》第 14 辑。
　　② 参见 ［美］D. 马丁《关于绥远归化北的景教遗迹的初步调查报告》，《蒙古史研究参考资料》第 14 辑。
　　③ 参见 ［意］魏苞蕾《敖伦苏木古城——中世纪的内蒙古景教城市》，杨星宇、郑承燕译，《内蒙古文物考古》2001 年第 2 期。

（二）Kǒsang、Tenduc、Tozan 城即东胜州论

史载马克（Markos）、拉班·扫马自汗八里西行朝拜耶路撒冷途经
Koshang 城时，曾被城主爱不花、君不花兄弟（阿剌兀思之孙、孛要合
之子）邀请到二人营帐中予以接见。①关于马克、拉班·扫马西行时间，
裕尔以为当为 1278 年②，学者张星烺③、周清澍采纳了此说④；伯希和先
生曾言马克与拉班·扫马西行几年后马可·波罗又经和阗、甘肃、宁夏、
汪古部居地天德来到华北⑤，言外之意前二人西行年代在马可·波罗
1275 年来华前数载。但据马可 1310 年夏言其自东土来波斯已 35 周年之
事⑥，可知马克与拉班·扫马 1275 年或次年西行，学者周祯祥便持此
说⑦，明义士（James M. Menzies）则推测约为 1275 年⑧。

马克和拉班·扫马西行经 Koshang 城、唐古特至洛顿（Loton，即和
阗，今新疆和田）时，忽必烈正与禾忽（Oco）激战，禾忽败逃洛顿，
杀人数千，大小商旅之路皆断。六个月后，二人始离开洛顿至刚被敌人
洗劫一空之喀什噶尔。⑨此处占有斡端、可失哈儿（今新疆喀什）之 Oco
乃贵由汗之子禾忽⑩，《大总管马·雅巴拉哈和拉班·扫马传》法译者夏

---

① 参见［伊儿汗国］佚名《拉班·扫马和马克西行记》，朱炳旭译，大象出版社 2009 年
版，第 3、5、10 页；A. C. Moule, *Christians in China before the Year 1550*, London: Society for Pro-
moting Christian Knowledge, 1930, pp. 96 – 99.

② 参见［英］裕尔《东域纪程录丛》，考狄埃修订，张绪山译，中华书局 2008 年版，第
93 页。

③ 参见张星烺《中西交通史料汇编》第 1 册，中华书局 2003 年版，第 316 页。

④ 参见周清澍《汪古部统治家族——汪古部事辑之一》，《元蒙史札》，内蒙古大学出版社
2001 年版，第 65 页。

⑤ 参见［法］伯希和《唐元时代东亚及中亚之基督教徒》，冯承钧译，《西域南海地考
证译丛》第 1 卷第 1 编，商务印书馆 1995 年版，第 59 页。

⑥ 参见［伊儿汗国］佚名《拉班·扫马和马克西行记》，朱炳旭译，大象出版社 2009 年
版，第 83 页。

⑦ 参见周祯祥《元代景教徒扫马和马可》，《西北大学学报》1993 年第 2 期。

⑧ 参见明义士《马哥孛罗时代在中国的基督教》，见余士雄《马可·波罗介绍与研究》，
书目文献出版社 1983 年版，第 312 页。

⑨ 参见［伊儿汗国］佚名《拉班·扫马和马克西行记》，朱炳旭译，大象出版社 2009 年
版，第 10 页。

⑩ 参见刘迎胜《察合台汗国史研究》，上海古籍出版社 2006 年版，第 263 页。

博（J. B. Chabot）所谓 Oco 乃缅甸将军之说甚谬。至元十二年（1275年）七月，元廷诏安童辅佐北平王那木罕出镇北边①，不久，安童所部"克火和（即禾忽）大王部曲，尽获其辎重"②。次年正月，中书省臣言："王孝忠等以罪，命往八答山（今阿富汗东北巴达赫尚）采宝玉自效，道经沙州（今甘肃敦煌），值火忽（即禾忽）叛，孝忠等自拔来归"③，可知禾忽叛于 1275 年，当年冬新疆南疆之路已被叛军切断。

　　综合以上记载，可断定马克与拉班·扫马 1275 年自汗八里西行，二人经 Koshang 城至唐古特时当尚不知禾忽之叛。据笔者已考马可·波罗来华途中甘州至上都共 40 日程④、前文所言马可·波罗 1275 年 5 月至上都之事，可推断马可·波罗 1275 年 4 月或 5 月路经天德城。仔细比较分析马可·波罗与马克、拉班·扫马 1275 年行程，可发现三人几乎同时于当年 4 月或次月路经汪古部居地或政治中心。

　　关于 Koshang 城地望，学界主要有霍山（今山西霍州）与东胜州两说。《大总管马·雅巴拉哈和拉班·扫马传》法文本译者夏博、两本英文本译者蒙特戈麦利（James A. Monthomery）、威利斯·布哲（E. A. Wollis Budge）以及裕尔等人持前说，俄文本译者皮戈列夫斯卡娅、佐伯好郎、伯希和、穆尔、向达、周良霄等人持后说；而伯希和从汪古部居地、阔里吉思家族世系、音韵学、马克与拉班·扫马西行路线等几个相互关联方面论证了 Koshang 即东胜州。⑤ 伯希和先生言鄂多立克 1325 年经行汪古部长老约翰之国时称其城为 Tozan 或 Cozan，即"天德封地"或"天德营帐"之意；Tozan 或 Cozan 城必为拉班·扫马之 Kǒsang 城，拉班·扫马记事有叙利亚译文前先有波斯译文，波斯文中 t 与 k 易于混淆；柔克义已想到天德城与拉班·扫马、鄂多立克所言之城应为河套东

① 参见《元史》卷 126《安童传》，第 3083 页。
② 参见《元史》卷 134《昔班传》，第 3247 页。
③ 参见《元史》卷 9《世祖本纪六》，第 177 页。
④ 参见石坚军《马可·波罗上都之旅考述》，《中国历史地理论丛》2012 年第 1 辑。
⑤ 参见周祯祥《元代景教徒扫马和马可》，《西北大学学报》1993 年第 2 期。

北托克托县治，即元朝东胜州；因而 Kŏsang 当为 Tŏsang 之讹，Tŏsang 即东胜对音，鄂多立克 Tozan 写法不误。[①] Kŏsang、Tozan 即东胜州之说言而有据，可谓不刊之论，周清澍先生采纳此说，并进而推断东胜州亦在汪古部领地内。[②] 但东胜州事实上只是一度，并非一直属汪古部领地（详考见下）。

既然《寰宇记》载 Tenduc 城为长老约翰之国都城，拉班·扫马记事反映 1275 年汪古部领主爱不花营帐或汪古部政治中心位于 Kŏsang 城附近，14 世纪 20 年代来华的鄂多立克又言自契丹国（汗八里）西行 50 日可至长老约翰之国首要之城（政治中心）Tozan（按：译者译为东胜）[③]，且上文已考 1275 年 4 月或 5 月马可·波罗、马克与拉班·扫马几乎同时路经汪古部居地或政治中心，因而可肯定马可·波罗之 Tenduc 城即马克与拉班·扫马之 Kŏsang 城、鄂多立克之 Tozan 城，Tenduc、Kŏsang、Tozan 城实际上均指东胜州。

（三）东胜州之为汪古部政治中心

伯希和先生大胆推测 Kŏsang 城并非君不花与爱不花驻所，但二人营帐应距 Kŏsang 城不远[④]，似乎颇有道理，给人以较多启发。君不花是否继承汪古部领主之位无法确定，但其弟爱不花 1252 年当已主汪古部事，爱不花至元十六年（1279 年）五月后可能已去世。[⑤] 此后爱不花长子阔里吉思嗣位，并在 1298 年被察合台后王笃哇偷袭所俘前一直任汪古部领

---

① 参见［法］伯希和《唐元时代东亚及中亚之基督教徒》，冯承钧译，《西域南海史地考证译丛》第 1 卷第 1 编，商务印书馆 1995 年版，第 60—61 页。按：上文裕尔对 Tenduc 注释中言鄂多立克约 1326—1327 年自汗八里访问长老约翰之国，鄂多立克经行汪古部具体年代，不见载于鄂多立克游记或其他史籍，暂且存疑。

② 参见周清澍《汪古部统治家族——汪古部事辑之一》，《元蒙史札》，内蒙古大学出版社 2001 年版，第 66 页。

③ 参见［亚美尼亚］乞拉可思·刚扎克赛、［意］鄂多立克、［波斯］火者·盖耶速丁《海屯游记 鄂多立克东游录 沙哈鲁遣使中国记》，何高济译，中华书局 2002 年版，第 89 页。

④ 参见［法］伯希和《唐元时代东亚及中亚之基督教徒》，冯承钧译，《西域南海史地考证译丛》第 1 卷第 1 编，商务印书馆 1995 年版，第 59 页。

⑤ 参见周清澍《汪古部统治家族——汪古部事辑之一》，《元蒙史札》，内蒙古大学出版社 2001 年版，第 67、68 页。

主。1275 年马克与拉班·扫马路经 Kŏsang 城时，城主爱不花、君不花在二人营帐中接见马可与拉班·扫马之事，说明其时汪古部领主爱不花在Kŏsang 城尚无王府，但可以肯定爱不花之牙帐或汪古部政治中心当在Kŏsang 城内或城外附近。

马可·波罗言昔日长老约翰定都天德城中，其后裔阔里吉思仍居于此城，既说明其 1275 年路经天德城时并未拜见当时汪古部领主爱不花，阔里吉思在忽必烈时期闻名于世，以致马可·波罗误以为其 1275—1291年在华期间汪古部领主一直为阔里吉思；又反映 1275 年时天德城为汪古部政治中心。鄂多立克对汗八里与长老约翰之国 50 日之行程记载明显过长①，其 14 世纪 20 年代在华期间汪古部领主一直为赵王马札罕，当时赵王府或汪古部政治中心位于德宁路（详考见下），而并非马可·波罗、马克与拉班·扫马 1275 年路经之东胜州；但其长老约翰之国首要之城为Tozan 之说，可证地处中西交通要道的东胜州一度为汪古部政治中心，且 14世纪 20 年代依然为汪古部基督教徒的重要传教地区。因而元朝来华之西方基督教徒多熟悉东胜州之名，不在中西交通要道之德宁路则名声不显。

史载 Koshang 城有基督教堂，该城副僧正（基督教聂斯脱里派第五级教士）贝尼尔（Bayniel）幼子马可生于 1245 年②，伯希和、穆尔等多数学者以为马可为汪古部人，此说可从。可知至迟 13 世纪中期东胜州已有汪古部基督教徒，其基督教堂必为大蒙古国初期新建，并非金朝时期原有。因为前文已言金朝只允白鞑靼领主至金界贡场进奉，不令其部众入境。似乎可进一步大胆推断，忽必烈时期汪古部领主爱不花已将其牙帐由 1252 年之按打堡子南迁至东胜州，此后直至 1275 年

---

① 关于汗八里与东胜州日程，《大总管马·雅巴拉哈和拉班·扫马传》载拉班·扫马在距汗八里一日程之地静修，马可自 Koshang 城行 15 日至拉班·扫马之所，可知 Koshang 城距汗八里约 16 日程。《中堂事记》载王恽曾于中统三年（1262）三月丙寅（初十）未刻发自燕京（今北京），辛未（十五）午刻入宣德州，可知燕京至宣德州五六日程。马可·波罗又言天德州至宣德州 7 日程，则天德城（东胜州）经宣德州至汗八里约 12 或 13 日程，与上文所言之 16 日程较为接近。

② 参见［伊儿汗国］佚名《拉班·扫马和马克西行记》，朱炳旭译，大象出版社 2009年版，第 5 页。

马可·波罗来华、马克与拉班·扫马西行时，东胜州已成为汪古部政治、宗教中心。按打堡子因交通、宗教、政治地位逊于东胜州、黑水新城，遂由汪古部曾经的政治中心降为汪古部领地内普通城镇，因而史籍此后对按打堡子记载甚少。耶律楚材1227年路经东胜州时尚言"荒城萧洒枕长河"①，东胜州由成吉思汗时期冷落僻静荒城之所以一跃而为忽必烈时期汪古部政治中心，盖主要出于其交通枢纽的优越地理位置。

1221年秋，木华黎率军首次进攻金朝关陕地区路经丰州青冢（昭君墓）时，权管白达达国事阿剌海别吉派人前来大飨将士②，颇有自丰州或按打堡子遣使前来劳军以尽地主之谊的意味。此后木华黎由东胜州渡黄河引兵而西，胁迫西夏出兵5万从征金朝，东胜州交通枢纽地位开始逐渐显露出来。之后汪古部领主镇国之子聂古鯳曾略地江淮，孛要合长子君不花曾随蒙哥汗伐蜀、次子爱不花曾从征阿里不哥、李璮。史载蒙哥伐蜀乃由漠北南下经东胜州渡河③，可肯定君不花乃自东胜州渡河从征四川；聂古鯳亦很可能由东胜州渡河经陕西、河南略地江淮，因为此路比较快捷方便。忽必烈前期（约1266年），蒙古汗廷为经略畏兀儿等西域诸地，自东胜州哈必儿哈不剌至今新疆哈密一线设置了纳邻驿。纳邻、帖里干、木怜是元朝北方最重要的三条陆路长途驿道，纳邻驿乃蒙古军人应役、专备西北军情急务的军用驿路，东胜州作为纳邻驿起点，可知其必为有元一代军事重镇。与此同时，在水路交通上，东胜州是蒙古汗廷1267年所设自应理州（今宁夏中卫）至东胜州一线黄河水驿的终点，东胜州因此成为黄河漕粮输往大都或赈供漠北军民的重要中转站。东胜州忙安仓在1289年桑哥奏请建立纳兰不剌仓（位于今后套地区）前，可谓收纳宁夏平原、河套平原漕粮的最重要粮仓。蒙古汗廷

① （元）耶律楚材：《湛然居士文集》卷3《过东胜用先君文献公韵二首》，中华书局1986年版，第56页。

② 参见《元史》卷119《木华黎传》，第2934页。

③ 参见《元史》卷3《宪宗本纪》，第51页。

至元八年（1271）九月"诏忙安仓失陷米五千余石，特免征，仍禁诸王非理需索"①，忙安仓当至迟建于当年。次年八月，元廷"敕忙安仓及靖州（即净州）预储粮五万石，以备弘吉剌新徙部民及西人内附者廪给"②，忙安仓与净州粮仓（盖即《元典章》所载净州之广储仓）盖皆属其时汪古部领主爱不花管辖。

由上可见，东胜州既较按打堡子便于汪古部随蒙古军南下伐金攻宋，又地处上都或大都（今北京）与唐古特、畏兀儿、西北诸兀鲁思交通孔道。东胜州便利的水陆地理交通优势使其在军事和经济上都具有重要战略地位，因而汪古部领主将其牙帐由按打堡子南迁至东胜州颇为合理。

（四）附论汪古部领主与西三州关系

元代官私文献均载汪古部食邑为砂井、集宁、净州、德宁，东胜州一度成为汪古部政治中心，难免令人疑惑。汪古部领主与丰州、云内州、东胜州西三州关系，确实颇为复杂。汉文史籍未明载西三州属汪古部食邑，若1267年蒙古汗廷"敕自中兴路（今宁夏银川）至西京（今山西大同）之东胜立水驿十"③之记载属实，东胜州其时当已属西京路，但上文已考东胜州1275年时为汪古部政治中心。估计蒙元时期有较多汪古部部众在西三州耕牧，即使西三州并非一直为汪古部食邑，但这些部众属汪古部领主投下户，汪古部领主自然对其有一定管辖权。部分学者以为元廷以1317年赵王阿鲁秃（阿剌忽都）为叛王所掠，或1328年赵王马札罕参与两都之战失败之事为契机，乘势收缩汪古部领地，将西三州划归大同路管辖。此说并不准确，西三州至迟在阔里吉思任汪古部领主后期行政区划上已属大同路（详考见下）。中外学者多据马可·波罗所言天德城为汪古部长老约翰之国都城之事，不详加考证而径以为天德城为丰州或归化城，以致拉铁摩尔推断黑水新城为汪古部北都、丰州为汪

---

① 《元史》卷7《世祖本纪四》，第137页。
② 同上书，第142页。
③ 《元史》卷6《世祖本纪三》，第115页。

古部南都；盖山林先生在拉铁摩尔之说基础上进一步断言黑水新城为汪古部元初首府、丰州为其陪府①，甚至黑水新城、丰州、东胜州皆曾为汪古部首府，西三州乃汪古部一定时期领地和一直存在深远影响的地方，西三州为大同路与汪古部共管②。这些观点均值得商榷，汪古部政治中心在同一时期应当只有一个，只是具体位置在不同时间段随对外战局或内部政局的演变而有所变动。

笔者以为元朝中央与汪古部领主在汪古部食邑与西三州的势力可谓参差交错，一方面，砂井、集宁、净州、德宁虽为汪古部食邑，但并非完全自治，元廷或大同路在此也存在较大权力。例如，窝阔台即位后曾授赛典赤赡思丁丰州、净州、云内州三州都达鲁花赤③；蒙古汗廷中统四年（1263）十二月"敕驸马爱不花蒲萄户依民例输赋"④；元廷至元十一年（1274）五月"诏延安府（今陕西延安）、沙井、静州等处种田白达达户，选其可充军者，签起出征"⑤；甚至延祐时期河东山西道宣慰司下又分设镇遏德宁天山分司。另一方面，汪古部领主在岭北与大同路亦有较大影响力。例如，元廷至元二十九年（1292）二月命从诸王阿秃作乱之朵罗带付阔里吉思，以从军自效（戍守岭北），次月诏遣脱忽思、依独赤昔烈门至合敦奴孙界与阔里吉思议行屯田。⑥另外，丰州城南五路村现存元代四座僧塔铭文，一号、二号塔铭均出现"赵王钧旨"，李逸友先生据一号塔铭"延祐甲寅（1314）"刻文推断其时丰州在赵王管领之下，属汪古部领地。⑦此说并不成立，丰州当时归大同路管辖，但上述刻文为延祐初期汪古部赵王在丰州仍有较大势力提供了有力佐证。

---

① 参见盖山林《内蒙古敖伦苏木古城考辨》，《北方文物》1992 年第 4 期。

② 参见盖山林《阴山汪古》，第 354、356 页。

③ 《元史》卷 125《赛典赤赡思丁传》，第 3063 页。

④ 《元史》卷 5《世祖本纪二》，第 95 页。

⑤ 《元史》卷 98《兵志一》，第 2515 页。东胜州南与延安路接壤，上述引文盖亦间接反映汪古部势力自东胜州向南渗透至延安路，东胜州其时盖已成为汪古部政治中心。

⑥ 参见《元史》卷 17《世祖本纪十四》，第 359、360 页。

⑦ 参见李逸友《元丰州僧塔铭》，《内蒙古文物考古》1996 年第 Z1 期。

　　尚需补充说明的是，一号塔铭"（延祐）丙辰（1316）塔鲁麻并娘娘、三姑姑第次俱损，葬于定林祖茔内"之"娘娘、三姑姑"，被前人考证为河间王兀鲁带之女叶绵干真（嫁爱不花幼子术忽难）、爱不花三女忽都鲁（嫁河间王兀鲁带之子也不干），安葬"娘娘、三姑姑"之赵王术安（爱不花之孙、阔里吉思之子）称前赵王术忽难之妻为娘娘（其伯母）、称爱不花三女为三姑姑完全符合彼此辈分。[①] 此说为通过研究汪古部领主或上层祖茔来分析汪古部领主在西三州影响力提供了重要参考，但有两点需要修正：其一，术忽难前妻叶绵干真早卒，术忽难遂再娶阿实秃忽鲁[②]，术忽难 1309 年先于阿实秃忽鲁去世，因而 1316 年去世之"娘娘"当为阿实秃忽鲁；其二，1316 年安葬"娘娘、三姑姑"之汪古部赵王并非术安，当为阿鲁秃（君不花之孙、丘邻察之子），但阿鲁秃与术安乃堂兄弟关系，阿鲁秃称术忽难之妻为娘娘、称爱不花三女为三姑姑也符合彼此辈分。"娘娘、三姑姑"为阿实秃忽鲁、忽都鲁之说成立，其二人与此前去世之术忽难（甚至爱不花）盖皆葬于丰州城南定林，定林很可能为汪古部领主（术忽难系？）祖茔之一。

　　史载赵王术安至大三年（1310）遣人赴西域迎还其父阔里吉思遗体，葬于也里可儿思先茔。[③] 日本学者佐伯好郎将江上波夫在敖伦苏木发现的三件叙利亚突厥文墓石分别释读为阿剌兀思、阔里吉思、阔里吉思之妻爱牙失里之墓；将马丁在王墓（今内蒙古四子王旗大黑河乡丰收地村王墓梁）、毕琪格杰拉（今内蒙古达尔罕茂明安联合旗希拉穆仁苏木德里森呼图克古城西）发现的两件墓碑铭文分别断定为火思丹（孛要合之孙、拙里不花之子）、火思丹正室（竹忽真）之墓，并推测王墓为汪古部王公贵族墓地[④]，其说颇具说服力。学者牛汝极将敖伦苏木古城内、毕其格图好来陵园出土的两件墓顶石分别释读为主教乔治、药合难

　　① 参见李西樵《汪古部石幢浅释》，《内蒙古社会科学》1993 年第 1 期。

　　② 参见（元）苏天爵《元文类》卷 23《驸马高唐忠献王碑》。

　　③ 参见（元）刘敏中《中庵集》卷 4《敕赐驸马赵王先德加封碑铭》，北京图书馆古籍珍本丛刊本。

　　④ 参见［日］佐伯好郎《内蒙古百灵庙附近的景教墓石》，《蒙古史研究参考资料》第 14 辑。

（=约翰）官人之墓①，乔治当即高唐忠献王阔里吉思（George）；约翰盖即其子术安，术安为基督教徒之名约翰的异译，约翰·孟特戈维诺曾言阔里吉思之子以其名约翰命名。马丁在敖伦苏木城内一残碑上发现了"高唐忠献王"之名，虽然其言这并不意味着阔里吉思葬于敖伦苏木城中或附近②，但通过佐伯好郎对敖伦苏木城内所发现阿剌兀思、阔里吉思及其妻爱牙失里墓顶石的释读，可推知也里可儿思先茔在敖伦苏木附近，很可能为汪古部统治中心地带规模最大的陵园——敖伦苏木西北15公里之毕其格图好来③。

火思丹正室之墓顶石实乃自别地搬运而来④，其本来位置应与火思丹墓顶石皆位于王墓。火思丹1311年被封为怀仁郡王，其时汪古部领主为其年仅十五六岁之堂侄术安，火思丹当时在汪古部应具有较大影响力。前人多据马丁在王墓所发现耶律公神道碑武断判定存有17个景教墓顶石之王墓为汪古部贵族耶律子春、耶律子成家族墓地，事实上王墓亦很可能为汪古部上层（火思丹系？）陵园之一。从今人释读王墓所发现10件叙利亚铭文墓顶石来看，多是某（女）牧师、大人、神甫、主教或有确切姓名之人之墓⑤，并无确凿证据可证王墓为耶律氏家族陵园。

综上所述，汪古部领主或上层陵园盖有也里可儿思、丰州城南定林与王墓三处。汪古部政治中心迁至黑水新城固定下来后，其领主或上层先茔由金界壕北部世居之地附近也里可儿思又向南增加定林、王墓两处，反映出汪古部在丰州等地的势力扩张或对丰州的眷恋情结。

---

① 参见牛汝极《十字莲花：中国元代叙利亚文景教碑铭文献研究》，上海古籍出版社2008年版，第76、77页。

② 参见［美］D. 马丁《关于绥远归化北的景教遗迹的初步调查报告》，《蒙古史研究参考资料》第14辑。

③ 参见盖山林《阴山汪古》，内蒙古人民出版社1991年版，第211页。

④ 参见［美］D. 马丁《关于绥远归化北的景教遗迹的初步调查报告》，《蒙古史研究参考资料》第14辑。

⑤ 参见牛汝极《十字莲花：中国元代叙利亚文景教碑铭文献研究》，上海古籍出版社2008年版，第76、77页。

三　由东胜州到黑水新城

1294 年[1]，方济各会教士约翰·孟特戈维诺奉罗马教皇之命抵达汗八里，其 1305 年一封书信言：其至汗八里当年即与长老约翰后裔阔里吉思相交甚笃，阔里吉思率大部属民由基督教聂斯脱里派皈依罗马天主教，并捐建了一座罗马教堂；此教堂距汗八里 20 日程，因其独身一人，不能离开大汗（元成宗铁穆耳）前去视察；阔里吉思去世后，其兄弟（术忽难）及部众重返聂斯脱里派信仰。[2] 据此不难推知，约翰·孟特戈维诺 1294 年当在汗八里与阔里吉思相识，其此后并未造访汪古部居地或阔里吉思所建天主教堂之地，该教堂应位于兴建之时汪古部宗教中心或阔里吉思驻地（汪古部政治中心）。

日本学者饭田研究员以为散在百灵庙附近的瓦砾和壁画残片中存在罗马教堂遗物，佐伯好郎将江上波夫自敖伦苏木发现的两块叙利亚突厥文墓石释读后，推断墓主人乃阔里吉思去世后汪古部由天主教改信景教内讧的牺牲者。[3] 周良霄先生言："今百灵庙北 65 里处之阿伦苏木，俗称赵王城，当即元代汪古部藩邸所在之德宁路，出土有大量景教遗物。阔里吉思所建罗马天主教堂当即在此。"[4] 内蒙古文物考古学家经多年努力在赵王城内东北发现一座天主教建筑遗址，认定为阔里吉思改信天主教时所建罗马教堂，而江上波夫重游赵王城时发现天主教典型遗物石狮子和一件植物纹瓦件，遂使赵王城东北部那座教堂遗址乃阔里吉思所建罗马教堂废址成为国内外学者共识。[5] 阔里吉思所建天主教堂位于赵王城之说基本可从，但忽略了此说成立的重要前提和需要弄清的关键问题，

---

[1] A. C. Moule, *Christians in China before the Year 1550*, London：Society for Promoting Christian Knowledge, 1930, p.172；陈得芝《中国通史》，上海人民出版社 1997 年版，第 692 页。

[2] A. C. Moule, *Christians in China before the Year 1550*, London：Society for Promoting Christian Knowledge, 1930, p.174.

[3] 参见［日］佐伯好郎《内蒙古百灵庙附近的景教墓石》，《蒙古史研究参考资料》第 14 辑。

[4] ［英］道森：《出使蒙古记》，吕浦译，周良霄注，中国社会科学出版社 1983 年版，第 276 页。

[5] 参见盖山林《中国北方草原地带的元代基督教遗迹》，《世界宗教研究》1995 年第 5 期。

即约翰·孟特戈维诺来华时阔里吉思藩邸或汪古部政治中心是否已由1275 年马可·波罗来华之东胜州迁至黑水新城?

《元史·世祖本纪》至元十七年（1280）八月戊戌条所载"赐阔里吉思等钞"若为汪古部领主阔里吉思，其此时当已开始统领汪古部。当时元朝已平定南宋，此后边患主要为西北诸王，元廷战略注意力由南方转至西北。忽必烈中后期，元廷在黑水新城以及大同路振武（今内蒙古和林格尔县土城子古城）、丰州、红城（今内蒙古和林格尔县小红城古城）、燕只哥赤斤地面等地屯田，甚至运大同、太原诸仓米至黑水新城以为边地之储。① 其时岭北每年从黑水新城、沙井、净州三仓和籴粮储不下 5 万—7 万石，若遇军马调遣，又在 10 万石以上。② 丰州、云内州、东胜州成为大同路重要屯田地区后，汪古部领地黑水新城、砂井、净州则成为供应漠北军储的重要中转站，而汪古部领主爱不花、阔里吉思亦先后成为元廷平定西北诸王叛乱的重要依靠力量。

据前人研究，《大元混一方舆胜览》初刊于大德十一年（1307），政区资料截止到大德七年（1303）底，该书将丰州、云内州、东胜州西三州归于河东山西道宣慰司西京路下。③ 西京路至元二十五年（1288）二月改称大同路，河东山西道宣慰司次年八月徙治大同路。④ 又据元廷至元二十九年（1292）十一月命西京宣慰司总领燕只哥赤斤地面及红城周边屯田⑤、1297 年徙大同路军储所于红城⑥，而并非交由当时汪古部领主阔里吉思掌管屯田军储事宜，基本可肯定忽必烈后期西三州已划归西京路或大同路管辖。《平治甸城山谷道路碑》亦反映延祐七年（1320）时丰州行政区划上属"大同总府"。至迟在阔里吉思任汪古部领主后期，可能出于向岭北挽运军储与加强岭北防务的军事需要，汪古部政治中心

① 参见《元史》卷15《世祖本纪十二》，第314页。
② 参见（元）王恽《秋涧先生大全集》卷90《便民三十五事》，《四部丛刊》初编本。
③ 参见郭声波整理《大元混一方舆胜览》，四川大学出版社2003年版，第81、93页。
④ 参见《元史》卷15《世祖本纪十二》，第309、325页。
⑤ 参见《元史》卷100《兵志三》，第2561页。
⑥ 参见《元史》卷19《成宗本纪二》，第414页。

由 1275 年爱不花任领主时的东胜州北迁至汪古部世居之地黑水新城。

史载汪古部领主阔里吉思平素"崇儒重道，出于天性。兴建庙学，裒集经史，筑万卷堂于私第"，"圣上（元成宗）御极之初（1294 年），特颁金印，封高唐王"；其 1298 年被俘后，"王府荩臣曰阿昔思，往在戎阵，尝济王（阔里吉思）于险，众推其可用，乃遣使敌（察合台后王笃哇）"①，可知阔里吉思已有固定府邸或王府。但阔里吉思封王后不数载即去世，其生前在黑水新城是否有正式王傅府或高唐王府不详，"王府荩臣"阿昔思很可能为其那可儿或异密。②

阔里吉思被俘杀后，因其子术安尚幼，阔里吉思之弟术忽难袭爵高唐王，后晋封郇王。术忽难 1299—1309 年统治汪古部期间，在黑水新城可能已有王傅府。术忽难去世后，阔里吉思之子术安袭封郇王，1310 年又晋封赵王。史籍明载术安"至大庚戌（1310）郇王府长史兼经历典食司与所部人匠都府官李惟恭"③、至大三年（1310）"（赵王）王傅脱欢、司马阿昔思"④，以及至正五年（1345）赵王怀都（阿鲁秃之子、马札罕之弟）"赵王府官属"⑤ 等王傅官属，可肯定术安及其后任元代汪古部领主在德宁路设有正式固定的王傅府——郇王府或赵王府。因此，约翰·孟特戈维诺 1294 年、鄂多立克 14 世纪 20 年代来华后直至元朝灭亡期间，汪古部政治、宗教中心当一直为黑水新城或德宁路，此已为学界定论，兹不赘述。

四 结语

马可·波罗 1275 年 4 月或 5 月途经汪古部长老约翰之国都城 Tenduc城，马克与拉班·扫马二人几乎同时路经 Kŏsang 城，并受到汪古部领主

---

① （元）苏天爵：《元文类》卷 23《驸马高唐忠献王碑》。
② 参见［波斯］拉施特主编《史集》第 2 卷，余大钧、周建奇译，商务印书馆 1985 年版，第 385 页。
③ （元）姚燧：《牧庵集》卷 26《河内李氏先德碣》。
④ （元）刘敏中：《中庵集》卷 4《敕赐驸马赵王先德加封碑铭》。
⑤ 《元史》卷 186《归旸传》，第 4270 页。

爱不花与其兄君不花接见，14 世纪 20 年代来华之鄂多立克又自汗八里西行至长老约翰之国首要之城 Tozan，伯希和先生所考 Tenduc、Kǒsang、Tozan 城皆为东胜州之说可从。马可·波罗、马克、拉班·扫马、鄂多立克诸人游记均直接或间接反映东胜州一度为汪古部政治、宗教中心，以此为突破口，可进一步探讨元初汪古部政治中心的演变与相关史实。

总体而言，汪古部政治中心辽金时当为其世居故地黑水之北领主牙帐，蒙古前四汗时期南迁至按打堡子，忽必烈前期又南移至东胜州，忽必烈后期北迁至黑水新城。纵观汪古部政治中心历史变迁过程，前人所谓汪古部首府、陪府（北都、南都或冬都、夏都）两都并立或一国多都之说并不成立，汪古部政治中心在同一时期实际上只有一个，发生变迁的原因当是归附蒙古后受元代不同时期战局与政局影响；新政治中心位置的选择亦很可能为元廷旨意，而并非汪古部领主个人意志。汪古部政治中心南迁至位于交通要冲的按打堡子、东胜州，盖主要服务于政治上加强对金界壕之南新领地统治，军事上便于南下从征金宋。随着元廷平宋之役的结束、汪古部对新领地统治的稳定，其政治中心北迁至世居之地黑水新城，盖主要出于便于北供军需、协防岭北的目的。伯希和先生曾言其对汪古部与阔里吉思的考证还可发挥，并且还应发挥，暂时已足驳正误解 13、14 世纪中亚历史之谬说而有余。[①] 希望学界日后加强对元初汪古部史实的研究，并早日发现汪古部领主先茔。

第二节　马可·波罗所记杭州税收数字的可靠性

威尼斯旅行家马可·波罗是第一位较全面地介绍中国的欧洲人。马可口述、意大利比萨作家鲁思蒂谦笔录的《马可·波罗游记》一书自问世以来，便成为在西方世界发行最广、影响最大的书籍之一。书中辽阔而奇妙的东方世界，令读者心驰神往。其中最吸引人的部分之一，就是

---

① 参见［法］伯希和《唐元时代东亚及中亚之基督教徒》，冯承钧译，《西域南海史地考证译丛》第 1 卷第 1 编，商务印书馆 1995 年版，第 61 页。

在全书中占了很长篇幅的"天城"杭州。不过,马可·波罗带回欧洲的东方见闻,远远超越了欧洲人的知识范围,因此长期以来其记载的真实性和可靠性一直受到一些诘难。对于这一问题的最新解答,是德国图宾根大学汉学系教授傅汉思(Hans Ulrich Vogel)的新著《马可·波罗到过中国:货币、盐、税收方面的新证据》(*Marco Polo Was in China: New Evidence from Currencies, Salts and Revenues*, Brill, 2013)一书。它是近年国际学术界在马可·波罗研究以及元代经济史研究领域的一部力作。该书第六章"杭州的赋税收入及其领域"对马可·波罗的记载进行了深入探讨,颇有创获。此书运用了经济史的研究方法,有大量的数据统计与计算、换算,阅读时须将正文与附录前后反复参看方能完全理解。为助读者理解书中关于杭州的论述,本节先介绍附录中对威尼斯、波斯、中国的三种货币换算关系的成果,然后以之检验杭州税收数字的可靠性。

一 13 世纪威尼斯、波斯、中国货币的换算

对中世纪欧洲(威尼斯)、波斯、中国三种货币体系之间换算关系的清理和推演,见于傅汉思书附录三、四、五、六。对 13—14 世纪横贯欧亚的商业贸易史而言,是至关重要的课题。此课题难度极大,研究者不仅须掌握欧亚多种语言,还须对欧洲、波斯、中国的经济史、计量史有充分的熟稔和精深的探察。作者利用前人成果、出土资料、文献记载推算出的换算体系,是阅读全书的钥匙,对整个中世纪欧亚贸易史研究也有很高的参考价值。

傅汉思书附录三《威尼斯的硬币》根据存世样本列表统计,威尼斯 grossi(grosso, groat)的实际重量为 2.01—2.22g,均值 2.13g;威尼斯 ducato(ducat)为 3.50—3.54g,均值 3.52g。

附录四《威尼斯(重量单位)libbra 和 saggio 的重量》。作为重量单位,威尼斯有两种 libbra。一种是 libbra grossa,用于金、银、宝石、药物、染料、丝绸、黄油、米、糖、咖啡、茶的计量。另一种是 libbra sottile，用于其他计量。这两种重量体系中，1 libbra 等于 72 saggio。文献中有五种不同的重量，作者选取如下：

libbra grossa 477.49g　　　　saggio grossa 6.63g

libbra sottile 302.03g　　　　saggio sottile 4.19g

附录五《miskal 的重量》，依据学者关于蒙古时代伊朗货币的研究（1 dinar = 3 miskal = 6 dirham，1 dirham = 2.13—2.17g；1 miskal = 4.32g)[①]，以及关于金帐汗国货币制度的研究（6 dannik = 1 miskal，1 dannik = 0.78g)[②]，推算出 miskal 的重量为 4.26—4.68g。作者认为，此结论与《蒙古钱币：成吉思汗到完者都时期（1220—1309）大不里士的角色》（Judith G. Kolbas 的博士论文）中的研究成果（4.238g)[③] 相符。作者选取了史密斯（John Masson Smith Jr.）的成果，以 1 miskal = 4.32g。

附录六《波斯系统的 balish、sum、miskal，中国系统的锭、两、钱，与马可·波罗的 saggi[④]、grossi 之间的关系》。爱尔森（Thomas T. Allsen）认为蒙古帝国在其境内使用了统一的货币单位，波斯的 miskal 等于中国的"钱"，balish 等于锭。[⑤] 然而，在地方与区域、贸易与生产、政府部门与私人圈子中使用的度量体系实际上是不同的。中国出土的众多计量文物充分说明了这一点（478—487 页）。作者大规模搜集出土文物材料，整理出元代重量单位、银单位的实际重量（最高值、最低值、平均值）（485 页）：

[①] John Masson Smith Jr., "The silver currency of mongol iran", *Journal of the Economic and Social History of the Orient*, 12.1, 1969, pp. 17 – 19. John Masson Smith Jr. and F. Plunkett, "Gold Money in Mongol Iran", *Journal of the Economic and Social History of the Orient* 11.3 (1968).

[②] http://www.paleog.com/im/fd/summary.pdf.

[③] Judith G. Kolbas, *Mongol Money: The Role of Tabriz from Chingiz Khan to Uljaytu: 616 to 709 H/1220 to 1309 AD*, New York: New York University, 1992.

[④] 冯承钧译本译作萨觉，第一一六章"建都州"，第453页。

[⑤] Thomas T. Allsen, *Mongol Imperialism: The Policies of the Grand Khan Mongke in China, Russia and the Islamic Lands, 1251 – 1259*, Berkeley, 1989.

元代重量单位的实际重量

	最低	最高	平均
1 斤	585. 60g	637. 50g	608. 46g
1 两	36. 60g	39. 84g	38. 03g
1 钱	3. 66g	3. 98g	3. 80g

元代银单位的实际重量

	最低	最高	平均
1 斤	607. 00g	650. 00g	624. 69g
1 两	37. 94g	40. 62g	39. 04g
1 钱	3. 79g	4. 06g	3. 90g

波斯 miskal 的实际重量为 4.26—4.68g。中国的"钱"作为重量单位是 3.66—3.98g,作为银单位是 3.79—4.06g。二者的范围毫无交集,因此 miskal 与"钱"并非等价(488 页)。元代的锭、两、钱的重量,应该延续了宋金制度,分别对应 640g、40g、4g(488 页)。

马可·波罗说,80 贝币兑换 1 单位银(saggio)。裕尔假设 saggio 大致相当于 miskal,这种观点是恰当的(489 页)。

威尼斯 grossi(grosso,groat)为 2.01—2.22g,均值 2.13g(附录三)。取均值,2 grossi(grosso,groat)= 4.26g ≈ 1 saggio sottile = 4.19g(附录四)≈ 1 miskal = 4.32g(附录五)。

为了计算,取 4.3g 应该不为过(489 页)。1 saggio(= 1 miskal)重量为 4.3g。1 两银的重量均值 39.04g。由此可知以平均值所得的换算率为 9.0791 saggi ≈ 1 两。

另外,还可计算出四种换算率(490 页):

2 grossi(4.02g)= 1 两(39.04g),则 9.0791 saggi ≈ 1 两

2 grossi(4.02g)= 1 两(36.6g),则 9.1045 saggi ≈ 1 两

2 miskal(4.68g)= 1 两(39.04g),则 8.6795 saggi ≈ 1 两

2 miskal(4.68g)= 1 两(36.6g),则 7.8205 saggi ≈ 1 两

二 杭州盐税收入的换算和比较

首先必须明确的是，马可·波罗所记"行在"指的是杭州，而他所记的盐税收入、年度收入，所指范围是"行在及其领土"，也就是江浙（384页）。马可·波罗说蛮子有九国，穆尔以元代的行省、道皆未能解释九之数。[1] 作者认为，以南宋的区划便可解释。按马可·波罗自己的说法，成都府在蛮子边境，"分地而治"[2]，所以蛮子应排除四川。这样就是：淮南东路、淮南西路（两淮路），两浙西路、两浙东路（两浙路），江南东路、江南西路、福建路、荆湖北路、荆湖南路、福建路、广南东路、广南西路。如果把两淮路算作一个，或者把两浙路算作一个，这样就得到了九个（369—370页）。两淮是被算入蛮子的。因为马可·波罗说，扬州、行在、福州是蛮子九国之三（370页）。

裕尔认为，马可·波罗对税收的数字无疑是夸大了。颇节持相反意见，冯承钧也认为马可·波罗可信。李则芬认为马可·波罗将两淮的盐税与两浙混淆了（371页）。作者依然认为马可·波罗指的是两浙（372页）。

马可·波罗记杭州每年的盐税收入为80秃满，但是不同版本对于汇率提供了两种不同的数字。[3] 一说汇率70万，则80秃满为560万saggi金。第二种说法是汇率80万，则80秃满为640万saggi金。

马可·波罗提供的数字使用官方兑换率（376页）。作者以附录六所得到"两"（金）与saggi汇率的最高、最低、平均值（490页）为基准，计算出行在盐税的最高、最低、平均值（375页，图表20—22）。作者估算出马可·波罗所言盐税额在1282—1286年最低554210两，最高818362两（375页，图表20—22）。而根据汉文史料统计，1282—1286年两浙盐税额的范围是469799—960040两（320页，图表15）。两

---

① A. C. Moule, *Quinsai, With Other Notes on Marco Polo*, New York: Cambridge University Press, 1957, pp. 42 – 43.

② 参见［意］马可·波罗《马可·波罗行纪》，冯承钧译，沙海昂注，上海书店出版社2001年版，第439页。

③ 同上书，第592页。

相比较，马可·波罗的数字并不夸张（377 页）。

值得注意的是，1282—1286 年及 1287 年以降两时段，金与中统钞的兑换率不同，1287 年以前中统钞兑换黄金是此后的 6.7 倍多（兑换率见 321 页）。根据作者估算，马可·波罗所言盐税额在 1287 以降的时期为中统钞 56—82 百万贯（375 页，图表 20—22）。而根据汉文史料统计，1287 年以降两浙盐税额的范围是中统钞 17—29 百万贯（320 页，图表 15），与马可·波罗所记情况不符。而 1282—1286 年的马可·波罗税额中统钞则在汉文史料钞数范围内。因此，马可·波罗的数字指的是 1287 年前的情况（377 页）。

三　杭州年税总收入的换算和比较

关于大汗在行在每年的课税收入，马可·波罗书的不同版本也给出了不同数字。作者进行了列表整理，概言之，最低 1470 万 saggi，最高 1680 万 saggi（381 页，表 23）。

作者将上述二数折算成了两（金），并根据 1282—1286 年及 1287 年以降两时段金与中统钞兑换率，换算出贯（中统钞）、锭（中统钞），皆给出了最低、最高、平均值（382 页，图表 24—26）。

根据《元史》及陈高华、史卫民《元代经济史》的研究成果，统计出 1263—1329 年江浙各项税课的数额。由于资料所限，多数年份没有足够详细的各项数据。其中，1328 年的数据是唯一最全面最详细的（542—546 页，附录八，图表 27）。作者对 1328 年的各项税课进行了百分比计算，得出除去盐税以外，江浙在全国税课所占比例为 34.22%（385 页，图表 28）。

而在盐税方面，1328 年，江浙在全国所占比例为 17.8%（332 页，图表 16）。据史料记载，1285 年全国盐引数为 182 万引（图表 29），作者根据图表 16 估计当年两浙的盐引达到 35 万引，占全国的 19.2%（386 页）（这种估计是否合理，尚待考察）。

利用 34.22% 和 19.2% 这两个比例数，加上图表 24 所估算的税收数额、图表 20 所估算的盐税数额,作者进行计算,得出全国税收最低值2362380 锭,最高值 2706427 锭中统钞(387—388 页,图表30—31)。而汉文史料中能找到马可·波罗在元朝期间的岁入有两个:1284 年是932600 锭,1292 年是 2987305 锭(545 页,图表 29)。其间以纸币折算的赋税额急速增长。而根据马可·波罗的数字所估算出的最高值、最低值,皆在 1284—1292 年岁入的范围之内(387 页)。

考虑到货币流通状况、国家税收制度、价格动态和市场条件的复杂性,马可·波罗的记载尤其适用于 1285—1289 年(389 页)。

四 进一步的探讨

傅汉思教授以经济史的眼光,通过数据统计、汇率换算、数额计算,终于使马可·波罗记载的经济数字与汉文史料可以在同一平面上进行比较,也为欧亚大陆贸易研究提供了重要的参照系,本身便是很重要的贡献。马可·波罗的记载与汉文史料的比较结果,也为我们证实,《游记》一书——至少在经济数字方面——是经得起检验的,可信度极高。

不仅如此,通过这样细致的数字比较,对马可·波罗研究本身也有推进。马可所记的盐税数字反映的是 1287 年前的情况,而年税数字尤其适用于 1285—1289 年。由此或许可以大胆推论,马可在杭州的时间是1285—1287 年。

至于马可·波罗是如何、在哪里获得了税收信息和盐业管理知识的?F 本说,马可数次听取这些税收的报告。V3 本甚至说,马可数次被大汗派去行在视察赋税。傅汉思教授将此与元代的圆坐署押制度联系起来,认为马可·波罗可能担任过达鲁花赤、副达鲁花赤及/或低级地方官员(389—391 页)。值得注意的是,波斯史家瓦撒夫(T'artkh-i Wassaf,1264—1334)记杭州的盐税为每日 700 巴里黑(1 巴里黑 = 1 锭)纸钞,这个数字与马可·波罗的记载非常接近(377—378 页)。瓦撒夫的信息来源可能是海上的商人。盐税恐怕并非国家机密,既然发放盐引,每年盐税额度当为商人所知。因此，即使马可没有担任过正式的行政官职，他作为有官方背景的斡脱商人也应该了解这些信息。

第三节　马可·波罗所记元朝皇帝诞节

杨志玖先生以马可·波罗研究蜚声学界，1941 年发表早期代表作《关于马可·波罗离华的一段汉文记载》①，晚年又投入了大量精力开拓研究马可·波罗所记中国史事的各个方面。② 其中包括两篇短文《马可·波罗到过中国吗？——从他所记元代节日和刑制谈起》《马可·波罗描述的忽必烈大汗》，将马可·波罗所记大汗诞日节庆与汉文文献做对比，揭示了马可·波罗记载的可靠性和史料价值，并指出其中"个别地方还可以补充元代史籍的不足"。③ 在元代，当朝皇帝的诞辰称为天寿圣节，又称圣诞节、天寿节、圣节、寿节。圣节与元正（新年）是元代级别最高的两大节庆，是元代文化的一个缩影。以往学界对元代天寿圣节关注不多，陈高华、史卫民《中国风俗通史·元代卷》中有简要梳理④，许正弘 2013 年发表专文，做了全面而深入的考察。⑤ 笔者曾于 2010 年在锡林浩特召开的元史学术会议上提交文章探讨过类似题目，但一直深感不成熟，未正式发表。如今修订旧稿，拟讨论前人未涉及的几个问题，重点考察《马可·波罗游纪》及元中后期来华的意大利人鄂多立克《东游录》的相关记载。

---

① 参见杨志玖《关于马可·波罗离华的一段汉文记载》，《文史杂志》第 1 卷第 12 期，1941 年 12 月。

② 主要文章基本收入《马可·波罗在中国》，南开大学出版社 1999 年版；《杨志玖文集·马可·波罗与中外关系》，中华书局 2015 年版。

③ 杨志玖：《马可·波罗到过中国吗？——从他所记元代节日和刑制谈起》，《文史知识》1998 年 9 期，收入氏著《马可·波罗在中国》，南开大学出版社 1999 年版，第 189—194 页；《马可·波罗描述的忽必烈大汗》，《陋室文存》，中华书局 2002 年版，第 356—364 页。

④ 参见陈高华、史卫民《中国风俗通史·元代卷》第十章第一节"节假日与天寿节"，上海文艺出版社 2001 年版，第 392 页。

⑤ 参见许正弘《元朝皇帝天寿圣节考》，《成大历史学报》第 44 号，2013 年 6 月。

一 朝天寿圣节的形成过程

《元史·礼乐志》载，至元八年（1271）七月，刘秉忠等制定朝仪完成，随后，"遇八月帝生日，号曰天寿圣节，用朝仪自此始"。① 许正弘先生据此认为元朝设立天寿圣节是在至元八年，并揭元人苏天爵《滋溪文稿》中的一条史料为证："（至元）八年秋八月，帝以生日为天寿节，诸侯群臣咸朝，公（赵秉温）请行新礼。"② 但笔者认为，这两条史料的主线都是在阐述朝仪的制定与施行，而天寿圣节一语为插叙。元朝天寿圣节实际上在此之前就已设立，而其设立又经过了多元文化共同作用的过程。

元朝的天寿圣节不是来自蒙古文化传统。蒙古本无纪年月日之法，唯以草青为一年，月圆为一月。成吉思汗生年至今尚有争议，生日更不可考。据1221年出使蒙古的南宋人赵珙记载，当时的蒙古人刚刚开始使用干支纪年，赵珙睿智地预言："以愚观之，更迟年岁，则金虏叛亡之臣必教之撰其诞日以为节。"③ 以当朝皇帝诞日为节，在唐朝已经成为制度，宋、金皆因循之。④ 诚如赵珙所言，蒙古皇帝以诞日为节大概是1221年之后直接受金朝影响。

不过，蒙古统治者是具体何时接受圣诞节的，汉文史料中没有留下记载。一条可能相关的材料见于藏文文献。藏僧噶玛拔希（Karma Pakshi，1204/6—1283）于1256年抵达大蒙古国都城哈剌和林，赢得蒙哥汗的青睐。噶玛拔希在自传中宣称，在他的提议下，蒙哥汗开始施行素食、释囚、赈恤。⑤ 素食、释囚、赈恤，是元代天寿圣节中最普遍的做法。尽管仅靠这条史料我们似乎还不能肯定蒙哥汗开始施行圣诞节，但

---

① 《元史》卷67《礼乐志一·制朝仪始末》，第1665—1666页。

② （元）苏天爵：《滋溪文稿》卷67《故昭文馆大学士中奉大夫知太史院侍仪事赵文昭行状》，陈高华、孟繁清点校，中华书局1997年版，第336页。

③ （宋）赵珙：《蒙鞑备录》"国号年号"条，《王国维遗书》第13册，商务印书馆1940年版。

④ 参见朱瑞熙《宋代的节日》，《上海师范大学学报》1987年第3期；周峰《金代的圣节》，《北方文物》2002年第4期。

⑤ Charles E. Manson, "Introduction to the Life of Karma Pakshi (1204/6 – 1283)", *Bulletin of Tibetology*, Vol. 45, No. 1, 2009, pp. 25 – 52 (esp. p. 39).

或许我们可以说，元朝圣诞节相关制度在形成过程中，可能很早就掺杂了一些藏传佛教文化因素。

《高丽史》记载，高丽元宗元年（元世祖中统元年，1260）九月"遣右正言田文胤如蒙古贺改元、谢赐符印，兼赍祝寿文而去"。① 这年四月忽必烈发布即位诏，五月发布改元诏，八月二十八日为忽必烈生日。高丽九月才做出反应，实则赓续了高丽向金朝皇帝贺改元、贺圣寿的惯例。忽必烈即位，开始采行中原制度，其中也包括中原的朝贡体系。随后，高丽遣使入元贺圣诞多见于记载。② 高丽遣使贺寿，从一定意义上而言是元朝天寿圣节形成过程中的重要一环。

元世祖中统五年（1264）八月颁布圣旨，规定各级官员的法定假日，"若遇天寿、冬至，各给假二日"。③ 这是迄今所知最早见于元朝法律文件的天寿圣节。以节假日为基础，元朝天寿圣节制度得以展开。以此为据，可以认为元朝天寿圣节的正式设立不晚于1264年。

至元八年（1271），随着朝仪的制定完成，元朝天寿圣节礼仪制度走向完备。

《元典章》载录至元十六年（1279）八月十三日圣旨云："从今以后圣节、本命日都住罢了休做者。"④ 同事见于《元史·世祖本纪》："（至元）十六年八月庚寅，以每岁圣诞节及元辰日，礼仪费用皆敛之民，诏天下罢之。"⑤ 本命日是以生年干支为禁忌日的做法，是蒙古统治者接受汉文化影响的结果。⑥ 从整个元代来看，圣节、本命日并未有停罢的痕

---

① 《高丽史》卷25《元宗世家一》，韩国首尔大学藏奎章阁研究院藏本，第19叶b。

② 参见《元史》卷6《世祖纪三》，第107、112、115页；卷7《世祖纪四》，第130页。《高丽史》卷26《元宗世家二》，七年（1266）六月，第7叶a；八年（1267）六月，第9叶a；九年（1268）六月，第17叶a。

③ 《至正条格·条格》卷32《假宁·给假》，韩国学中央研究院2007年版，第125页。方龄贵校注：《通制条格》卷22《假宁·给假》，中华书局2001年版，第606页。陈高华、张帆、刘晓等校注：《元典章》卷11《吏部五·假故·放假日头体例》，天津古籍出版社、中华书局2011年版，第385页。

④ 《元典章》卷28《礼部一·礼制一·朝贺·礼仪社直》，第1004页。

⑤ 《元史》卷10《世祖七》，第215页。

⑥ 参看张帆《元朝皇帝的"本命日"——兼论中国古代"本命日"禁忌的源流》，刘迎胜主编《元史论丛》第12辑，内蒙古教育出版社2010年版，第21—46页。

迹。考虑到元代官吏有趁天寿圣节之机敛财扰民的①，至元十六年圣旨大概只是强调官员不得以圣诞节、本命日为由科敛百姓，而非停罢节日。

二 马可·波罗所记忽必烈出生月日

马可·波罗如此描述"大汗之诞节"：

> 你当知道所有鞑靼人［和那些大可汗的臣民（R）］［习惯于（L）］庆祝他们的生日。伟大者［可汗（FB）］［忽必烈（P）］生于九月那个阴历月的二十八日［星期一（TA）］［即圣路济亚和杰米尼安努斯之日（LT）］。在那一天，他举行［全年中（FB）］［为了任何目的所举行的（LT）］最盛大的节庆，有如在一年之始［二月朔日——他们视这天为一年的开始，因为二月对于他们而言是一年中的第一个月（P）］他们举行的那个［节庆（R）］，之后我将要向你们讲述。②

马可·波罗所记忽必烈生日为"九月那个阴历月的二十八日"（the 28 day of the moon of the month of September）。马可的这种特殊表述，是为了显示中西历法的差异。因为表述特殊，所以在马可·波罗书诸本传抄过程中颇有讹误。如威尼斯语 V 本讹作"vintioto de setenbrio et fo de luni"，意义难解。拉丁语 P 本讹作 xxv. die mensis decembris（十二月那个月的二十五日），不足为训。托斯卡纳语 TA 本作"xxviij. di settembre in lunedì"（九月二十八日星期一），多出了"星期一"这一信息。伯托卢奇·比佐鲁索整理 TA 本时指出，di settembre in lunedì 是 della luna di

---

① 参见《元典章》卷28《礼部一·礼制一·朝贺·军官庆贺事理》，第1005页。

② A. C. Moule & Paul Pelliot, *Marco Polo*: *The Description of the World*, Vol. 1, London: George Routledge & Sons Limited, 1938, p. 220. 笔者译为汉文。汉译文参考了北京大学国际汉学家研修基地"马可·波罗研究项目"读书班包晓悦、寇博辰初译、集体讨论修订的文本。参考［意］马可·波罗《马可波罗行纪》，冯承钧译，上海书店出版社2001年版，第222页；高田英树译《世界の記——〈東方見聞錄〉對校譯》，第208页。

settembre（九月的阴历月）的误译，星期一之说应予舍弃。①

拉丁语 LT 本独有的信息是忽必烈生日即圣路济亚和杰米尼安努斯日（the day of Saint Lucy and Geminianus）。这个基督教节日并非圣路济亚日。圣路济亚（Lucy of Syracuse），又译圣露西，是 4 世纪西西里岛殉道少女，其节日为 12 月 13 日。圣路济亚和杰米尼安努斯的传说，可能是从西西里的圣路济亚敷衍虚构而来的。在这一传说中，路济亚成了一个老年寡妇，杰米尼安努斯为一男子，公元 300 年左右二人一起被罗马帝国处死殉道。这一传说在中世纪欧洲广为流行，9 月 16 日为圣路济亚和杰米尼安努斯日。直至现代学者考证此传说不可靠，杰米尼安努斯为虚构人物，自 1969 年开始圣路济亚和杰米尼安努斯日被取消。②

综合以上，可知马可·波罗给出的忽必烈生日是九月那个阴历月的二十八日，即圣路济亚和杰米尼安努斯日（9 月 16 日）。

按汉文史料记载，忽必烈生于乙亥岁八月乙卯③，即元太祖十年八月二十八日，相当于西历 1215 年 9 月 23 日④。马可·波罗所说的“九月那个阴历月的二十八日”，相当于中国历法中的八月二十八日，这一点无疑。但是正如慕阿德、伯希和所指出的，忽必烈生于 1215 年 9 月 23 日，与圣路济亚和杰米尼安努斯日（9 月 16 日）有七天之差。⑤ 解答这一问题，涉及的是历法换算。欧洲 1582 年以后使用格里高利历，即今之公历、西历。忽必烈生于 1215 年 9 月 23 日，即指格里高利历而言。欧洲中世纪使用的是儒略历，即马可·波罗书中所用者。今人换算中西历法，西历皆用格里高利历，与中世纪欧洲实际历法有差异。

① Valeria Bertolucci Pizzorusso, *Milione. Versione toscana del Trecento*, indice ragionato di Giorgio Raimondo Cardona, Milano, Adelphi, 1975, p. 134.

② Dom Basil Watkins on behalf of the Benedictine monks of St Augustine's Abbey, Ramsgate, *The Book of Saints: A Comprehensive Biographical Dictionary*, Eighth Edition, Bloomsbury, 2015, pp. 444, 446. *Calendarium Romanum*, Libreria Editrice Vaticana, 1969, p. 139.

③ 参见《元史》卷 4《世祖纪一》，第 57 页。

④ 参见洪金富《辽宋金元五朝日历》，台北：“中央研究院”历史语言研究所 2004 年版，第 317 页。

⑤ A. C. Moule & Paul Pelliot, *Marco Polo: The Description of the World*, Vol. 1, pp. 220 – 221.

　　马可·波罗所记忽必烈生日，有可能是指忽必烈出生年而言，也有可能是指马可在中国某一年中记下的那个天寿圣节日。表3－1将忽必烈生日（元代中国历法八月二十八日）换算为儒略历、格里高利历、星期。

表3－1　　　　　　　　忽必烈生日三种历法对照表

年份	元代中国历	儒略历	格里高利历	星期
太祖十年1215	八月二十八日	9月16日	9月23日	星期三
中统元年1260	八月二十八日	9月27日	10月4日	星期一
中统二年1261	八月二十八日	9月17日	9月24日	星期六
中统三年1262	八月二十八日	9月6日	9月13日	星期三
中统四年1263	八月二十八日	9月24日	10月1日	星期一
中统五年/至元元年1264	八月二十八日	9月12日	9月19日	星期五
至元二年1265	八月二十八日	10月1日	10月8日	星期四
至元十二年1275	八月二十八日	9月12日	9月19日	星期四
至元十三年1276	八月二十八日	9月30日	10月7日	星期三
至元十四年1277	八月二十八日	9月19日	9月26日	星期日
至元十五年1278	八月二十八日	9月9日	9月16日	星期五
至元十六年1279	八月二十八日	9月28日	10月5日	星期四
至元十七年1280	八月二十八日	9月16日	9月23日	星期一
至元十八年1281	八月二十八日	9月5日	9月12日	星期五
至元十九年1282	八月二十八日	9月23日	9月30日	星期三
至元二十年1283	八月二十八日	9月13日	9月20日	星期一
至元二十一年1284	八月二十八日	10月1日	10月8日	星期日
至元二十二年1285	八月二十八日	9月21日	9月28日	星期五
至元二十三年1286	八月二十八日	10月10日	10月17日	星期三
至元二十四年1287	八月二十八日	9月29日	10月6日	星期一
至元二十五年1288	八月二十八日	9月17日	9月24日	星期五
至元二十六年1289	八月二十八日	9月6日	9月13日	星期二

续表

年份	元代中国历	儒略历	格里高利历	星期
至元二十七年 1290	八月二十八日	9 月 25 日	10 月 2 日	星期一
至元二十八年 1291	八月二十八日	9 月 14 日	9 月 21 日	星期五
至元二十九年 1292	八月二十八日	10 月 2 日	10 月 9 日	星期四
大德三年 1299	八月二十八日	9 月 16 日	9 月 23 日	星期三

从表 3 - 1 可知，在 13 世纪，儒略历与格里高利历有七天之差，儒略历 9 月 16 日相当于格里高利历 9 月 23 日。自 1300 年开始，儒略历 9 月 16 日相当于格里高利历 9 月 24 日。因此，马可·波罗书 LT 本的"圣路济亚和杰米尼安努斯日"一语不可能是 14 世纪换算出来的，只可能指 13 世纪而言。LT 本中的"圣路济亚和杰米尼安努斯日"一语不可能是马可回到威尼斯之后的 14 世纪换算出来的，应该有更原始的依据。

忽必烈庆贺生日使用的当然是元朝历法，这注定每年元朝历八月二十八日对应的西历月日不同。13 世纪中国历法八月二十八日与儒略历 9 月 16 日、格里高利历 9 月 23 日相合者，唯有元太祖十年（1215）、元世祖至元十七年（1280）、元成宗大德三年（1299）。1299 年马可已回到威尼斯数年，大概接触不到中国历日，可以不论。因此有 1280 年、1215 年两种可能性。

第一种可能性：1280 年。马可·波罗在华 17 年，每年都有天寿圣节，唯有至元十七年的八月二十八日恰逢圣路济亚和杰米尼安努斯日，两节相遇，因此马可·波罗印象深刻。多年后返回意大利，追忆往事而注记了此日。

第二种可能性：1215 年。马可所述的忽必烈生日对应于 1215 年，说明元朝统治之下的基督徒确知忽必烈出生的年月日，并已将其年月日换算为了欧洲儒略历。

以上两种可能性，暂难定夺，姑两存之。无论哪种可能性，都说明像马可·波罗这样旅居东亚的欧洲基督教徒，应该携有历书以备基督教节日之用。他们如何调和中西历法，也是一个有趣的问题，值得学者注意。

LT 本是托斯卡纳语 TA 本与拉丁语 P 本参照修订而成的拉丁语抄本，在马可·波罗书的抄本系统中并不受重视。但考察了 LT 本中的"圣路济亚和杰米尼安努斯日"一语之后，我们知道这个抄本也有独特的价值。

三　庆贺与进贡

下面将诸帝的生日列出①：

世祖忽必烈，八月二十八日②

成宗铁穆耳，九月五日

武宗海山，七月十九日

仁宗爱育黎拔力八达，三月三日③

英宗硕德八剌，二月六日

泰定帝也孙铁木儿，十月二十九日

文宗图帖睦尔，一月十一日

顺帝妥懽帖睦尔，四月十七日

元代实行两都巡幸制度，皇帝每年来往于上都、大都。一般而言，天寿节日，仁宗、英宗、泰定帝、文宗在大都，而世祖、成宗、武宗、顺帝则是在上都。也有例外，如成宗曾先后在三部落、阻妫、古栅等地的行宫度过圣节。④

---

①　参见陈高华、史卫民《中国风俗通史·元代卷》第十章第一节"节假日与天寿节"，上海文艺出版社 2001 年版，第 392 页。

②　《中国风俗通史·元代卷》误作"八月二十三日"。

③　《中国风俗通史·元代卷》据《元史》所载仁宗生日干支查工具书为"三月四日"，误。元仁宗生于三月三日，有大量文献可以证明。今人所编历法工具书，乃按照近代科学推算，大概与历史上的历法有不符之处。参见许正弘《元仁宗生日及其干支问题》，载魏崇武主编《元代文献与文化研究》第 3 辑，中华书局 2015 年版，第 143—152 页。

④　参见《元史》卷 18《成宗纪一》至元三十一年九月壬子，第 387 页；卷 19《成宗纪二》大德二年九月己丑，第 420 页；《元史》卷 20《成宗纪三》大德三年九月癸未，第428页。

天寿圣节的中心是庆贺礼仪。朝仪是元朝等级最高的国家礼仪，用于天寿圣节与元正。[①] 至元六年（1269）春正月至至元八年（1271）七月，刘秉忠等人制定朝仪完毕，"遇八月帝生日，号曰天寿圣节，用朝仪自此始"。[②]

在天寿圣节前一个月，"内外文武百官躬诣寺观，启建祝延圣寿万安道场"，道场在天寿圣节日前结束。[③] 提前三日，"习仪"，即学习礼仪，其具体地点，朝臣在大圣寿万安寺（或大兴教寺），地方官员在地方寺观。[④] 此为天寿圣节庆贺的准备工作。

在天寿圣节当天，"朝臣诣阙称贺"。[⑤]《南村辍耕录》载："大明殿，乃登极、正旦、寿节会朝之正衙也。"[⑥] 元人贡师泰有诗《天寿节日大明宫朝罢，口占柬张约中博士》亦可佐证举行朝仪的地点是大明殿。[⑦] 但如前文所述，元朝皇帝在生日时并不一定在大都，甚至可能在两都巡幸途中，圣节的朝仪举行地点大概随之变化。

天寿圣节当天地方官员的庆贺礼仪，载于《元典章》：

> 外路官员则率僚属、儒生、耆老、僧道、军公人等结彩香案，呈舞百戏，夹道祗迎，就寺观望阙致香。案下设官属褥位。叙班立，先再拜，班首前跪上香，舞蹈叩头，三呼万岁。公吏人等高声呼。就拜。兴。再拜。礼毕。卷班。就公厅设宴而退。[⑧]

正如日本"元代法制"研究班译注《元典章》时指出的，"夹道祗

---

①　参见《元史》卷67《礼乐志一·天寿圣节受朝仪》，第1670页。

②　《元史》卷67《礼乐志一·制朝仪始末》，第1665—1666页。

③　参见《元典章》卷28《礼部一·礼制一·朝贺·庆贺》，第1003页。

④　参见《元史》卷67《礼乐志一·元正受朝仪》，第1666页。

⑤　《元典章》卷28《礼部一·礼制一·朝贺·庆贺》，第1003页。

⑥　（元）陶宗仪：《南村辍耕录》卷7"宫阙制度"，中华书局1959年版，第251页。

⑦　参见（元）贡师泰《玩斋集》卷4《天寿节日大明宫朝罢，口占柬张约中博士》，国家图书馆藏明嘉靖刻本，第3b—4a页。

⑧　参见《元典章》卷28《礼部一·礼制一·朝贺·庆贺》，第1003页。

迎"所迎的对象，应是万岁牌。① 关于万岁牌的形制，汉文史料阙载。
而马可·波罗记述官员的朝拜礼仪：

> ［然后（FB）］［礼毕（R）］他们［平身并（V）］［以顺序
> （P）］行至一装饰华丽的坛前。坛上有一红色牌子，上［用价值高
> 昂的宝石和黄金（VL）］写大可汗之［适当（VL）］名号。还有一
> 美丽［黄金（FB）］香炉，［备好芬芳的香料，（P）］他们［——长
> 者代表所有人——（R）］［登坛并携香炉（P）］向［大可汗的
> （L）］牌子和祭坛焚香［向大可汗（LT）］致礼。［然后所有人向前
> 述坛上的牌子致以大礼。（R）］然后［每（FB）］人各归其位。②

可见，所谓万岁牌，是一个写有大可汗名号的红色牌子。参照汉文
记载，万岁牌平时悬挂于寺观内，在天寿圣节日，地方官员往往"必就
寺观中将僧道祝寿万岁牌迎引至于公厅置位，或将万岁牌出其坊郭郊野
之际以就迎接，又必拣选便于百姓观看处所安置"。③

在天寿节，中央、地方官署五品以上长官皆须向皇帝进表称贺。元
廷对表章体式、回避字样、进表礼仪都有详细规定。④ 官署贺表多请知
名文士代笔，程钜夫、虞集、揭傒斯、柳贯、袁桷、蒲道源、苏天爵等
的文集中都留存有天寿节贺表，数量颇多。元人总结贺表的写作格式为
四六体，内容分三段，一破题，二颂德，三述意。⑤ 表章写成后，由文
资正官一员、通儒吏一名校勘，于文解上开写撰文、校勘官吏，置于复

---

① 参见日本"元代の法制"研究班《〈元典章·礼部〉校定と译注（一）》，《东方学报》
第81册（2007）。
② A. C. Moule & Paul Pelliot, *Marco Polo: The Description of the World*, Vol. 1, p. 224. 笔者译
为汉文。较为简略的译本，参见［意］马可·波罗《马可波罗行纪》，冯承钧译，上海书店出
版社2001年版，第224页。
③ 《元典章》卷28《礼部一·礼制一·朝贺·礼仪社直》，第1090页。
④ 参见《元典章》卷28《礼部一·礼制一·进表》，第1006—1008页。
⑤ 参见陈绎曾《文筌》"四六附说·表"，《四库全书存目丛书》集部第416册，齐鲁书
社1995年版。

匣之中，加以锁钥。地方官署在天寿节前预先差人乘长行马驰驿进京，人不过二人，马不过三匹。① 使者出发时，官署全体官员举行进表仪式。② 使者抵京献表之后，五日内须返回。③

在天寿圣节，皇帝除了受朝贺，还会接受内外官司进贡的礼物。据研究，宋、金地方的圣节上供，每年都为宫廷带来可观的收入。④ 至元十三年（1276），元朝征服南宋，一度下令"其残宋诸名项繁冗科差圣节上供、经总制钱等一百余项，都休要者"。⑤ 这是取消了宋朝的圣节上供名目。而元朝也有圣节上供的情况，马可·波罗记载：

> 你应知道［就在（FA）］他生日这天，全世界的鞑靼人，［所有臣服于他的权力之下的国王、诸王和贵族（P），］管理他的土地的所有省份、地区［和城市（L）］都举行［盛大的节庆（LT），］［并且献给（R）］他［非常（R）］好的礼物，根据规定，每份礼物与其携带者相称。⑥

我们未能找到元朝对于各地圣节上供的明文规定，大概上供的礼物并不固定，如世祖时大名路献白兔⑦，文宗时文士邓朝阳献《万岁山赋》⑧，皆蕴含祥瑞、赞颂之意。元文宗似乎曾短暂罢去进贡。文宗至顺元年（1330）二月，中书省臣言："旧制，正旦、天寿节，内外诸司各有贽献，顷者罢之。今江浙省臣言，圣恩公溥，覆帱无疆，而臣等殊无

---

① 参见《元典章》卷28《礼部一·礼制一·进表》，第1009—1010页。
② 参见《通制条格》卷8《仪制·贺谢迎送》，第341—342页。
③ 参见《元典章》卷28《礼部一·礼制一·进表》，第1010页。
④ 参见周峰《金代的圣节》，《北方文物》2002年第4期。
⑤ 《元典章》卷19《户部五·民田·强占民田回付本主》，第727页。《至顺镇江志》卷6，江苏古籍出版社1988年版，第261页。
⑥ A. C. Moule & Paul Pelliot, *Marco Polo*: *The Description of the World*, Vol. 1, p. 221.
⑦ 参见（元）胡祗遹《紫山大全集》卷6《圣瑞》，《三怡堂丛书》本，第247页。
⑧ 参见（元）傅若金《傅与砺诗集》卷3《送邓朝阳归赴分宁州杉市巡检》，嘉业堂丛书本，第4b—5a页。

补报，凡遇庆礼，进表称贺，请如旧制为宜。"从之。① 表明圣节上供旋废旋复。14 世纪 20 年代来到中国的方济各会教士鄂多立克也记载了圣诞节进献礼物的情形：

Aprés vient une vois qui dist："Tous se taisent！" et dit "Telz du sanc royal apparaille tant de chantaines de blans chevaulx a son Seigneur et telz tant！" et ainsi de tous les autres par ordenement, sicques il semble imposible de appareiller tant de blans chevaulx ensemble. Aprés ceulz du sanc royal, tous les autres donnet dons a leur Seigneur selong leur estat. Aprés les barons viennet ceulz des abbeÿs portans leurs presans, et puis donnent la beneïsson a l'empereur. Ce fait, viennet aucuns menestrelz avec aucunes chanteresses et chantent devant l'empereur pour lui solacier.

（奏乐）之后传来一个声音道："全体安静！"且道："彼等皇族为其君主准备了几百匹白马，如其数！"其他人如此这般依次经过，这样准备的白马总数之多简直不可思议。在这些皇族之后，其他人都代表其官署向君王进献礼物。在这些男爵之后，寺院僧侣携他们的礼物前来进献，并且为皇帝祝福。如此这般，一个接一个来到君主面前为他祈祷咏唱。②

何高济汉译本《鄂多立克东游录》系据裕尔英译本译出③，裕尔本则以拉丁文本为底本，参校意大利文本④。最近安德烈欧塞、梅纳尔合作整理法国国家图书馆藏 1351 年法文抄本（BNF Fr. 2810），是现存最古的抄本之一，与拉丁文、意大利文本有一定差异。以上汉译文系笔者

---

① 《元史》卷 34《文宗三》，第 753 页。

② Alvise Andreose & Philippe Ménard, *Le Voyage en Asie d'Odoric de Pordenone：traduit par Jean le Long OSB-Itineraire de la peregrinacion et du voyaige*（1351）, Droz, 2010, pp. 54 – 55.

③ 参见《鄂多立克东游录》，何高济译，中华书局 2002 年版，第 87 页。

④ Henry Yule, *Cathay and the Way Thither*, London：Hakluyt Society, 1866. Vol. Ⅰ, pp. 39 – 41, 143; Vol. Ⅱ, appendix I, p. xxxv, appendix II, p. lx.

据法文整理本译出。鄂多立克提及前来进献礼物的三种人是皇族（sanc royal）、男爵（barons）、寺院僧侣（abbeÿs）。皇族当指与皇室有血缘关系的后妃、诸王、驸马。男爵是代表他们的"estat"来进献礼物的，"estat"意为国家、官署，此处当指后者，男爵当指管领一官署的最高官员，相当于元代的那颜（蒙古语 noyan，义为官人）。寺院僧侣当指各宗教的僧侣。按照元朝的朝贺仪式，首先是后妃、诸王、驸马依次贺献；其次是丞相祝赞进酒，进读各级官署表章、礼物单目；最后，僧、道、耆老、外国蕃客，依次而贺。① 大致分成皇族、高级官员、僧侣三级，这与鄂多立克的记载几乎完全相合。

四　祈福与禁忌

天寿节也是宗教人士们繁忙的时候。马可·波罗说：

是日，[不论什么信仰（P），][臣服于大汗统治的（VA）]一切偶像教徒、基督教徒[或犹太人（P）]和所有萨拉森人，及[其他（FB）]各种[鞑靼（TA）]人，大事祈祷[、集会（FB）]与礼赞，[各（FB）]向其偶像与上帝燃灯焚香，[以大量的咒语、火焰、焚香，（L）]祈求他们[乐于（L）]拯救[并守护（R）]其君主，赐予他长寿、[善事（LT）、]安乐与健康[、平安与繁荣（P）]。②

汉文史料记载得更加具体。元顺帝朝成书的《敕修百丈清规》一开篇就极为详尽地记载了圣节的佛教祝釐法事，且规定"钦遇圣节，必先启建金刚无量寿道场。一月日僧行不给假"。③ 道教的名山宫观也都举行

———————————

① 参见《元史》卷 67《礼乐志一》，第 1666—1669 页。

② A. C. Moule & Paul Pelliot, *Marco Polo：The Description of the World*, Vol. 1, p. 222. 笔者据英译本译为汉文。参考［意］马可·波罗《马可波罗行纪》，冯承钧译，上海书店出版社 2001 年版，第 222 页。《世界の記——〈東方見聞錄〉對校譯》，高田英树译，第 209—210 页。

③《敕修百丈清规》卷 1《祝釐·圣节》，《大正藏》第 48 册，第 1113a 页。

天寿节道场，皇帝常常亲自遣使降香，如见于记载的卫辉太一万寿宫①、豫章万寿延真宫②、龙虎山、云锦山等处宫观③。阴阳数术家也要有所作为，如元世祖至元五年（1268）十二月，"敕二分、二至及圣诞节日，祭星于司天台"。④

赈恤、停役、释囚之举，皆有宣布恩德、祈福延寿之义。从大德三年（1299）开始，元廷规定，遇天寿节，赈恤孤老，"人给中统钞二贯，永为定例"。⑤ 武宗至大二年（1309），"以阴阳家言，自今至圣诞节不宜兴土功，敕权停新寺工役"。仁宗延祐六年（1319），"以天寿节，释重囚一人"。⑥

赈恤、停役、释囚之举，皆有宣布恩德、祈福延寿之义。从大德三年（1299）开始，元廷规定，遇天寿节，赈恤孤老，"人给中统钞二贯，永为定例"。⑦ 武宗至大二年（1309），"以阴阳家言，自今至圣诞节不宜兴土功，敕权停新寺工役"。仁宗延祐六年（1319），"以天寿节，释重囚一人"。⑧

禁屠，是圣节最常见的举措。《通制条格》收有元仁宗时期的一件公文：

> 至大四年（1311）十一月十九日，纳牙失里班的苔八哈奏："西天田地里在先传流将来的道理说呵，三月初八日，佛降生的日头，当月十五日，佛入涅槃的日头，这日头真个显验，旦的剌纳儿经文里有。西天田地里，这日头里不教宰杀，做好事有来。三月初

---

① 参见《元史》卷30《泰定帝二》，第674页。
② 参见（元）程钜夫《雪楼集》卷1《天寿节万寿延真宫建醮道场文二首》，台湾《元代珍本文集汇刊》影印洪武本，第142页。
③ 参见（元）李存《鄱阳仲公李先生文集》卷12《御书赞》，《北京图书馆古籍珍本丛刊》第92册，第586页上。
④ 《元史》卷6《世祖纪三》，第120页。
⑤ 《元史》卷96《食货志四·赈恤·寡孤独赈贷之制》，第2475页。
⑥ 《元史》卷23《武宗二》，第511页；卷26《仁宗三》，第588页。
⑦ 《元史》卷96《食货志四·赈恤·寡孤独赈贷之制》，第2475页。
⑧ 《元史》卷23《武宗二》，第511页；卷26《仁宗三》，第588页。

三日，皇帝圣节有。一就自三月初一日为始，至十五日，大都为头各城子里，禁断宰杀半月，羊畜等肉休教入街市卖者，也休教买者。不拣几时做常川断屠呵，皇帝洪福根底的重大福有。"么道，奏呵，阿里哈牙参议、秃鲁花帖木儿参议两个奉圣旨："那般者。是大好事勾当有。这里都省里行与各行省各城子里文书者。每年三月里常川禁断宰杀半月者。断屠的日头其间羊畜等肉休教入街市卖者。"么道，圣旨了也。钦此。[1]

提议的大致内容是，三月三日是仁宗诞日，三月八日是佛祖诞日，三月十五日是佛祖涅槃日，故应每年三月一日至十五日禁屠。得到了仁宗的同意。提议之人为"纳牙失里班的苔八哈"，方龄贵先生已经指出最末可能脱落一"失"字。八哈失（蒙古语 baqaši），义为师，是对僧人的尊称。班的苔（来自梵文 paṇḍita）为一种称号，用以称呼精通五明的高僧。此高僧之名为纳牙失里，即梵文 Nayaśri 的回鹘—蒙古语形式 Nayašri，naya 义为理，śri 义为吉祥。

值得注意的是，在汉传佛教中，佛祖诞日、涅槃日一般分别指二月八日、二月十五日。藏传佛教中则是四月八日、四月十五日。这里的三月八日、三月十五日之说与汉藏佛教皆不同。按照奏文，这是"西天田地"的做法。《大唐西域记》云："如来以印度吠舍佉月后半八日成等正觉，当此三月八日也。上座部则吠舍佉月后半十五日成等正觉，为此三月十五日也。"[2] 成等正觉，即涅槃成道。可知在唐代，以三月十五日为佛祖涅槃日是上座部（小乘）的做法。纳牙失里上奏说，涅槃日显验之事载于"旦的剌纳儿经文"。"旦的剌"也许是音译自梵文 tantra（又译怛特罗，指密宗及其经典），"纳儿"可能是音译自蒙古语复数后缀-nar。奏文的意思是说，佛祖涅槃日的显验事迹，在密宗诸经典中

---

[1] 《通制条格》卷28《杂令·屠禁》，方龄贵校注，第676—677页。
[2] （唐）玄奘、辩机：《大唐西域记校注》，季羡林等校注，中华书局 2000 年版，第678页。

有记载。那么或许元代印度密宗也延续了上座部以三月十五日为佛祖涅槃日的做法。

后来，英宗仿乃父先例，因自己是二月六日诞辰，故每年二月一日至十五日禁屠。[①] 顺帝至正元年（1341）正月，"诏天寿节禁屠宰六日"。[②] 可见元朝诸帝天寿节禁屠日期长短不一。

与禁屠相伴随的是素食。至元十年（1273）就有人向忽必烈上奏："圣节日，随路里官人每自己俸钱内杀羊做筵席有。吃素饭筵席呵，宜得一般。"得到了忽必烈的认可。[③] 天历元年（1328）十二月，为庆祝两都之战获胜，文宗"令内外诸司，天寿节听具肉食，民间禁屠宰如旧制"。[④] 从这样的记载来看，似乎元代的天寿节公宴都是素食，实际却未必。元世祖时，杜仁杰"尝以天寿节入觐，世祖皇帝嘉公兄弟功，赐宴甚宠，怀鹿肉归"。[⑤] 元人孔克齐《至正直记》有《议肉味》一文，讨论各种禽畜的肉是否可食，其中明言圣节时食用牛、马之肉。[⑥]《元史》亦云："凡大宴，马不过一，羊虽多，必以兽人所献之鲜及脯鱐，折其数之半。"[⑦] 蒙古人的食物以肉为主，宴会中不食肉实难想象。可以想见，素食大概适用于民间和各级官府，但不适用于宫廷宴会。

庆贺礼仪是天寿圣节的中心。违背礼仪是大忌。鄂多立克记载：

> 尚有很多官员辛勤地注意有无男爵或乐人缺席。因为缺席者本

---

① 参见《元典章》新集《刑部·头匹·禁宰杀·禁断屠宰》，第2443页。

② 《元史》卷40《顺帝三》，第861页。另，《至正条格·断例》卷27有《禁断屠宰（二条）》，惜正文已佚，只存目。

③ 参见《元典章》卷28《礼部一·礼制一·朝贺·礼仪社直》，第1090页。

④ 《元史》卷32《文宗一》，第722页。

⑤ （元）程端学：《积斋集》卷5《元故从仕郎杭州路税课提举杜君墓志铭》，民国《四明丛书》本，第12b—13a页。

⑥ 参见《至正直记》卷3《议肉味》，《宋元笔记小说大观》第6册，上海古籍出版社2001年版，第6622页。

⑦ 《元史》卷67《礼乐志一·元正受朝仪》，第1669页。

人要受到严厉惩罚。①

汉文史料可与之呼应。《至正条格·断例》有两条记载：

　　皇庆二年十二月，御史台奏，节该："皇帝根底行礼间，但有失仪的，依例罚中统钞八两。上殿去时，各依资次，不教紊乱。札撒孙、监察御史好生整治行呵，怎生？"奏呵，奉圣旨："那般者。"

　　元统二年二月，礼部呈："监察御史言：'今后凡遇朝贺行礼、听读诏赦，礼先省部、院、台，次及百司，依职事等第、官品正从，以就序列。敢有不遵，比同失仪论坐，标附。'"都省准拟。②

负责整治礼仪的札撒孙、监察御史，就是鄂多立克所提到的那些辛勤地注意有无诸王或乐人缺席的官员。关于官员失误拜贺之罪，《至正条格·断例》载：

　　至顺三年十一月，刑部议得："鲁王位下钱粮总管府提控案牍张思恭，天寿节辰指称带酒，不行拜贺。合杖六十七下，解任标附。"都省准拟。③

《元史》亦载，至大二年（1309）九月，御史台臣言："江浙省丞相答失蛮于天寿节日殴其平章政事孛兰奚，事属不敬。"诏遣使诘问之。④"不敬"之罪，可谓触犯了天寿节的礼仪禁忌。可惜《元史》以及其他史料都没有记载判罪的轻重。而《至正条格》则明载"杖六十七下，解任标附"。可见，天寿节失仪的官员确实如鄂多立克所言要受到严厉

---

① 《鄂多立克东游录》，何高济译，中华书局2002年版，第87页。
② 《至正条格·断例》卷3《职制》，第189页。
③ 同上。
④ 参见《元史》卷22《武宗二》，第526页。

惩罚。

五 宫廷朝贺、宴会之服色

元朝宫廷礼仪分为朝贺与宴会两大环节。

朝贺礼仪是元世祖至元六年至八年（1269—1271）命刘秉忠等人仿汉地礼仪制定而成的，是元朝最高的国家仪式。在朝贺礼仪中，各级官员穿着汉式服色。鄂多立克记载：

> 男爵们依序穿着不同颜色的衣服：第一衣绿缎；第二深红；第三灰绿或白色（vero de glauco sive cano）。[①]

何高济据裕尔英译本汉译的《鄂多立克东游录》，将三种颜色译成了绿、深红、黄。[②] 裕尔大概将 cano（白、银白）理解为意大利北部方言 çano（黄色）。[③] 1351 年法文本做黄色（gaune），同一系统的其他抄本做橘黄色（croceo，croco）。[④]《元典章》载元代官员服色等第，一至五品穿紫，六七品绯，八九品绿。[⑤] 如果我们将鄂多立克的三色理解为由低到高排序，那么便与《元典章》的颜色基本对应，只是鄂多立克的第三种颜色不能对应紫色。

《元典章》在规定三色等级服色时，有"蒙古人、怯薛不在此例"之语。松田孝一对《事林广记》所载的《皇元朝仪之图》进行了详细研究[⑥]，

---

① B. Odoricus de Portu Naonis, "Relatio", in A. van den Wyngaert ed., *Sinica Franciscana*, Quaracchi-Fierenze, 1929, XXIX, 2, p. 480. 笔者汉译。

② Henry Yule, *Cathay and the Way Thither*, Vol. I, p. 141, Vol. II, appendix, p. IX. 参见《鄂多立克东游录》，何高济译，中华书局 2002 年版，第 87 页。

③ 承蒙 Alvise Andreose 教授 2015 年 10 月 7 日回复电子邮件提出了这条意见，谨致谢意。

④ Alvise Andreose & Philippe Ménard, *Le Voyage en Asie d'Odoric de Pordenone*: *traduit par Jean le Long OSB-Itinéraire de la peregrinacion et du voyaige* (1351), pp. 53 – 54, 203 – 204.

⑤ 参见《元典章》卷 29《礼部二·礼制二·服色》，第 1110 页。

⑥ 参见［日］松田孝一《"事林広記""皇元朝儀之図"解説》，森田宪司编《13、14 世紀東アジア諸言語史料の総合的研究——元朝史料学の構筑のために》，《平成 16 年度—18 年度科学研究費費補助金（基盤研究 B）研究成果報告書》，2007 年，第 36—62 页。

随后又根据近年日本学者宫纪子发现的福冈县立对马历史民俗资料馆藏《事林广记》元刊本中保存的最为完好的一幅《皇元朝仪之图》，做了进一步补充探讨。① 在《皇元朝仪之图》中，执事的怯薛侍卫按照等级分别穿着紫、绯、绿三色。鄂多立克所记的男爵应该指的是高级官员，包括怯薛。因此我们可以认为，在举行朝仪时，蒙古人、怯薛的服色并不例外，依品级穿着三色。

至元十年（1273），高丽王子、大臣到元大都朝贺，逢忽必烈天寿圣节，八月二十七日、二十八日两天皆举行了朝贺仪式。高丽使臣李承休记载其仪：

> 自诸大王、诸大官人，以至百寮，黎明而会，莫不朝衣穿执而云委于中庭。有阁门使，各以其序，引进拜位。其拜位则以黄丹画地面，龙发白席为之方罫，区以别位，而书其官号。既引立已，令馆伴侯学士姜宣使引我令殿并侯邸及官属列立于班心之下。其余诸国来朝之使，从其所服，而俾立于最后行尾。俄而，皇帝出自便殿，就于殿上，与皇后升宝座而受贺。其礼数与我本朝大同小异。所谓异者，阁门喝："鞠躬"，"拜"，"兴"，"拜"，"兴"。班首稍前三步复位。拜，兴，拜，兴，平身，搢笏，鞠躬，三舞蹈，跪左膝，三扣头，山呼，山呼，再山□。□□也。既礼毕。皆立不动。其阁□□□□□□传于侯邸曰：行卿本国礼□□□□□□郎廉承益通喝而行焉。礼毕后□□□□传赐诸侍臣，改以戎服上殿，而勑我一行不改者。②

诚如陈得芝先生研究《宾王录》时指出，至元朝仪是汉制与蒙古制

---

① 参见［日］宫纪子《对马宗家旧藏の元刊本"事林広記"について》，《东洋史研究》第 67 卷第 1 号（2008）；松田孝一《"事林広記""皇元朝儀之図"解説補遺》，《13、14 世纪東アジア史料通信》第 9 号（2009）。
② （高丽）李承休：《动安居士集·动安居士行录》卷 4《宾王录》，韩国成均馆大学大东文化研究院编《高丽名贤集》第 1 册，1986 年，第 617—626 页。

的混合体。[①] 朝贺礼仪中的服色、仪节显然来自汉地传统；座次则按照蒙古传统，男右女左。德国柏林国家图书馆藏有一批 14 世纪初绘制的拉施特《史集》插图，其中有多幅朝会图。[②] 虽然我们尚不能确定这些图所描绘的具体是哪几次朝会场面，但它们至少能反映出伊利汗国人心目中的蒙古朝会景象。在这些图中，汗、哈敦、怯薛、大臣皆穿蒙古袍服。我们相信，相对于蒙古人建立的其他汗国，元朝朝贺礼仪的服色、仪节是独有的，深受汉文化影响。

高丽使臣记载，朝贺礼仪结束之后，群臣"改以戎服上殿"。这是一个重要的细节。元朝君臣在朝贺礼仪中穿着汉式服色，随后更换为蒙古袍服，开始宴会。天寿圣节朝贺之后的宴会，颇具元朝时代特点。蒙古人热衷宴饮，元代的宴会盛况空前。[③] 元曲中也有关于圣节宴会的描写：

> ……［幺］太平无事誉征旗，祝延圣寿做延席，百官文武两班齐。欢喜无尽期，都吃得醉如泥。［秃厮儿］光禄寺琼浆玉液，尚食局御膳堂食，朝臣一发呼万岁，祝圣寿，庆官里，进金杯。［圣药王］大殿里，设宴会，教坊司承应在丹墀，有舞的，有唱的，有凤箫象板共龙笛，奏一派乐声齐。［尾］愿吾皇永坐在皇宫内，愿吾皇永掌着江山社稷，愿吾皇永穿着飞凤赭黄袍，愿吾皇永坐着万万载盘龙兀金椅。[④]

其中光禄寺供应酒，尚食局供应膳食，教坊司奏乐，朝臣呼万岁、

---

① 参见陈得芝《读高丽李承休〈宾王录〉——域外元史史料札记之一》，《中华文史论丛》2008 年第 2 期。

② Ms. Diez A. fil. 70, pp. 4, 5, 7, 8 (nos. 1 - 2), 9 (nos. 1 - 2), 10, 11, 13, 18 (nos. 1 - 2), 19, 20, 21, 22, 23. Ms. Diez A. fol. 71, pp. 10, 28 (right), 45 (no. 4), 46 (no. 4), 47 - 62, 63 (nos. 1 - 7). Ms. Diez A. fol. 72, pp. 16 (nos. 1 - 2), 17, 25.

③ 袁冀（袁国藩）利用元诗对元代的节庆、宴会做过考察。参见袁冀《从元诗中论元代蒙人节庆之汉化》，《东方杂志》复刊第 22 卷第 5 期（1988）。《元代宫廷大宴考》，《东方杂志》复刊第 23 卷第 3 期（1989）。

④ 参见吴仁卿《越调·斗鹌鹑》，杨朝英选集《乐府新编阳春白雪》后集卷 4，商务印书馆 1937 年版，第 83—84 页。

进酒等场景，艺术化地表现了元朝天寿圣节宴会的情况。百官文武"都吃得醉如泥"，不只是文学化的表现手法，在尚酒的元朝宫廷显得颇为贴切。

元朝宫廷宴会称为质孙宴。质孙，一般认为系音译自蒙古语 Jisün（颜色）①，叶奕良先生认为来自波斯语 jashn（节庆，礼仪）②。《元史》记载："（朝仪）礼毕，大会诸王宗亲、驸马、大臣，宴飨殿上，侍仪使引丞相等升殿侍宴。……预宴之服，衣服同制，谓之质孙。"③ 质孙宴上，君臣皆穿着一色服。马可·波罗有详细描述：

> ［在（LT）］其诞日，大汗穿着［其拥有的（FB）］［最纯的（L）］金锦制成的［最（FB）］高贵之衣。足有一万二千人的［被称为大汗最忠诚的伴当的（P）］男爵与骑士，穿着与他同色同款之衣，与大汗［之袍（VA）］同。它们并非［像大汗之袍］那么贵重，只是颜色相同，［全是（FB）］以丝、金之布料制成，全有［价值很高的（P）］很大的腰带，制以［精巧的（P）］金［、银线刺绣的皮革（R）］［，除了它们，还有一双鞋（R）］［，制以皮革，巧绣以银线（P）］。大汗赐予他们［所有（L）］这些［价值高昂的（L）］袍服。我还要告诉你们，［虽然王者的袍服更加昂贵，（P）］有一些袍服上饰以珍贵的宝石和珍珠，价值超过一千金币。有很多这样的［如同那些因为忠心最亲近大汗的被称为怯薛丹（quesitan）男爵的袍服（R）］。你们可能知道每年十三次，［鞑靼人按照一年十三月举行大典礼，只是为了这十三次庄严的节日，（R）］每次大汗赐富贵之袍服［，饰以金珍珠和宝石以及腰带与鞋，如前所述，总数共计 156000，（P）］给一万二千男爵与骑士，他让他们全体穿着

---

① 参见韩儒林《元代诈马宴新探》，《历史研究》1981 年第 1 期，收入《穹庐集》，上海人民出版社 1982 年版，第 247—252 页。

② 参见叶奕良《关于〈元史〉中"质孙服"等的探讨》，北京大学东方语言文学系编《东方研究论文集》，北京大学出版社 1985 年版，第 359—367 页。

③ 《元史》卷 67《礼乐志一·元正受朝仪》，第 1669 页。

与自己类似的衣服，价值高昂［，以致他们衣着华丽，装饰富贵，如同君王。当大汗穿着任何一袍时，这些男爵与骑士皆着同色袍；但是大汗之袍更加贵重，装饰更加富贵。而且男爵们的这种袍服永远是备好的；并非每年都要制作，相反，一件可能使用十年左右。（R）］［如此每次颜色各不相同。（FB）］①

元人王恽曾上奏提议："国朝服色尚白。今后合无令百司品官，如遇天寿节及圆坐厅事公会迎拜宣诏，所衣袂服，一色皓白为正服。"② 按蒙古习俗，白色最尊。王恽提议统一以白色为天寿节正服，但应该没有被采纳。元代质孙服实际上不止白色。史载，天子质孙，冬之服十一等，夏之服十五等。百官质孙，冬之服九等，夏之服十四等。各等的差别主要在于颜色，材质也不一而足，使用最多的是纳失失（nasij，织金锦）。③ 马可·波罗说怯薛们的袍服"以丝、金之布料制成"，这种布料就是以织入金线的织物纳失失。

六　结论

元朝天寿圣节最早明确见于法令的是在元世祖中统五年（1264），但庆贺圣诞也许此前便有施行。圣节可能是直接继承了金朝的制度，高丽在某种意义上也发挥了一定作用。圣诞节及其相关的素食、禁屠、释囚、赈恤等惯例的形成，可能是还受到了藏传佛教文化的影响。元世祖至元八年（1271），随着朝仪的制定，天寿圣节相关制度最终得以完备。

马可·波罗所记忽必烈生日是非常准确的，直接对应于元代中国历八月二十八日。据马可·波罗书 LT 本载，忽必烈生日即圣路济亚和杰米尼安努斯日（儒略历 9 月 16 日）。在 13 世纪，儒略历 9 月 16 日对应格

---

① A. C. Moule & Paul Pelliot, *Marco Polo：The Description of the World*, Vol. 1, p. 221. 笔者据英译本译为汉文。参见［意］马可·波罗《马可·波罗行纪》，冯承钧译，上海书店出版社 2001 年版，第 222 页；《世界の記——〈東方見聞録〉對校譯》，高田英樹译，第 208—209 页。

② （元）王恽：《秋涧集》卷 86《论服色尚白事状》，第 421 页。

③ 参见《元史》卷 18《舆服志一》，第 1938 页。

里高利历 9 月 23 日。而自 1300 年开始，儒略历 9 月 16 日对应格里高利历 9 月 24 日。LT 本的圣路济亚和杰米尼安努斯日，显然是 13 世纪换算的结果。这说明 LT 本有更早的依据。

根据中西方历法换算，忽必烈生日与圣路济亚和杰米尼安努斯日相对应的情况，只在两个年份里才有可能。一是指马可居留元朝的至元十七年（1280），二是指忽必烈所出生的 1215 年。这说明马可·波罗等旅居元朝的欧洲人显然使用了中西两种历法，并随时进行历法换算。

元朝天寿圣节以节庆为核心，相关的活动包括官员放假、公宴，各级官府进表、上供，宗教人士祈福祝寿，等等。禁屠、素食、释囚、赈恤等举措，其他中原王朝亦有之，但元朝这些举措的背后还有藏传佛教乃至西域佛教的影响。元朝宫廷中的天寿圣节活动，分为朝贺和宴会两大环节。朝贺礼仪的服色、仪节来自汉文化传统，而座次则用蒙古传统。宴会即质孙宴，完全按照蒙古传统，君臣穿着一色服，具有鲜明的时代特点。

元朝天寿圣节体现出对中原传统圣诞节的继承和嬗变，以及多元文化的交相辉映，是元朝国家文化的象征。诞节与本命日都是与诞辰有关的节日，大约同时被蒙古人采纳。元朝灭亡之后，在北方草原上的蒙古人中，诞节、本命日不再见于记载。固然有史料匮乏的限制，但也许我们可以说，元朝皇室血统在草原上终结之后，某些作为元朝大一统意识形态象征的仪式与文化也停断了。从中原王朝史而言，元以前的圣诞节，每个皇帝节名不同，有千秋节、乾明节、会庆节、龙兴节、万春节等名称①，而元代通名之天寿圣节，这应该直接影响了明清将皇帝诞节通称为万寿圣节。

马可·波罗、鄂多立克的记载在忽必烈生日、庆贺礼节、上供礼物、三等服色、质孙服等方面都与汉文史料相符，具有很高的史料价值。

---

① 参见朱瑞熙《宋代的节日》，《上海师范大学学报》1987 年第 3 期；周峰《金代的圣节》，《北方文物》2002 年第 4 期。

马可·波罗《寰宇记》、鄂多立克《东游录》与高丽史料《宾王录》
一样，都与中国史料相印证。更重要的是，这些域外史料以外来者的
视角记录了汉文史料中失载的很多宝贵信息，在未来的研究中仍然值
得深入挖掘。

第四章　马可·波罗与中国西北的
信仰及物产

　　马可·波罗所记中国西北的宗教与物产交流是一个非常值得研究的重要课题。因为中国西北以张掖和武威为核心的河西地区向来是中外交流的荟萃之地，各大宗教在这里碰撞和交汇，中外各种特色物产流经此地东来西往。本章关注了马可·波罗对张掖的景教、佛教的记载以及元政府在这里的政治管辖和宗教宽容政策。首先，作者利用考古文物、地方志及法国汉学家伯希和的研究成果论证马可·波罗笔下的"甘州"即为今张掖古城区，对学界因袭法裔华人学者沙海昂的观点，即马可·波罗所记甘州是黑水国遗址提出了质疑。接着运用《沙哈鲁遣使记》《元史》《甘州府志》和《重刊甘镇志》等资料论证《马可·波罗游记》对甘州大卧佛及当地的宗教、风俗等多方面的记述的真实性。其次，在元代，甘州十字寺为元史上信仰景教的最杰出的女性之一唆鲁禾帖尼设立影堂。这牵涉元帝国时期的皇室成员宗教信仰问题，其中原因值得探讨。而《游记》中对甘州佛教、景教和伊斯兰教等宗教风俗的独家记载恰好也为这个问题提供了难得的材料。另外，从古代东西方对麝与麝香的认知和其贸易的历史来研究马可·波罗与麝香的关系，发现《游记》中三次对中国（包括西藏）麝与麝香较为精准的记录，不但纠正了西方人关于"麝香产自肚脐"的错误，而且所记"麝无角"的特征也打破了伊斯兰文献至今存在的"麝有长角"的谬识。他对麝与麝香的关注，与其有关的档案、遗产清单中多次关于麝香贸易的信息有着逻辑上的一致性。

由此可知，马可·波罗极有可能来过中国，并为麝香的西传及其时代的东西方交流作出了应有的贡献。

第一节　马可·波罗所记的张掖
——兼论马可·波罗来华的真实性

马可·波罗是享誉世界的 13 世纪意大利旅行家，其盛名源自他的名作《马可·波罗游记》。自该书问世起，马可·波罗来华的真实性就争讼不已，迄今各种论调仍不绝于耳。西方以英国学者吴芳思为代表的怀疑论派，认为马可·波罗根本没有来过中国，《游记》只是道听途说的汇编。[①] 美国学者海格尔则提出马可·波罗只到过中国北方的观点。[②] 以中国著名元史专家杨志玖先生为代表的肯定论者运用《元史》、考古文物及方志等资料，从多个角度印证马可·波罗来华的真实性。[③] 其中，不少学者论证了马可·波罗到过《游记》中提到的重要城市如哈剌和林、北京、扬州及杭州等的真实性，有力驳斥了否定论者的论调。迄今，学界鲜有专文探讨《游记》对中国西北丝路重镇——张掖记载的真实性。[④] 如果要论证马可·波罗到过张掖，就必须先匡正学术上存在已久的一个错误，即《游记》所记载的甘州是黑水国遗址，而不是今日张掖城的古城区，它所描写的卧佛寺和大卧佛早已湮没无存，也不是今天张掖的卧佛寺和大卧佛。本节利用考古文物、地方志及法国汉学家伯希和的研究来纠正这一错误观点，并将之作为论证马可·波罗不但到过张掖

---

① Frances Wood, *Did Marco Polo Go to China?*, London：Westview Press, 1995；[英] 弗朗西斯·伍德（吴芳思）：《马可·波罗到过中国吗?》，新华出版社 1997 年版。

② John W. Haeger, "Marco Polo in China? Problem with Internal Evidence", *Bulletin of Sung and Yuan Studies*, 1979（14）.

③ 参见杨志玖《马可·波罗到过中国——〈马可·波罗到过中国吗?〉的回答》，《历史研究》1997 年第 3 期；《马可·波罗与长老约翰——附论伍德博士的看法》，《元史论丛》第 7 期；《再论马可·波罗书的真伪问题》，《历史研究》1994 年第 2 期。

④ 目前所见关于马可·波罗与张掖关系的研究论文仅有一篇，邵如林讨论马可·波罗从张掖到哈剌和林所行经路线是元代的军机要道，间接论证了马可·波罗来华的真实性。参见邵如林《神秘的元代军机要道与马可·波罗之行》，《丝绸之路》2009 年第 11 期。

而且记述准确的论点基石。这样也能为马可·波罗摘掉戴了近700年的"吹牛大王"的帽子，进而为他来华的真实性提出有力的辩护。

一　《马可波罗行纪》译本中的一处舛误

早在20世纪30年代，著名的中外交通史家冯承钧就把法裔华人学者沙海昂校注的法文本《游记》译成中文。冯先生之所以翻译沙海昂的法文本，是因为就当时来说，该本算是比较好的。首先沙氏根据内容较全的颇节本（FG本）为基础，并补充了1559年剌木学本的一些内容。他还把马可·波罗学的权威学者亨利·裕尔和亨利·考狄埃对《游记》的注释收录进来。其次，他还是一位在华传教多年的汉学家，熟稔中国典籍，为该本的注释广征博引，参考价值颇大。冯先生终生从事翻译汉学著作，又精通元史，对此本精心翻译，不惜剔除莠草，力保精华。因此，在诸多的《游记》译本中，冯先生所译《马可波罗行纪》堪称最佳，自然成为国内马可·波罗学者竞相征引的权威校注本。

笔者在阅读该译本的过程中，发现书中第61章甘州注（二）中有一处明显的舛误："马可·波罗及沙哈鲁使臣所言之佛寺，今已无存，而甘州旧城亦废。旧城距今城有20里，在黑河对岸，长城脚下。缘何徙于今址，其故未详。今在沙中可见旧城之遗迹，然从来无人发掘。"①

目前，很多关注卧佛寺的学者一般会将该译本中马可·波罗对甘州（今张掖市）及卧佛寺的记述与今天张掖及西夏卧佛寺和大卧佛的实际情况进行对照研究，然而很少有人注意到冯氏译本的这段话。如果沙海昂的上述说法是正确的，即马可·波罗所记"佛寺"已湮没无存且甘州旧城亦废，那么很多学者的研究岂不成了既无历史记载，亦无实物佐证的徒劳之举，诸多观点不也就成了不攻自破之论？

通过长期认真研究，我们就会发现沙海昂的说法只是猜测，他既没

---

① ［意］马可·波罗：《马可波罗行纪》，沙海昂注，冯承钧译，上海书店出版社2001年版，第130—131页；［意］马可·波罗：《马可·波罗游记》，A. J. H. Charignon注，冯承钧译，党宝海新注，河北人民出版社1999年版，第210页。

到张掖和旧址进行实地考察，又无现成考古资料的支撑，明显是臆测之语。冯先生也许因考察不便或其他之故，也没有对沙氏的说法给予考证和研究，因而没有对其提出质疑和纠正。当然，20 世纪早期尚未对黑水国进行考古发掘，也没有与之相关的成熟的研究成果，我们不能对他们求全责备。可是，党宝海教授于 1999 年新注的《游记》仍然沿袭了旧说。笔者因多次到张掖考察仍保存完好的古城遗址，深感马可·波罗对其记述的真实与准确，认为有必要纠正学术界长期认为马可·波罗到过的甘州城为当今黑水城的错误观点。

二 马可·波罗所记的甘州城非黑水城

若要纠正上述错误观点，必须理清两方面的问题。一是沙海昂说的长城脚下，黑河对岸的那个旧城是怎么回事？它何时所建、何时湮灭，是否有史料或考古资料为证？二是今张掖古城建于何时？马可·波罗来华时，它是否已经存在？城中的卧佛寺又建于哪个朝代？马可·波罗到甘州时，它是否已存在？只有弄清楚上述一系列问题，我们才能对马可·波罗笔下的"甘州""卧佛寺"和"大卧佛"是否就是当今张掖古城、卧佛寺和大卧佛有一个合理的判定。

根据 1956 年以来多次对张掖历史遗迹的考古和发掘，可以肯定地说，上文沙海昂提到的"距今城有 20 里，在黑河对岸，长城脚下"的旧城是今天我们称之为黑水国的遗址。吴正科的著作《丝绸古城：黑水国》①和王北辰的论文《甘肃黑水国古城考》对此有很好的论证。就目前研究来看，黑水国分为南城和北城，其中黑水国南城为唐代始建的巩笔驿，也是元的西城驿、明小沙河驿，城内坊巷遗迹乃是元、明时的建筑遗迹②，即元明清时期这里仅是一处驿站，并非张掖郡治之所。黑水国北城早于南城，北城最晚筑于汉，"直到唐末才废弃。又于附近拾得

---

① 参见吴正科《丝绸古城：黑水国》，甘肃人民出版社 2008 年版。
② 参见王北辰《甘肃黑水国古城考》，《西北史地》1990 年第 2 期。

仰韶马厂陶片以及新石器数件，则此地于史前期已有人迹，非自汉时始也"。① 李并成根据正史及地湾城址（汉肩水侯官治所）、汉金关遗址等出土汉简所记有关里程等史料考得，北城应为汉至隋代张掖治觻得县城。②

据考古研究可知，黑水国一带早在距今 4000 多年前就有人类的活动。战国以后，匈奴觻得王在这里筑有觻得城，即西汉张掖郡治觻得县的前身。《元和郡县图志》卷40、《太平寰宇记》卷152 引《西河旧事》记载，汉觻得县"本匈奴觻得王所居，因以名县"。西汉设立张掖郡，郡治觻得县城即北城遗址，魏晋因之。吴正科提出，北凉时期黑水北城就遭废弃，张掖郡治迁址今天的甘州。因唐代《通典》卷174"甘州"条曰："沮渠蒙逊③始都于此，西魏置西凉州，寻改为甘州，因州东甘浚山为名。"④ 这里所言甘州就是特指"甘州城"，可见北凉国都即唐之甘州城即今张掖古城，而非觻得故城。此时的黑水国已被废弃，大部分土地沦为墓葬区，觻得之名从此不再使用，新建的永平县就是张掖郡城迁治的标志。⑤

关于张掖何时迁址新城甘州，学界也有不同的声音。王北辰赞同隋炀帝时期迁址"新城"，得到李并成的响应。隋代炀帝（大业五年即 609 年）时，因举办"万国博览会"而巡行张掖⑥，经略西域的重臣裴矩为满足炀帝的排场奢华之需要，舍弃旧而小的甘州故城，选择开阔高爽的黑河东岸新址建城即今日之张掖城址，"以示中国之盛"。北城易患水灾，沙化加重，难以适应隋朝统一发展的需求，进行重新选址建城也是

　　① 阎文儒：《河西考古杂记》（下），《社会科学战线》1987 年 1 期。
　　② 参见李并成《河西走廊历史地理》，甘肃人民出版社 1995 年版，第 53—56 页。
　　③ 沮渠蒙逊（366—433），临松卢水（今甘肃张掖）人，匈奴族，十六国时期北凉的建立者，401—433 年在位。
　　④ 这里是《通典》记述有误，甘浚山应在甘州城西南，而非东边。
　　⑤ 参见吴正科《汉张掖郡故城址及迁建时代考》，《西北史地》1994 年 2 期。
　　⑥ 此处的"万国博览会"是个夸张性说法，据《甘州府志校注》中记载，隋炀帝派裴矩经营张掖，管理互市。炀帝幸巡张掖，"焉支山、高昌王、伊吾设等及西番 27 国谒道于左，皆令披金锦，奏歌舞。又令张掖、武威士女盛服纵观，骑乘填咽，周亘数千里"。这的确是张掖盛事。参见（清）钟赓起《甘州府志校注》，张志纯等校点，甘肃文化出版社 2008 年版，第 19 页。

趋势，并不尽是迎合炀帝炫耀国威的需要。至于故城与新城的位置，李贤注说"张掖郡……故城在今张掖县西北"，说明汉张掖郡城位于唐张掖城西北，唐代《通典》卷174"张掖县条"也记载说"汉张掖郡城亦在西北"。

张掖迁居新址后，黑水国北部的旧城随之废弃，周围田地自然荒芜。再因此处地势低洼，流沙停聚，废弃的残垣断壁也成为遮蔽风沙的自然阻碍。随着时间的流逝，这里（即沙海昂所讲的张掖故城）逐渐被沙漠掩埋。当然，他并不知道此处已在北周之前或在隋代就已遭废弃，迁址到今张掖古城——甘州。

尽管学者对于张掖郡治的迁址时间持不同观点，如吴正科支持张掖郡治在北周之前就已迁址，北凉之国都即唐代之甘州城，王北辰与李并成赞同隋炀帝时期迁址于今张掖市区甘州的观点，但他们都支持张掖郡治迁址的时间早于唐代。这也能证明，马可·波罗来华时看到的甘州就是今张掖古城，并非沙海昂所说长城脚下的黑水国。何况到马可·波罗来华时，黑水国早已被废弃至少700年！

那么，张掖郡治迁移新址后，新城发展情况如何呢？"新城"内的卧佛寺以及大卧佛何时出现？马可·波罗来张掖时，寺庙是否已经建成并香火缭绕？

据地方志和考古文物记载，张掖市区地处张掖盆地的中心，土层厚，地下水位高，水草丰茂、宜于农耕。它位于汉代丝绸之路上的张掖郡内两条重要道路的交汇点。根据市区出土的新莽、东汉时期的钱币以及甘州城东南10公里许的小寨汉墓群的发现，我们可以判断，张掖市区由于特殊的地理环境和重要位置早在汉代就已走向蓬勃发展的道路。汉代到元代，尽管中间有各种波折，张掖城的发展总体上呈壮大之势。清代钟赓起在《甘州府志》卷五中记载："城周一十二里三百五十七步，高三丈二尺，厚三丈七尺。……西郭无，或曰古张掖故城，西夏因之。元大德中扩修，周九里三十步。至大二年重修。明洪武二十五年，都督宋晟扩修三里三百二十七步如今数。"我们今天见到的张掖城墙是明代

1427 年在西夏、元代修建的基础上扩建而成的，其大体形貌应肇始于此。① 那么，张掖城里的卧佛寺又是何时所建的呢？

据学者研究，张掖卧佛寺始建于西晋惠帝永康元年（300），西夏崇宗永安元年（1098）嵬咩国师等在此掘得古卧佛塑像，始建坐东面西的卧佛寺，覆盖了旧有寺院，而以大卧佛为主殿的寺院则在西夏崇宗贞观三年（1103）由乾顺完成。西夏时，卧佛寺成为皇家寺院，进入其辉煌时期。据《西夏书事》记载，"乾顺自母梁氏卒，则供佛为母祈福"。国师嵬咩进行多方努力，甘州卧佛寺就建于乾顺时期。目前，学术界对何时建成卧佛寺有不同的说法，亨利·裕尔认为它建于 1103 年（贞观三年）②，而伯希和认为是在 1099 年（永安元年）。③ 这两种观点各有其立足点，前者是指发掘古卧佛像后开始筹建的时间，而后者指皇室出面敕建的时间。④

到了元代，卧佛寺再现辉煌。因为它与元朝四位皇帝、两位皇后以及许多皇室成员都有着千丝万缕的神秘联系。⑤ 尤其是世祖忽必烈诞生于卧佛寺及其母别吉太后埋葬于此的轶事，加之有笼络藏传佛教的喇嘛势力以稳固政权的需要，自世祖始的历代帝王都重视卧佛寺的建设与维护，其显赫地位成为必然。1226 年成吉思汗攻破甘州，平西夏，并于 1264 年在甘州设甘肃路总管府，总管河西各处。《甘州府志》卷二记载："至元元年，立甘肃路总管府，始治水田。"甘肃省设于 1281 年，甘州为治所，控制河西诸郡，后又成为元朝世系幽王封地。马可·波罗于 1274—1275 年在甘州逗留期间，甘州正处于蒙古人统治之下，也正是卧佛寺繁荣昌盛之时。马可·波罗自然有机会对卧佛寺以及大卧佛进行详

---

① Paul Pelliot, *Notes on Marco Polo*, Vol. 1, Paris：Imprimerie Nationale, 1963, p. 152.

② Yule-Cordier, *The Travels of Marco Polo*, Vol. 1, New York：Dover Publications, 1903, p. 221.

③ Paul Pelliot, *Notes on Marco Polo*, Vol. 1, Paris：Imprimerie Nationale, 1963, p. 152.

④ 参见吴正科《卧佛寺史探》，甘肃人民出版社 2004 年版，第 7 页。

⑤ 即世祖忽必烈、英宗硕德八剌、明宗和世瑓和顺宗妥懽帖睦尔；拖雷王妃唆鲁禾帖尼（即忽必烈的母亲）、顺宗母亲迈来迪。

细的实地观察和记述。

三 马可·波罗所记甘州的真实性

因为马可·波罗说自己在甘州待过一年，所以他在《游记》中不仅对甘州治所在元代的地位、多种教徒杂居及卧佛寺中的大卧佛进行了较为准确的记述，而且对喇嘛教以及当地蒙古人婚姻风俗的记载亦为真实。

首先，《游记》对甘州治所的地位、居民信仰的总体概况以及基督教堂、卧佛寺的记述符合当时的实际情况。

> 甘州是一大城，位于唐古特①州境内，是唐古特全州的都会，所以它是该州境内最大且最重要的城市。当地居民主要是偶像教徒（即藏传佛教徒）、回教徒及基督教徒。基督教徒在此城中有三座壮丽的教堂。依照风俗，偶像教徒有不少庙宇，其中供奉着很多塑像。最大塑像的高有十步，其余的较小。这些塑像中有木雕、泥塑，石刻，制作工艺精湛，外傅以金，诸像周围有数尊极大的塑像，它们的姿势似乎在向最大的偶像行礼。②

在上面的记述中，马可·波罗对甘州的描写显然有四处为实。

（1）甘州是唐古特境内最大、最重要的城市且是其都会。从上文可以得知，马可·波罗1274年留在甘州时，甘州确实被忽必烈设为唐古特即河西的甘肃路总管府，而且是最大、最重要的城市。

（2）佛教徒、回教徒及基督教徒杂居于此的记述非常符合当时甘州居民的实际情况。张掖因其特殊的地理位置和适宜生存的环境，历来是多民族杂居生活的地方，也是各种宗教和思想流派辗转流播之地。这里

---

① 唐古特，一译唐古忒。是清初文献中对青藏地区及当地藏族的称谓。元朝时蒙古人称党项人及其所建立的西夏政权为唐兀或唐兀惕，后渐用以泛称青藏地区及当地藏族诸部。清初曾沿用此称，作唐古特。今蒙古语仍称青藏地区及当地藏族为唐古特。

② Henry Yule, *The Book of Ser Marco Polo*, *the Venetian Concerning the Kingdom and Marvels of the East*, Vol. 1, Cambridge: Cambridge University Press, 2010, pp. 197 – 198.

呈现出民族风情各异、宗教信仰纷呈、思想流派交融的少见风貌。这里不仅有佛教徒、基督教徒①、回教徒（伊斯兰教徒），甚至道教徒和摩尼教徒也都杂居于此。

（3）关于三座基督教堂，即十字寺的真实性。据《游记》记载："基督教徒在此城中有壮丽教堂三所。"300 年后，当西方耶稣会士来华时，他们并没有发现马可所说的基督教堂。原因是这三座基督教堂经历了改朝换代和战火都已不复存在，并非马可·波罗叙述不实。但在元代，卧佛寺的名称一直被称为"甘州十字寺"是历史事实。"十字寺"是元代对基督教堂的通称。"甘州十字寺"之名来源于世祖忽必烈在甘州卧佛寺为他的基督教徒母亲吉太后敕建祀庙。这可在《元史》和《甘州府志》中得到印证。《元史》卷三十八顺帝本纪："至元元年（1335）三月，中书省臣言，甘肃甘州路十字寺奉安世祖皇帝母别吉太后②于内，请定祭礼，从之。"奉安即安葬（帝、后）之意。《甘州府志》卷四古迹云："十字寺，元世祖祀其母别吉太后处，复建，今大寺也。"《重刊甘镇志》卷二云："初世祖定甘州，太后与在军中，后殁，世祖使于十字寺祀之，至是岁久，祀事不肃，故议定之，其礼未详。"世祖之母为怯烈氏（克烈部）之人，"别吉"是她的基督教用名，英文为 Beatrice 或 Bertha，其信奉基督教（景教）无疑。③ 当然，严格说来，元代世祖为母所建庙祀的"甘州十字寺"只是卧佛寺的一个组成部分，它无法与整个卧佛寺画等号。

至于元世祖母亲别吉太后是否葬于甘州十字寺，这个问题仍有争议，可分为支持论者和否定论者。支持论者的证据是上文提到的《元史》记载以及《甘州府志·杂纂》。《甘州府志·杂纂》这样记道："盖（别吉）太后亦在甘殂者。明正统元年，肃王瞻焰上言：甘州旧邸改都司，

---

① 即唐代传入中国的基督教派聂斯脱里教，此时被称为景教，元代被称为也里可温。
② 柏朗嘉宾笔下的唆鲁禾帖尼，教名为别吉（Soryaqtani bǎgi）。
③ 参见朱谦之《中国景教》，人民出版社 1998 年版，第 180 页。

而先王坟园尚在，乞禁近邸樵采，从之。或谓亦必妃嫔于斯也。然坟园今无可考。以上四件俱见史，是谓事必有偶。"① 否定论者认为甘州十字寺只是别吉太后的塑像和牌位祭祀处，而非埋葬之地。这种观点的代表者是伯希和。他提出，别吉太后死于 1252 年的第一个月里（12 月 12 日到 3 月 11 日之间），肯定死在上蒙古。根据波斯历史学家的记载，王妃的确是被埋葬在蒙古，靠近成吉思汗和她丈夫拖雷的色楞格河附近。② 因为她儿孙中的数位后来都成为中国的皇帝，所以她的塑像和牌位在好几个地方都受到尊奉与祭祀，特别是在首都和林。在顺帝时期的 1335 年，她的塑像就在甘州的一座十字寺内受到祭奉，当地官员安排了合适的仪式。因此，伯希和得出结论，根据蒙古人征服的历史背景和葬俗习惯，排除了别吉太后埋葬在甘肃一个城市内的可能性，而她的塑像和牌位在甘州受到供奉。③

不管别吉太后葬于何处，她的塑像和牌位在甘州的十字寺受到祭祀，顺帝于 1335 年安排了隆重的祭祀礼仪，这点毋庸置疑，中外学者都深表赞同。那么，这座十字寺就是马可·波罗提到的三座十字寺之一，这足以证实马可·波罗记述的准确性及其来华的真实性。

（4）《游记》对卧佛寺的描述是真实可信的，这里的记述与 1420 年帖木儿帝国火者·盖耶速丁在《沙哈鲁遣使中国纪》中对卧佛寺的记载是一致的：

> 甘州城中有一大城市，广长皆有 500 公尺④。中有一卧像，身长 50 步，足长 9 步，足上周围有 25 公尺。像后头上，置有其他偶像，各高一公尺上下不等。杂有喇嘛像。高与人身同，诸像制作甚佳，与生人无异。壁上亦置有其他偶像。此大卧像一手置头下，

---

① 吴正科：《卧佛寺史探》，甘肃人民出版社 2004 年版，第 40 页。
② Paul Pelliot, *Notes on Marco Polo*, Vol. 1, Paris: Imprimerie Nationale, 1963, p. 342.
③ Ibid., p. 153.
④ 今实测是 450 米。

一手抚腿。像上博金，人名之曰释迦牟尼佛。居民结群赴此寺中礼拜此像。①

细察今日之卧佛寺：大佛殿面阔九间（48.3 米），进深七间（24.5米）。殿内卧佛长 34.5 米，为中国现存最大的室内卧佛像。卧佛右臂向上弯曲，手掌托于右颊之下，左臂放于身体一侧，头顶满饰蓝色右旋螺髻，面部可谓"视之若醒，呼之则寐"，整尊塑像端庄凝重。卧佛头前、脚前的帝释天、大梵天塑像高 7.6 米（还有一种说法是，站立在卧佛头前的是皇帝，脚前的是皇后，在此他们是供养人的身份，也显示出卧佛寺皇家寺院的性质），身体微微向前，以表对佛祖的尊敬。佛像身后有十大弟子，塑像通高 5.8 米，神态各异，栩栩如生。可见，《游记》所记的大卧佛不仅与130 多年后《沙哈鲁遣使中国纪》中的记载相符，而且与今日大卧佛的实际形态相吻合。

其次，《游记》对藏传佛教僧人斋戒、节日以及对当地居民婚姻风俗的记述也是真实可信的。

> 信奉偶像教的僧人，生活比其他人正直。他们禁止骄奢淫逸，不过，并不把这视为罪大恶极之事，但对于犯男色者罚以死罪。他们教会所用的日历和我们的相同，每月有五天谨守斋戒，不杀生，不吃肉。②

马可·波罗这里谈到的信奉偶像教的僧人是藏传佛教徒，即我们俗称的喇嘛教徒。他也谈及了他们的宗教生活，说明此时张掖喇嘛教的势力正盛。早在9、10 世纪时，喇嘛教就传播到甘州一带，比如吐蕃沙门

----

① ［意］马可·波罗：《马可·波罗游记》，A. J. H. Charignon 注，冯承钧译，党宝海新注，河北人民出版社 1999 年版，第 210 页。

② Henry Yule, *The Book of Ser Marco Polo, the Venetian Concerning the Kingdom and Marvels of the East*, Vol. 1, Cambridge: Cambridge University Press, 2010, p. 198.

管法成于9世纪中期在甘州修多寺译经，藏族公巴饶赛于10世纪前期到甘州学习律藏。藏传佛教影响很大，原信仰摩尼教的西夏统治者入主这里后就皈依了佛教。他们大兴土木，广修庙刹，最为有力的证据是当今的卧佛寺。另一证据就是1176年西夏乾祐七年敕建甘州城西的黑水桥，并于《黑水建桥敕碑》阳面刻汉文，阴面刻藏文，足见甘州藏传佛教之盛行。入主此地的元代统治者也极为支持喇嘛教的发展。尤其是忽必烈于1260年封喇嘛教密宗的萨迦教派法主八思巴为国师，统领天下佛教之时，"百年之间，朝廷所敬礼而尊信之者，无所不用其极。虽帝后嫔妃，皆因受戒而为之膜拜"。喇嘛教随之在甘州的藏族和蒙古族中得到迅速发展。1330年元帝文宗时期，元政府发布了明确支持甘州喇嘛教发展的敕令。《甘州府志》卷二记述："至顺元年（元文宗图帖睦尔年号），六月，命行省诵藏经。特命诵藏经六百五十部，施钞三万锭。逾年二月，立甘肃路广教总管府，以掌僧尼之政。"开窟讲经也是喇嘛教信仰在民间流行的表现，张掖著名的佛教石窟群马蹄寺现存的70多个石窟中，元代的就占了19个之多，是历代开窟最多的一个朝代，足见喇嘛教在元代甘州的繁盛。

至于喇嘛教的戒律，它会因地方和年代的变化而有所不同。但喇嘛教完整继承了大乘佛教的基本戒律，即禁止杀害、盗窃、邪淫、妄语和酒气。因此，马可·波罗在甘州看到喇嘛教徒们"品行端正，禁止骄奢淫逸，犯男色者死罪"也就不足为怪了。另外，他还说到喇嘛教徒"每月五日斋戒，不杀生，不吃肉"，这也符合当时喇嘛教的宗教习俗。因为古代的藏族和蒙古族都是游牧民族，高原和草原上生活物质匮乏，靠畜牧和打猎为生，他们以吃肉食、饮奶类为主，饮酒也是家常便饭，他们在皈依藏传佛教后很难严格履行不杀生、不饮酒等戒律，否则很难在艰苦的环境中生存下去，于是规定在每月的五天内进行斋戒，不杀生，不吃肉。元代时期，在由喇嘛观察到的新月和满月的那几天里，佛教徒会进行斋戒、忏悔和听讲律法。斋戒的五天一般为阴历每月的第13、14、15、29和30日。在这几天，根据规定"喇嘛们除了食用面食、喝茶外，必须禁食；极为虔诚者从日出到日落完全禁食。庙宇装饰得很漂亮，圣坛上摆满各种神圣的象征性物品，有蜡烛放于其间，盘子中装满玉米、食物、茶叶、黄油等，尤其是一个小的面团或大米做成的金字塔，将一炷燃烧的香插在上面。由祭司主持的仪式比平常更为隆重，音乐更响亮，活动更有趣。普通人献上贡品、捻珠祈祷，反复念叨'嗡玛呢叭咪吽'等活动"。①

最后，《游记》中还说："当地人普遍拥有三妻四妾，有人甚至有三十位妻妾。个人所娶妻妾的多少视其财产和个人意愿而定；在众妻妾中，第一个妻子的地位最为尊贵；诸位妻妾中，如有行为不当者，丈夫就会将之休掉，然后另娶他人。男子可以娶自己的堂姐妹或者表姐妹为妻，也可以娶其父亲的妻妾，但不能娶其生母。总之，这些人的生活与禽兽无异。"②

这里涉及蒙古人婚俗的两个方面：第一，一夫多妻制。这既与蒙古社会以男子为中心的原始婚姻制度有关，也是频繁战争丧亡大量男子而掠获外族大量妇女的现实需要。当然，更为重要的是为了蒙古人的繁衍。"成吉思汗立法，只要其种类子孙蕃衍，不许有妒忌者。"③ 元代的文献中，一个贵族拥有几十个妻子的记载都是屡见不鲜的。在多妻的情况下，长妻的地位最高。但是，妻以子贵，如果长妻没有生子，她的地位就可能低于她丈夫其他生子的妻。④《游记》在鞑靼人风俗中也说："各人之力如足赡养，可娶妻至于百数。"⑤

第二，收继婚。所谓收继婚，也就是"父死则妻其从母，兄弟死则

---

① Henry Yule, *The Book of Ser Marco Polo*, *the Venetian Concerning the Kingdom and Marvels of the East*, Vol. 1, Cambridge: Cambridge University Press, 2010, p. 198.

② Ibid. "这些人的生活与禽兽无异"这句话仅在 VB、FA、FB 三个抄本中有，其他诸多的抄本中都没有这种评论。其中 VB 本是意大利波罗纳多明我修道士皮皮诺（Francis Pipino of Bologna）在 1310—1314 年将威尼斯语版本翻译成拉丁文中的一个版本。其中的恶意评论是基督教徒对偶像教徒的谩骂与诽谤的偏激之语。而学者们普遍认为极为可能接近于《马可·波罗游记》原稿本的罕见抄本——剌木学本中却没有这样恶意的评论。参见 A. C. Moule & Paul Pelliot, *Marco Polo: The Description of the World*, New York and Tokyo: Ishi Press, 2010, p. 160。

③ 彭大雅撰，徐霆疏：《黑鞑事略》，王国维笺证，《蒙古史料四种校注》，清华学校研究院，1926 年，转引自黄时鉴《黄时鉴文集》第 1 卷，中西书局 2011 年版，第 94 页。

④ 参见［波斯］拉施特《史集》第 1 卷第 1 分册，余大钧、周建奇译，商务印书馆 1985 年版，第 187 页。

⑤ ［意］马可·波罗：《马可·波罗游记》，A. J. H. Charignon 注，冯承钧译，党宝海新注，河北人民出版社 1999 年版，第 234 页。

收其妻"。① 还有叔伯死，侄子收继伯、叔母，孙可收继后祖母等。古代蒙古族和它邻近的女真、党项、畏兀儿等族都有这种习俗。父死妻其后母的例子不少，成吉思汗死后，他的宠妃木奇哈敦就被三儿子窝阔台娶走。他的二儿子察哈台也曾派人来说："父亲遗留下的诸母和美妾之中，把这个木奇哈敦给我！"② 旭烈兀收其父亲拖雷之妃脱忽思为妻，并尊为长后。③ 术赤曾孙伯颜，"父亲死后，他娶了自己的三个后母"。④ 蒙古进入中原后，因受到汉地文化的影响，有不少人开始对这种落后的婚俗进行抵制。如弘吉剌氏脱脱尼，26 岁丧夫，其前妻之子欲收继她，脱脱尼骂道："汝禽兽行，欲妻母耶，若死何面目见汝父地下！"⑤

　　既然上述各个方面的记述如此准确，因此马可·波罗在《游记》中说"在这个城市中居住一年"⑥ 是可信的。至于居住在甘州一年的原因，因《游记》中没有明说，因此出现多种猜测。一是《游记》中提到"尼可洛、马菲奥和马可·波罗因不值得一提的事情"⑦ 的说法，具体什么事情我们也不得而知。二是冯承钧先生的推测，他认为马可一行待在甘州与围攻襄阳之事不无关系，其分析也可成一家之言。⑧ 不过，这不是本节讨论的重内容，暂且搁议。

---

　　① ［波斯］拉施特：《史集》第 1 卷第 1 分册，余大钧、周建奇译，商务印书馆 1997 年版，第 187 页。

　　② 同上书，第 245 页。

　　③ 同上书，第 1 卷第 2 分册，第 215 页。

　　④ 同上书，第 2 卷，第 117 页。

　　⑤ 《元史》卷 200《脱脱尼传》。

　　⑥ A. C. Moule &Paul Pelliot, *Marco Polo：The Description of the World*，New York and Tokyo：Ishi Press，2010，p. 160.

　　⑦ 马可·波罗一行在甘州停留一年的原因还另一种说法：玛窦阁下（马菲奥）及马可·波罗曾奉命留居此城垂一年。参见［意］马可·波罗《马可·波罗游记》，A. J. H. Charignon 注，冯承钧译，党宝海新注，河北人民出版社 1999 年版，第 209 页。还可参见注释三的解释之言，颇节还为此作出种种重要的推测等，第 211 页。

　　⑧ 参见［意］马可·波罗《马可·波罗游记》，A. J. H. Charignon 注，冯承钧译，党宝海新注，河北人民出版社 1999 年版，第 211 页。另有邵如林认为，马可·波罗一行必定肩负忽必烈的重要使命，在甘肃纳邻道的重要起点甘州"奉命留居一年"，尔后沿着黑河，到达亦集乃路（内蒙古额济纳旗黑城），穿过荒凉的草原到达最终目的地上都与哈剌和林。这是一条常人无法知晓的军机要道。如马可·波罗一行没有背负重要使命，或者没有到过中国，怎么会知道这条神秘的军机要道呢？从这里可以看出，冯先生与本文作者邵如林的观点有着不谋而合之处。参见邵如林《神秘的元代军机要道与马可·波罗之行》，《丝绸之路》2009 年第 11 期。

第二节　马可・波罗所记河西景教

祖先祭祀，承载着皇族血统的传承与王朝正统的认同，是古代王朝最重要的祭礼之一。元朝皇室祖先祭祀的形式有三种：一是源于汉地传统的太庙，二是源于蒙古传统的火室斡耳朵，三是主要源于汉地传统又杂糅了多种宗教文化元素的影堂。影堂，又称原庙、神御殿，是皇室供奉祖宗图像的场所。元代影堂共设置于 24 处。最特殊的一座，当属位于甘州十字寺内的元世祖忽必烈之母唆鲁禾帖尼的影堂。

唆鲁禾帖尼（Sorqaγtani，译名又作唆鲁和帖尼、唆鲁古唐妃、莎儿合黑塔尼，？—1252），是元史上最杰出的女性之一。她是怯烈部人，嫁与成吉思汗第四子拖雷为妻。1232 年拖雷死后，唆鲁禾帖尼独力主掌拖雷家，抚育子嗣，积蓄实力，终扶拖雷一系重夺大汗之位。她可谓四汗之母，其长子蒙哥、次子忽必烈先后为大汗，三子旭烈兀建立伊利汗国，幼子阿里不哥虽与忽必烈争夺汗位失败，但亦曾被部分蒙古人视作一位大汗。[①] 自 1250 年以降元之大汗（皇帝）皆唆鲁禾帖尼之子孙，其人于元帝国之重要性毋庸赘言。因其贤能，她的尊称有多个，最常见的为突厥—蒙古语"别吉"（beki，一种尊号），其次是蒙古语"赛因额客"（Sayin eke，义为好母亲）[②]，还有阿拉伯—波斯语"阿吉剌"（aqīlat，义为聪明能干、出类拔萃）。[③]

唆鲁禾帖尼出自信仰景教的怯烈部，她自身对景教的信奉亦载于多种史料，前人已揭，此不赘。[④] 她的景教信仰，决定了十字寺内影堂之

---

①　参见刘迎胜《西北民族史与察合台汗国史研究》，南京大学出版社 1994 年版，第 110—112 页。

②　此号见于藏文史料《智者喜宴》《贡塘寺志》。藏文作 Za-yin e-ka。《贡塘寺志》（*Gung thang dkar chag*）英译本见 Per K. Sørensen and Guntram Hazod, in cooperation with Tsering Gyalbo, *Rulers on the Celestial Plain*：*Ecclesiastic and Secular Hegemony in Medieval Tibet*：*A Study of Tshal Gung-thang*, Wien：Verlag der Österreichischen Akademie der Wissenschaften, 2007, p. 105。

③　参见洪金富《唐妃娘娘阿吉剌考》，《"中央研究院"历史语言研究所集刊》79—1。

④　Tang Li, "Sorkaktani Beki：A prominent Nestorian woman at the Mongol Court", in Roman Malek & Peter Hofrichter（eds.）, *Jingjiao*：*The Church of the East in China and Central Asia*, Nettetal：Monumenta Serica Institute, Sankt Augustin-Steyler Verlag, 2006, pp. 349 –356。

设。洪金富先生从中国社会科学院考古研究所藏《永乐大典》抄本中整理出的《析津志·原庙·行香》篇显示，元大都靖恭坊内的也里可温寺有唆鲁禾帖尼的影堂。[①] 但在距离都城路途极为遥远的甘州的十字寺内又设立她的一座影堂，着实特殊。以往学者曾对甘州十字寺与影堂的位置作出探讨。[②] 而这座影堂设立的原因，尚存疑点，有待探究。更值得一提的是，马可·波罗对河西景教的独家记载也为这个问题提供了难得的材料。

一　史料辨析

关于甘州影堂设立的原因，有人认为唆鲁禾帖尼死于甘州，甚至有人认为她葬于甘州十字寺。依笔者看来，这些都是出自后世的附会。关于甘州十字寺唆鲁禾帖尼影堂，元代的记载实际上只有一条，即《元史·顺帝本纪》"至元元年（1335）三月丙申"条：

> 中书省臣言："甘肃甘州路十字寺奉安世祖皇帝母别吉太后于内，请定祭礼。"从之。[③]

案，别吉，为 beki 的音译，是源自突厥语的一种称号，元代又译作别乞。[④] 唆鲁禾帖尼常被称为唆鲁禾帖尼别吉（Sorqaγtani beki），汉文碑刻中译作唆鲁古唐妃，别吉本是男女皆可用的一种尊号，被径译作妃。[⑤]《元史》的这条史料，到清代编《甘州府志》时被演绎出了新的内容。《甘州府志》卷二：

①　参见洪金富《元〈析津志·原庙·行香〉篇疏证》，《"中央研究院"历史语言研究所集刊》79—1。

②　参见吴正科《大佛寺史探》，甘肃人民出版社 2004 年版，第 38 页；许正弘《试论元代原庙的宗教体系与管理机构》，《蒙藏季刊》2010 年第 3 期。

③　《元史》卷 38《顺帝纪一》，中华书局 1976 年版，第 827 页。

④　参见［苏］符拉基米尔佐夫《蒙古称号"别乞"与"别吉"》，原载《苏联科学院报告丙辑》，1930 年，秦卫星汉译，载《蒙古学资料与情报》1987 年第 2 期。

⑤　参见洪金富《唐妃娘娘阿吉剌考》，《"中央研究院"历史语言研究所集刊》79—1。

顺帝至元元年春三月，定甘州路十字寺祭别吉太后礼。别吉太后，世祖皇帝母也。初，世祖定甘州，太后与在军中，后没，世祖使于十字寺祀之。至是，岁久，祀事不肃，故议定之，其礼未详。①

《甘州府志》卷一六：

元至元元年，甘州路十字寺奉安世祖母别吉太后于内，定祭礼。盖太后亦在甘殂者。②

与《元史》比较便可发现，实际上《甘州府志》并没有提供新的可靠信息。引文中画线的语句，只是《甘州府志》对《元史》的那条史料进行的阐释、演绎、敷衍、附会而已。所谓"世祖定甘州，太后与在军中"的说法，在元代史料中找不到任何依据。至于"世祖使于十字寺祀之"也是《甘州府志》的自行推演而已，并不一定符合事实，明此，则"至是，岁久，祀事不肃"便无从说起。

而唆鲁禾帖尼葬于甘州十字寺之说，见于早期汉学家著作，是将"奉安世祖母别吉太后于内"一句错误地理解为安葬于内。伯希和已驳斥其说。③ 实际，据波斯文史书《史集》明载，唆鲁禾帖尼葬于成吉思汗的大禁地，也就是元皇室的葬所。④

总之，所谓唆鲁禾帖尼从征于甘州、死于甘州、葬于甘州之说皆不可信。那么，唆鲁禾帖尼与甘州究竟有何渊源？下面试从她的生平进行探索。

二 怯烈部与西夏

在各类史籍中，唆鲁禾帖尼的正式登场是在拖雷死后，以寡妇、母

① 《甘州府志》卷2《世纪》，张志纯等校点，甘肃文化出版社1995年版，第68页。
② 同上书，卷16《杂纂》，第850页。
③ Paul Pelliot, *Notes on Marco Polo*, Vol. 1, Paris: Imprimerie Nationale, 1963, p. 153.
④ 参见［波斯］拉施特《史集》第2卷，余大钧、周建奇译，商务印书馆1986年版，第366页。

亲的形象出现，其时已是中年人。关于她早年的活动、她的婚嫁，直接的记载近乎空白，只能从她父亲的活动入手。

唆鲁禾帖尼之父札阿绀孛（Ja'a gambo，又译札合敢不、扎哈坚普），是怯烈部首领汪罕之弟。关于札阿绀孛的生平，零散地记载于《元朝秘史》《圣武亲征录》《元史》《史集》，诸史料多有相互龃龉之处。[①]

根据《史集》的独家记载，其人原名为客列亦台（Kereitei），早年被西夏俘获，在西夏居住了一段时间，因其精明能干，西夏人称之为札阿绀孛。《史集》释此词义为"国家的大异密""一地区的大异密"，伯希和认为来自藏文 rgya sgam-po，亦有人认为是 rgya mgon-po。[②] 得到这个称号意味着，他在西夏时已能独当一面。后来他回到草原，起初与其兄汪罕和睦相处，但两次离开了汪罕。[③]

综合诸史料，札阿绀孛第一次离开汪罕，应该在 1195 年以前。札阿绀孛拉拢董合亦惕部反对汪罕，为躲避汪罕，逃到金朝境内（金境、汉塞）。效力于汪罕的成吉思汗前去征服札阿绀孛，将他带了回来，使一些离散的怯烈分部归附。札阿绀孛第二次离开汪罕，在 1200 年冬天，札阿绀孛率领一些人背叛汪罕，投奔了乃蛮部。

关于札阿绀孛嫁女之事，《元朝秘史》第 186 节说，在成吉思汗征服了汪罕的怯烈部时，因为札阿绀孛将两个女儿分别嫁给成吉思汗、拖雷，所以他所辖的百姓没有遭到掳掠。实际上，征服怯烈部是在 1203 年，当时札阿绀孛早已投靠到乃蛮去了，处置之说不可信，嫁女之事亦不可能在此时。

《元朝秘史》第 208 节，成吉思汗列举主儿扯歹的功劳说，在击溃

---

① 参见 Christopher P. Atwood, "Alexander, Ja'a Gambo and the Origin of the Jamugha Figure in the *Secret History of the Mongols*"，特力更、李锦绣主编《内陆欧亚历史文化国际学术研讨会论文集》，内蒙古人民出版社 2015 年版，第 161—176 页。

② Paul Peilliot & Louis Hambis, *Histoire des campagnes de Gengis Khan*, Leiden：Brill, 1951, pp. 226 – 227.

③ 参见［波斯］拉施特《史集》第 1 卷第 2 分册，余大钧、周建奇译，商务印书馆 1997 年版，第 145 页。

篾儿乞惕、乃蛮的时候，客列亦惕的札合·敢不因为他两个女儿的缘故，保全了他自己所统属的百姓。其后又叛，主儿扯歹用计引诱，擒获已经叛离的札合·敢不，处死，再次俘获了札合·敢不的百姓。这与《元史·术赤台传》的记载大致相合："乃蛮、灭儿乞台合兵来侵，诸部有阴附之者，不虞太祖领兵卒至，诸部溃去，乘胜败之，术赤台俘其主札哈坚普及二女以归，诸部悉平，与札哈坚普盟而归之。未几，乃蛮复叛，术赤台以计袭札哈坚普，杀之，遂平其国。"

札阿绀孛第一次被成吉思汗部将术赤台俘获是在 1204 年击溃篾儿乞惕、乃蛮联军的时候。《元朝秘史》第 186 节将处置札阿绀孛放在 1203 年成吉思汗征服怯烈部时，时间错位，可能是作者剪裁不当。看起来，札阿绀孛的两个女儿分别嫁给成吉思汗、拖雷，应该就是 1204 年。

唆鲁禾帖尼生年不详。拖雷生年也没有直接记载，不过，学者根据旁证已经推测出，拖雷生于 1192 年或 1193 年。因此 1204 年二人成婚时拖雷十二三岁，在蒙古皇室的婚龄中并不罕见。[①] 岁戊辰十二月三日（1209），二人的长子蒙哥出生。唆鲁禾帖尼大概与拖雷年纪相仿。

唆鲁禾帖尼所属的部族、家庭都与西夏颇有关联。从 12 世纪到成吉思汗兴起时，怯烈部一直是雄踞蒙古草原中部的强大部落，势力范围与西夏王国邻接。在内部斗争中失势的怯烈部贵族常逃到西夏或者假道西夏逃亡西域、吐蕃。唆鲁禾帖尼的父亲更是从幼年就被抓到西夏，应该在西夏生活了很长时间。唆鲁禾帖尼的妹妹更是嫁到了西夏。《史集》两次提到，札阿绀孛有四个女儿，长女阿必合别吉嫁给成吉思汗，次女 Bīktūtmīsh 嫁给术赤，三女唆鲁禾帖尼嫁给拖雷，幼女嫁给唐兀惕国王。[②] 虽然其他文献只记载了两个女儿，但关于嫁给术赤的次女 Bīktūtmīsh，亦

---

① 参见王晓清《元代社会婚姻形态》，武汉出版社 2005 年版，第 67—68 页。

② 参见《史集》第 1 卷第 2 分册《成吉思汗纪》，第 145—146 页。然而《史集》第 1 卷第 1 分册《部族志·克烈部》作"嫁给了汪古惕君主的儿子"（215 页）。感谢北京大学历史学系于月博士代为查阅《史集》伊斯坦布尔本、塔什干本、苏联集校本的波斯文原文。从波斯文写形来看，这两处相异的记载不太可能是抄写之讹，而应该是史源不同造成的。在没有其他旁证的情况下，札阿绀孛显然与西夏关系更近，故本节采用西夏说。

见于《史集·术赤汗纪》及《五族谱》①，其名与《元史》所载"皇伯妣别土出迷失"可以勘同②，可知《史集》所记不虚。最近有学者对《俄藏黑水城文献》中的西夏文《宫廷诗集》进行了全文翻译和研究，发现《圣威平夷歌》中记载了西夷族主"ja lji thej"（译者音译作耶谚台、亦延台）"上圣君处求女婿"之事，梁松涛、杨富学合作撰文认为这指的就是札阿绀孛幼女出嫁西夏，推论其出嫁时间约在1209—1211年。③ 然而，这首诗虽然抄写于西夏末期，但创作年代不一定在彼时，反映的也不一定就是时事。该诗叙联姻事之后又述征服丁零（djɨ rjir）之事④，令人生疑。关键问题是 ja lji thej 与札阿绀孛、客列亦台之名很难勘同。像《史集》所记成吉思汗攻下西夏后寻找此女而不得一样，学者们对她的寻找也不成功。但无论如何，唆鲁禾帖尼的父亲、妹妹与西夏都有直接而密切的关系。

三　拖雷家与河西

1226年，蒙古军南下，攻下黑水城、肃州、沙州、甘州、西凉府等城，1227年攻陷西夏都城中兴府，西夏灭亡，河西地区开始由蒙古人统治。对于蒙古人对河西的行政与分封，尤其是入元以后的情况目前的研究已很深入。⑤ 但这是经历了汗位由窝阔台系转向拖雷系、忽必烈与阿里不哥之争、西北诸王叛乱之后形成的结果，政治局势的急剧变化，使河西的政治格局发生了极大改变。我们现在要回到唆鲁禾帖尼的时代，也就是蒙古最初占领河西时。

蒙古人每攻下一个较大的地域，便会在诸子中进行分封，参与战争

---

① 参见《史集》第2卷，第114页；*Shu ʿ ab-i panjgāna*，İstanbul：Topkapı Sarayı Müzesi Kütüphanesi，MS. Ahmet III 2937，fol. 117b。

② 参见《元史》卷74《祭祀志三·宗庙上》，第1832页。

③ 参见梁松涛《西夏文〈宫廷诗集〉研究》，博士学位论文，兰州大学，2008年；梁松涛、杨富学《圣威平夷歌中所见西夏与克烈和亲事小考》，《内蒙古社会科学》2008年第6期。

④ 参见梁松涛《西夏文〈宫廷诗集〉研究》，博士学位论文，兰州大学，2008年。

⑤ 参见胡小鹏《元代河西诸王与甘肃行省关系述论》，《甘肃社会科学》1992年第3期。

者皆有份额。史料中并未明言分封西夏之事，不过仍能觅得端倪。

关于术赤系的封地，《元史·地理志》载："元太祖二十二年（1227），破其城（沙州）以隶八都大王。"① 八都大王即术赤之子拔都。术赤已于1225年死去，拔都成为他的继承人。这一记载表明灭西夏后以拔都为首的术赤系就得到了分封。

察合台系的西夏封地，《元史·地理志》载，删丹州"元初为阿只吉大王分地"。② 阿只吉是察合台曾孙，其接手删丹封地的时间已经较晚。而察合台家臣按竺迩的本传云："太宗即位，尊察合台为皇兄，以按竺迩为元帅，戊子（1228），镇删丹州，自炖煌置驿抵玉关，通西域，从定关陇。"③ 本传之主要史源当为元明善《清河集·雍古按竺迩神道碑铭》，其中载："夏国平，戊子（1228），皇兄命公（按竺迩）镇删丹，怀徕新附，置驿张掖、酒泉，通道西域。"④ 神道碑与本传的记载近似。不同的是，在神道碑中，设置驿站的不是太宗而是皇兄。胡小鹏先生指出，设置驿站，表明察合台视之为自己的分地。⑤ 可见在灭西夏之后不久，察合台便得到删丹州作为分地。

窝阔台系的分地，是由阔端获得的。拉施特《史集》记载，1229年窝阔台即位后，把"唐兀惕分给他（阔端）作分地，并把他和军队一起派遣到了那里"。⑥ 碑刻史料反映出阔端的驻地是西凉州。⑦ 也就是说，窝阔台系的分地在凉州。但是阔端直至窝阔台即位才正式获封，这比察合台获得分地晚，可能也比拔都获得分地晚。

我们在史料中找不到拖雷分地的记载。

窝阔台系获得分地晚、拖雷未获得分地，其原因在于权力斗争。

---

① 《元史》卷60《地理志》，第1451页。

② 同上书，第1453页。

③ 《元史》卷121《按竺迩传》，第2982页。

④ 参见《永乐大典》卷10889。

⑤ 参见胡小鹏《元代西北历史与民族研究》，甘肃文化出版社1999年版，第62页。

⑥ 参见［波斯］拉施特《史集》第2卷，余大钧、周建奇译，商务印书馆1986年版，第10页。

⑦ 参见蔡美彪《元代白话碑集录》，科学出版社1959年版，第14页。

1227年攻下西夏前夕，成吉思汗去世。成吉思汗将军队、财产分给四子，按蒙古人幼子守产的原则，拖雷得到的最多，已经严重威胁到了窝阔台的即位。大汗之位迟迟未定，暂由拖雷监国，直到1229年窝阔台登基。拖雷未得到西夏分地，一种解释是，可能是他已经得到了成吉思汗的大份额遗产。

另一种解释是，蒙古征服的一个地区内，可以分为大汗直属地与诸王分封地。蒙古攻下西夏，作为西夏故都的中兴府当然会成为大汗直属地。我们可以勾勒出西夏故地的分封构型，沙州属术赤系，肃州、甘州、删丹属察合台系，凉州属窝阔台系，宁夏属大汗。而成吉思汗已经去世，其家产由幼子拖雷继承，因此宁夏实际属当时监国的拖雷。这种按照长幼自西向东的封地构型，与大蒙古国的分封原则相符。[①]

我们知道，窝阔台即位后，对势力强大的拖雷系甚为忌惮，动用手段进行压制，拖雷因窝阔台而死，之后窝阔台又剥夺拖雷系的部分财产与军队赐予阔端。[②] 拖雷河西分地的丧失，是基于蒙古家产制而形成的分封制度与基于选贤任能原则的汗位继承制度相矛盾的结果。

到1250年蒙哥代表拖雷系夺回汗位之前，拖雷家与河西似乎没有直接的统属、支配关系。一个例外来自《永乐大典》卷19781"织染局"条：

> 太宗九年（1237），张天翼奉世祖圣旨，以招收析居放浪还俗僧道户计置织染提举司，秩四品。令张天翼为宣差提举，管领习学织造段匹。是年至河西。奉唐妃懿旨，于真定保定二路漏籍户内，拨到八十二户种艺。丁未年（1247），拨供人匠粮食。至元二十三年（1286），罢提举司，改为织染局，秩从七品，置大使一员，副使

---

① 参见邱轶皓《元宪宗朝前后四兀鲁思之分封及其动向——大蒙古国政治背景下的山西地区》，《"中央研究院"历史语言研究所集刊》82—1，2011年。

② 参见［波斯］拉施特《史集》第1卷第2分册，余大钧、周建奇译，商务印书馆1997年版，第381页。

一员。今定置大使一员，副使一员。大都绒染局，从九品，大使一员，管人匠六千有三户。大宁路织染局，大使一员，副使一员，照略案牍一员。怀庆路织染局，大使一员，副使一员，照略案牍一员。[①]

此条注明引自《元史·百官志》。然而，今本《元史·百官志》此条却极为简略："织染局，秩从七品。大使一员，副使一员。至元二十三年，改织染提举司为局。"[②] 因此，《永乐大典》抄录的这条更可能是来自元文宗朝官修政书，内容更加详尽。张天翼应该是拖雷系家臣，奉忽必烈、唐妃（唆鲁禾帖尼）之命管领习学织造段匹，为此于1237年到了河西。这说明拖雷家与河西并非毫无关联。

唆鲁禾帖尼是一位景教徒。在她生活的年代，有不少信仰景教的人活跃于上层蒙古统治者身边，如窝阔台、贵由的大臣镇海、列边阿答、爱薛。[③] 怯烈人孛鲁欢自拖雷时就担任怯薛，后成为其长子蒙哥身边重臣。蒙哥的第三斡耳朵曾由一个信基督教的妃子主掌。[④] 唆鲁禾帖尼的第三子旭烈兀娶了她的侄女脱忽思为正妻，脱忽思哈敦信奉景教，后来在伊利汗国大力支持基督教，基督教在她的时代很盛。[⑤] 从欧洲来的基督教士鲁布鲁克（William of Rubruck）见到，唆鲁禾帖尼死后，幼子阿里不哥继承了母亲的斡耳朵，他对基督教仪式颇为熟悉。[⑥] 总之，唆鲁禾帖尼的家庭中颇具基督教色彩。这在当时应该是广为人知的，在西方，

---

① 郑福田等主编：《永乐大典》第5卷，内蒙古大学出版社1998年版，第3179页。

② 《元史》卷89《百官志五》，第2262页。

③ Igor de Rachewiltz, *In the Service of the Khan: Eminent Personalities of the Early Mongol-Yüan Period (1200–1300)*, Wiesbaden: Otto Harrassowitz Verlag, 1993, pp. 95–112. 参见［法］伯希和《蒙古与教廷》，冯承钧译，中华书局1994年版，第28—54页；韩儒林《爱薛之再探讨》，《穹庐集》，上海人民出版社1982年版，第93—108页。

④ 参见［美］柔克义《鲁布鲁克东游记》，何高济译，中华书局1985年版，第264、272、275页。

⑤ 参见［波斯］拉施特《史集》第3卷，余大钧译，商务印书馆1986年版，第19—20页。

⑥ 参见［美］柔克义《鲁布鲁克东游记》，何高济译，中华书局1985年版，第293—294页。

她被传为长老约翰的女儿。① 唆鲁禾帖尼在佛、道、基督各派的宗教人士中都有很好的名声。在史料中我们能见到，从河西而来的或经河西而来的藏传佛教僧人在唆鲁禾帖尼家活动，为忽必烈的长子取了藏传佛教名字朵儿只（Dorǰi）。② 既然河西藏僧能来，那么河西景教徒前来蒙古拜见唆鲁禾帖尼寻求护持的可能性也是存在的。

四　13—14 世纪的河西景教

唆鲁禾帖尼信仰景教，祭祀唆鲁禾帖尼的甘州十字寺应该就是一座景教寺院。③ 下面考察元代河西尤其是甘州景教的发展状况。

景教在唐代曾流传于中国，中唐以后景教在中原渐渐消失，而边疆民族地区仍有流传。893 年，大马士革大主教 Elias 用叙利亚文列出了一份景教教区名单，共十三区，最东的教区是康居（Kandæ，即撒马尔罕）。④ 随着西域、河西走廊政局的渐趋稳定，景教教区又向东发展。约在 1180 年，景教总主教埃利亚三世（Elijah Ⅲ，1176—1190）在喀什噶尔设立了主教区，并先后派了约翰（John）和萨布里肖（Sabrisho）两名主教。⑤ 这一时代的高昌回鹘景教始终存在。⑥ 西夏统治下的景教活动虽然几乎不见于文献记载⑦，但新出土的文献遗物，如敦煌藏经洞发现的9—11 世纪景教文献、经幡，以及敦煌莫高窟北区新发现的铜十字架、叙利亚文圣经⑧，都证明在唐元两代之间河西的景教并未中断。

---

① Peter Jackson, *The Mongols and the West*, Harlow：Pearson Longman, 2005, p. 175.

② 参见陈得芝《再论蒙古与吐蕃和吐蕃佛教的初期接触》，《西北民族研究》2003 年第 2期。忽必烈次子真金生于 1242 年，故朵儿只出生于 1242 年之前。

③ 参见许正弘《试论元代原庙的宗教体系与管理机构》，《蒙藏季刊》2010 年第 3 期。

④ Josephus Simonius Assemanus, *Bibliotheca Orientalis Clementino Vatica*, Vol. 2, Rome：Gorgias Press, 1740, pp. 459 – 460.

⑤ Alphonse Mingana, "The Early Spread of Christianity in Central Asia and the Far East", *John Rylands Library Bulletin*, Vol. 9, No. 2 (1925), p. 325.

⑥ 参见陈怀宇《高昌回鹘景教研究》，《敦煌吐鲁番研究》第 4 卷，1999 年。

⑦ 参见陈广恩《西夏流传过景教吗?》，《世界宗教文化》2007 年第 3 期。诚如学者指出的，西夏的基督教仍有待进一步研究。Ian Gillman & Hans-Joachim Klimkeit, *Christians in Asia before 1500*, Ann Arbor：University of Michigan Press, 1999, pp. 224 – 225.

⑧ 参见彭金章《敦煌新近发现的景教遗物——兼述藏经洞所出景教文献与画幡》，《敦煌研究》2013 年第 3 期。

元帝国征服欧亚大陆，使丝绸之路大为畅通，蒙古统治者对多元宗教的宽容态度，使景教在东方又有很大发展。在 13 世纪中叶以及 1349 年的两份叙利亚文景教教区名单中，我们看到景教教区最东扩展到了元大都（Chan Balek = Qan Baliq，汗八里），而唐兀（Tanchet = Tangut）教区在这两份名单中皆位列第二十四。① 在拉班·扫马的书中，还提到 1281 年左右的唐兀主教名为沙卜赫兰（Îsho Sabhram）。②

元代唐兀的景教，还可从汉文文献中找到印证。《元史》载，至元十九年（1282）冬十月己丑，"敕河西僧、道、也里可温有妻室者，同民纳税"。③ 也里可温是元代对基督教士的通称，在当时的情况下，几乎都是指景教。

汉文史料记录了很多迁居内地的西夏人，其中不乏景教徒。如元末活跃于江浙的西夏人迈里古思（Marcus，Marcos，元代又译马儿忽思，今译马克），其曾祖名为月忽难（Johanan，Yohanan，元代又译岳忽南、月合乃、岳难），祖也失迷（Ishmael，今译以实玛利），父别古思（Bacchus）。迈里古思曾祖、祖父皆不仕，父始为官，迁居杭州。④ 从人名来看，应该是一个河西景教家族。另外，还有在元朝内地为官的西夏人如黑斯、赫斯⑤，可能也是基督教名字。

毫无疑问，元代的河西（唐兀）是景教重地。那么唐兀教区的中心在哪座城市？有学者推测在甘州。⑥ 关于元代唐兀地区的景教情况，马

---

① Josephus Simonius Assemanus, *Bibliotheca Orientalis Clementino Vatica*, Vol. 2, Rome：Gorgias Press，1740，pp. 458 – 460.

② E. A. Wallis Budge, *The Monks of Kublai Khan*, *Emperor of China*, London：The Religious Tract Society，1928，p. 159.

③ 《元史》卷 12《世祖纪九》，第 247 页。

④ 参见（元）杨维桢《东维子文集》卷 24《故忠勇西夏侯迈公墓铭》，《四部丛刊》本，6 叶 a—b。

⑤ 参见《弘治保定郡志》卷 9，20 叶 b；舒頔《送旌德县达鲁花赤赫斯公秩满序》，《贞素斋集》卷 2，文渊阁《四库全书》本；汤开建《增订元代西夏人物表》，《暨南史学》第 2 辑，2003 年版。

⑥ 参见苏鲁格、宋长宏《中国元代宗教史》，人民出版社 1994 年版，第 129—130 页；白寿彝总主编、陈得芝主编《中国通史·第 8 卷·中古时代·元时期》上册，上海人民出版社 1997 年版，第 126 页。

可·波罗的记述当属是最全面的。元代的唐兀，广义上指的是西夏故地，相当于甘肃行省辖地，包括河西走廊、宁夏、亦集乃、西宁州、兀剌海。马可走过了唐兀的大部分城市。他自丝绸之路南道而来，抵达唐兀的第一个城市是沙州，他说：

> ［这个州的（Z）］居民基本都是偶像崇拜者，虽然的确有一些信奉景教的［突厥人（Z）］和［一些（L）］萨拉森人。[①]

马可·波罗所说的偶像崇拜者指佛教徒。之后是肃州，他说：

> ……这里［也（Z）］有［一些（Z）］［聂斯脱里派（V）］基督教徒，以及［这里的居民是（V）］偶像教徒。[②]

甘州：

> ……［此州之（V）］居民为偶像教徒，另有一些崇拜摩诃末，还有［一些（L）］基督徒。其人在此［所言（Z）］城区之中拥有三座［非常（V）］宏大而华丽之［基督（V）］教堂。[③]

亦集乃（Ecina）：

> ［所有（VB）］［该州之（LT）］居民均是偶像教徒。[④]

---

① A. C. Moule & Paul Pelliot, *Marco Polo: The Description of the World*, Vol. 1, London: George Routledge & Sons Limited, 1938, p. 150. 此据北京大学《马可·波罗行记》读书班沈琛译、集体校读的文本，方括号内表示诸版本的不同记载。下同。

② Ibid., p. 158. 此据北京大学《马可·波罗行记》读书班冯鹤昌译、集体校读的文本。

③ A. C. Moule & Paul Pelliot, *Marco Polo: The Description of the World*, Vol. 1, London: George Routledge & Sons Limited, 1938, p. 150. 此据北京大学《马可·波罗行记》读书班罗帅译、集体校读的文本。

④ Ibid., p. 160. 此据北京大学《马可·行罗游记》读书班罗帅译、集体校读的文本。

凉州（Ergiuul，蒙古语 Eri顿e'ü，元代音译额里折兀）：

　　［但（V）］［这一地区的（VA）］人民［有三种：（VA）］有［一些（Z）］［突厥人及（V）］［许多（VB）］聂斯脱里教徒，偶像教徒，和［一些（Z）］崇拜摩诃末［教法（Z）］的［萨拉森（VB）］人。①

西宁州（Silingiu，此为汉语音译）：

　　而人民也是偶像教徒和崇拜摩诃末的人，且也有一些聂斯脱里教徒。②

宁夏（Egrigaia，蒙古语 Eriqaya，元代音译也吉里海牙）：

　　［居住在那里的（VB）］人民［大部分（LT）］是偶像教徒，且有［许多萨拉森人（VA），］［也有（Z）］［尊从（Z）］聂斯脱里教的基督徒的三座［非常华丽的（FB）］教堂。③

　　以上，只有讲述亦集乃时没有提到有景教徒，而这里也是马可·波罗未曾亲历之地。20 世纪，亦集乃路黑城出土了叙利亚文、突厥文景教文献多件④，说明亦集乃路也是有景教徒活动的。总之，景教徒几乎遍

---

　　① A. C. Moule & Paul Pelliot, *Marco Polo: The Description of the World*, Vol. 1, London: George Routledge & Sons Limited, 1938, p. 178. 笔者译。

　　② Ibid. , p. 179. 笔者译。其地名勘同，见 Paul Pelliot, *Notes on Marco Polo*, Vol. 2, p. 646 – 647。

　　③ A. C. Moule & Paul Pelliot, *Marco Polo: The Description of the World*, Vol. 1, London: George Routledge & Sons Limited, 1938, p. 181. 笔者译。其地名勘同，见 Paul Pelliot, *Notes on Marco Polo*, Vol. 2, pp. 641 –642。"也吉里海牙"之名，见《元史》卷120《曷思麦里传》，第2970 页。

　　④ 参见［日］吉田顺一、チメドドルジ《ハラホト出土モンゴル文书の研究》，雄山阁2008 年版。

布元代的河西地区。在河西诸州中，最重要的显然是同样拥有三座华丽的教堂的甘州、宁夏。

宁夏府路，即中兴府，是西夏故都。其地的景教情况，在与马可·波罗同时的拉班·扫马行记中有记载。景教僧侣拉班·扫马与其弟子马克自元大都西行朝圣，他们经过唐兀首府，受到当地景教徒的热情欢迎。① 这里应该就是宁夏。这样看来，13世纪景教唐兀教区的中心可能是在甘州，也可能是在宁夏，难以遽定。

但13世纪末以降，甘州更可能作为唐兀教区的中心，因为彼时甘州取代宁夏成为河西的政治、军事、交通中心。

宁夏的重要性渐居于甘州之下这一趋势入元以后便已开始。在行政区划上便能体现出来。李治安先生将甘肃行省的设置分为四个阶段：第一，中统二年（1261）到至元十年（1273），西夏中兴行省。第二，至元十年至十八年（1281），为安西王相府取代。第三，至元十八年至元贞元年（1295），西夏中兴行省与甘州行省分立、合并的交替过渡。第四，元贞元年以后，合并为一，固定为甘肃行省。② 从此，甘州成为甘肃行省的中心，也就是河西的中心，故元代公文中有"甘州等处河西州城"之称。③

甘州成为甘肃行省的中心，与其战略地位密不可分。入元，与西北诸王的战争成为元朝的心腹大患。战线由天山以北绵延至漠北称海。元朝军队攻防主要在河西、称海两大战区。河西军事驻防的重地就是甘州。元代多次修甘州城，设驿站，建粮仓④，调新附军兵屯田、驻防，皆为军事需要。大德七年（1307）六月，御史台臣言："瓜、沙二州，自昔

---

① E. A. Wallis Budge, *The Monks of Kublai Khan, Emperor of China*, London: I. B. Tauris, 1928；《拉班·扫马和马克西行记》，朱炳旭译，大象出版社2009年版，第9—10页。

② 参见李治安《元代行省制度》，中华书局2011年版，第451—452页；《元史》卷60《地理志》，第1452页。

③ 参见（元）王士点、商企翁《秘书监志》卷2，高荣盛点校，浙江古籍出版社1992年版，第38页。

④ 参见《永乐大典》卷7511引《经世大典》。

为边镇重地，今大军屯驻甘州，使官民反居边外，非宜。乞以蒙古军万人分镇险隘，立屯田以供军实，为便。"从之。① 称海是蒙古高原西部重镇，若被攻陷，则和林难守。而草原物资供应匮乏，庶难支撑长年战事。军事物资的转运供给成为重中之重。而甘州，正是一个重要的交通枢纽。由甘州北上，过亦集乃路，可直达和林、称海。元朝在甘州曾设和粜提举司、和中所、转运司。②《元史》载："甘肃岁籴粮于兰州，多至二万石。"③《永乐大典·站赤》记载，至元二十七年八月，"甘肃行省言，甘州两经抄籍，站户计一千六百户……窃见斡鲁思、纳怜、臙脂城三处，俱系边远沙碛之地，即目迎运军器米粮数多。"④ 说明甘州驿站的重要性。

甘州也是外来使节、商人进入内地前的必经之地。⑤ 马可·波罗及其父、叔作为身负教皇使命的商人，到达甘州后在此停留约一年。其原因，F 本中记载为"因为生意（事业）上不值一提的事"⑥，FG 本为"奉命留居"。⑦ 学者对此也有各种不同观点，排除掉显然有误的与围攻襄阳有关的观点⑧，有认为在甘州停留的一年是因为马可·波罗被疾病困扰⑨，但没有其他佐证，更可能的是，他们是作为外来使节在此待命，或者在这个交通、商业枢纽经商。

随着甘州行政、军事、交通、经济地位的提升，在马可·波罗之后甘州景教大概也有了新的发展，14 世纪的甘州有可能成为唐兀教区的中心。十字寺唆鲁禾帖尼影堂可能是在这一背景下出现的。可惜的是，关

① 参见《元史》卷 21《成宗纪四》，第 453 页。

② 参见丛海平《元代军事后勤制度研究》，博士学位论文，南开大学，2010 年。

③ 《元史》卷 139《乃蛮台传》，第 3351 页。

④ 《永乐大典》卷 19418 引《经世大典·站赤三》，第 7211 页。

⑤ 参见哈菲兹·阿卜鲁《沙哈鲁遣使中国记》，何高济译，中华书局 2002 年版，第 118—121 页。

⑥ A. C. Moule & Paul Pelliot, *Marco Polo：The Description of the World*, Vol. 1, London：George Routledge & Sons Limited, 1938, p. 160.

⑦ Henry Yule & Henri Cordier, *The Book of Ser Marco Polo*, Vol. 1, reprinted edition, New Dehli：Mun-shiran Manoharlal Publishers Pvt Ltd, 1993, p. 199.

⑧ 参见［意］马可·波罗《马可·波罗行纪》，冯承钧译，上海书店出版社 2001 年版，第 131 页。

⑨ Laurence Bergreen, *Marco Polo, From Venice to Xanadu*, New York：Alfred A. Knopf, 2007.

于 14 世纪河西的景教，除了前述 1349 年叙利亚文教区名单以外，没有留下直接的记录和遗物。① 一条间接记载见于《元史》：

> 至顺三年（1332）二月……旌济州任城县王德妻秦氏、婺州路金华县吴埙妻宋氏、庐州路高仁妻张氏、甘州路岳忽南妻失林、盖州完颜帖哥住妻李氏志节。②

岳忽南（Yohanan），是典型的基督教名字。失林（Shirin）之名虽不限于基督教，但亦被基督教女性使用。

五　影堂的设立者

以往的研究者一般认为这座影堂是忽必烈时期由忽必烈设立的。细读《元史·顺帝本纪》的那条记载："甘肃甘州路十字寺奉安世祖皇帝母别吉太后于内，请定祭礼。"③ 史料本身并未表明是世祖忽必烈设立的祭祀。而且如果忽必烈便已设立祭祀，为何迟至顺帝时才定祭礼？于理不通。

元代唆鲁禾帖尼的影堂共有三处：真定玉华宫（与拖雷合祀）、大都也里可温寺、甘州十字寺。真定玉华宫是一座道教宫观，其中设立影堂，与一位王道妇（又称老王姑）有关，据洪金富先生研究，她是唆鲁禾帖尼的侍女，而且有可能是忽必烈的乳母，后来出家在玉华宫修道。④真定玉华宫设影堂与王道妇的道教信仰有关，而大都也里可温寺、甘州十字寺的影堂则与唆鲁禾帖尼自身的信仰有关，后二者的设立时间皆不详。《元史·文宗本纪》"致和元年（1328）九月"条载：

---

① 2005 年，荷兰学者哈尔伯茨玛在他的旅行记中称，张掖大佛寺曾发现了石刻十字架。但未见有任何其他报道，不知其消息是否可靠。Tjalling Halbertsma, *Sprong naar het Westen: In het spoor van de Chinese ontdekker van Europa*, Haarlem: Hollandia-Dominicus, 2005, p. 105.
② 《元史》卷36《文宗纪五》，第851页。
③ 《元史》卷38《顺帝纪一》，第827页。
④ 参见洪金富《忽必烈乳母的不解之谜》，《古今论衡》2010年第21期。

命高昌僧作佛事于延春阁。又命也里可温于显懿庄圣皇后神御殿作佛事。①

显懿庄圣皇后是唆鲁禾帖尼的谥号。此处的神御殿指的应该是大都也里可温寺。《元史》又载，至顺元年（1330）三月甲寅，"命宣政院供显懿庄圣皇后神御殿祭祀"。②应该也是指大都也里可温寺内的唆鲁禾帖尼神御殿。

这座也里可温寺到底在元大都的什么方位，存在疑问。天主教方济各会教士约翰·孟特戈维诺 1306 年于元大都写的信件中提到，他自 1305 年开始在大汗宫门前建造了一座教堂，距离皇宫极近，孟高维诺说"大汗在宫里就可以听到我们歌唱的声音"。③ 1342—1346 年来到元朝的罗马教皇特使马黎诺里（Giovanni de' Marignolli）也见到了这座教堂。④其地理位置，佐伯好郎认为在元大都宫城正北门厚载门之外。⑤ 徐苹芳又检得《析津志》的两条史料，一条云"十字寺"前有一座无名桥⑥，第二条即"原庙·行香"条所载：

唐妃娘娘阿吉剌。也里可温寺。靖恭坊内。世祖亲母。⑦

据此，徐苹芳考证出也里可温寺在靖恭坊内，通惠河以北，即明清改为显应宫之地。⑧ 这是我们所能查考到的唯一一座元大都城内的基督教教堂。然而，约翰·孟特戈维诺的教堂属于天主教，唆鲁禾帖尼则是

---

① 《元史》卷 32《文宗纪一》，第 712 页。

② 《元史》卷 34《文宗纪三》，第 754 页。

③ ［英］道森编：《出使蒙古记》，吕浦译，中国社会科学出版社 1980 年版，第 263—268 页。

④ 参见张星烺编注《中国交通史料汇编》第 1 册，朱杰勤校订，中华书局 2003 年版，第 354 页。

⑤ 参见［日］佐伯好郎《支那基督教の研究》第 2 册，春秋社 1943 年版，第 369 页。

⑥ 参见北京图书馆善本组辑《析津志辑佚》，北京古籍出版社 1983 年版，第 99 页。

⑦ 载中国社会科学院考古研究所藏《永乐大典》抄本，《析津志辑佚》未录。

⑧ 参见徐苹芳《元大都也里可温十字寺考》，《中国考古学研究：夏鼐先生考古五十年纪念论文集》。

景教信徒。景教很早就被部分蒙古部族所信仰，对元帝国的影响大而持久。天主教在元代是新来的教派，与景教不可同日而语。因为教义的差异，当时景教与天主教之间的矛盾非常尖锐，天主教常常受到景教的打压。① 因此，景教徒唆鲁禾帖尼的影堂不太可能设在约翰·孟特戈维诺的教堂中。合理的解释是，靖恭坊内的也里可温寺属于景教，而不能与约翰·孟特戈维诺的教堂勘同。② 后者仍须到他处寻找。

元大都寺观的影堂应该都是皇家设立的，而地方上却又不同。我们能看到，有的地方的影堂并不是朝廷设立，而是自下而上发起创建的。如王恽建言在河南钧州建睿宗拖雷庙③，宜宾县尹杨济亨建言在四川蟠龙山设宪宗蒙哥神御殿④。因为睿宗拖雷在钧州立下赫赫战功，宪宗蒙哥在四川御驾亲征，所以当地官府请求为他们设立影堂，一方面出于纪念目的，主要是能令地方得益。如果一个寺院内有皇室祖宗影堂，意味着这个寺院受到皇家的护持，这对寺院是很大的利益。河南钧州设睿宗庙距拖雷去世已数十年。四川蟠龙山设宪宗神御殿已是元末，距蒙哥去世已近百年。这种时间上的滞后，更加表明这些影堂并非朝廷创设。

基于以上，笔者认为，甘州十字寺的影堂，有可能是甘州的官员、景教徒建言设立的，而且时间可能比较晚。

六　结论

元代的 24 处影堂，大部分设于佛寺中，另外道教宫观、儒家的翰林院、景教十字寺中亦有。唯因伊斯兰教法不允许偶像崇拜，故清真寺中没有影堂。而基督教亦摒弃偶像崇拜，但景教在东方传播时，对当地习

---

① 参见［英］道森编《出使蒙古记》，吕浦译，中国社会科学出版社 1980 年版，第 262、266 页；［英］穆尔《1550 年前的中国基督教史》，郝镇华译，中华书局 1984 年版，第 284 页。
② 笔者在本节初稿中曾采纳徐苹芳的观点，将约翰·孟特戈维诺的教堂与靖恭坊也里可温寺勘同。承蒙北京大学历史学系党宝海教授审读后在 2013 年 11 月 19 日的回信中提示元代景教的强大及其对天主教的打压，指出靖恭坊也里可温寺当属景教。在此谨致谢忱。
③ 参见（元）王恽《秋涧集》卷 92《钧州建原庙事状》，《元人文集珍本丛刊》本，第 2 页 a—b。案，原文作"太上宪宗皇帝"，显为"太上睿宗皇帝"之讹。
④ 参见《元史》卷 183《王守诚传》，第 4210 页。

俗颇多通融。这种多元宗教的图景，是元朝作为多元文化大帝国的一种表征。

甘州十字寺之所以能设立唆鲁禾帖尼影堂，一方面可能基于唆鲁禾帖尼与河西的某种渊源，另一方面与甘州入元以后地位的提升和景教的发展密不可分。唆鲁禾帖尼的部族信仰景教，她的父亲、妹妹与西夏都有直接的关系。唆鲁禾帖尼嫁到拖雷家以后，其家庭颇多景教色彩。唆鲁禾帖尼对各宗教皆乐善好施，也许她生前对河西景教有护持之举，只是史料阙如。马可·波罗经行河西的时候，正处于甘州逐渐取代宁夏成为河西中心的过程。13 世纪末以降，甘州成为河西地区的中心，随之有可能也成为景教唐兀教区的中心。这是影堂设立的背景。甘州唆鲁禾帖尼影堂，同河南钧州拖雷影堂、四川蟠龙山蒙哥影堂一样，最初并不是朝廷的决定，而是当地发起的，影堂之设更多的是为了地方的利益。

第三节　马可·波罗与麝香的西传
——论马可·波罗来华的真实性

作为名贵香料与神奇药物之一，麝香不仅在中国有着悠久深厚的历史，也是中古时期印度、波斯、阿拉伯和欧洲的财富象征与信仰符号，因而"从西方的欧洲到东方日本的古代欧亚大陆上，其贸易最为广泛"。① 从全球史的角度看，包括麝香在内的香料贸易是前现代时期最能体现全球化进程的经济活动。马可·波罗则是全球化进程中的杰出个体，无意识地推动着历史的潮流。

本节的主要目的是通过麝香在丝路上的传播和前现代化的全球化进程来探讨马可·波罗与中国麝香之间的密切关系，为他来华的真实性寻找新的证据，并力图说明他和《游记》为麝香的西传和东西方古代丝路的交流所作出的贡献。

---

① ［美］贝克维斯：《西藏与欧亚早期中世纪繁荣——吐蕃王朝经济史初探》，关学君译，《西藏民族学院学报》1983 年第 4 期。

目前，学界尚无专文探讨这个切口小但视角新颖的主题，仅在本研究所依据的三部马可·波罗学的权威著作中零星涉及。它们分别是：A. C. 穆尔和保罗·伯希和的校注本《寰宇记》、亨利·裕尔和考狄埃的《马可·波罗游记》合校本以及亨利·裕尔的《马可·波罗书》。[①]

一　马可·波罗之前中亚和西方对麝香的认知与贸易

早在马可·波罗来华前，麝香就已经成为古代中国、波斯和阿拉伯世界社会上层显贵魂牵梦绕的文化象征。各国多种语言的文献中都有关于麝香的明确记载：中国古代文献包括《山海经》《尔雅》《说文解字》《本经》以及大量的诗词歌赋等不乏记录与赞美；波斯古代文献有440年波斯属国亚美尼亚的史学家莫谢斯（Moses of Chorene, 410—?）的《史记》、10世纪伊朗名医曼德维耶·伊斯法罕尼《论医学原理和香料制作》等；阿拉伯文献则包括约851年根据阿拉伯商人苏莱曼等人的见闻所汇编的《中国印度见闻录》（又名《苏莱曼东游记》）、10世纪被誉为"阿拉伯的希罗多德"的马苏第（Masūdi, 896—956）的《黄金草原》、中亚著名穆斯林医学家阿维森纳（Abū Alī al-Husayn ibn, 980—1037）于1023年出版的《医典》等。

值得注意的是，《中国印度见闻录》对麝的记载比较详细："中国麝香鹿生息的地方，实际上是同西藏完全没有间隔的一块土地上。……麝香鹿跟我们阿拉伯的鹿十分相似，不但毛色、大小一样，而且双腿也是那样细长，蹄子也是分开的，连头角的弯曲也都是一模一样。不过，麝香鹿长着两个又细又白的犬齿，直伸到脸部。一个犬齿的长度不到一个

---

① 参见 A. C. Moule & Paul Pelliot, *Marco Polo*: *The Description of the World*, New York: Ishi Press, 2010; Marco Polo, *Travels of Marco Polo*, The Complete Yule-Cordier Edition, Vol. 1 & 2, New York: Dover Publications, 1992; Henry Yule, *The Book of Ser Marco Polo*, the Venetian Concerning the Kingdom and Marvels of the East, Vol. 1, Cambridge: Cambridge University Press, 2010。另外，大卫在论文中详细梳理了马可·波罗与其家族成员经营的商业活动并对与马可·波罗有关的档案进行了较为细致的研究，也涉及麝香问题，该文为本节的写作提供了有益的帮助（见 David Jacoby, "Marco Polo, His Close Relatives, and His Travel Account: Some New Insights", *Mediterranean Historical Review*, 2006 (21), pp. 193–218）。

法特尔①，形同象牙一般。这就是麝香鹿与其他鹿的不同。"② 这里把雄麝的犬齿特征描述得相当准确，但也犯了一个错误：将无角的麝与有角的阿拉伯鹿混淆，也就是说认为"麝有长角"。马苏第对麝香的产地、优劣、用途等方面的记录相当准确："吐蕃麝香比中国麝香好"，"优质的麝香乃在麝香囊里已经成熟但尚未离开麝囊"，"吐蕃人把最好的麝香装入从麝身上宰取来的皮囊里，作为礼物敬献给君主，供其使用"，且由于"商人很少能运走麝香"而愈加显得珍贵。③ 马苏第是首次对西藏产一流麝香以及珍稀程度作出正确评价的人，而且他已经知道，麝香产自麝囊，而不是以往"麝香产自肚脐"的谬传。由此可见，古代波斯与伊斯兰世界对麝与麝香相当了解。除了麝香贸易频繁及现实应用外，这应该还与伊斯兰教世界认为麝香具有神圣性的信仰有关，即"麝香是先知穆罕默德的香味"。④

与伊斯兰世界对麝与麝香的认识相比，欧洲社会在《游记》出版前对麝香的认识相当肤浅。古希腊罗马时期，只有极少数人提到过麝香，但没有更多的认识。例如，基督教教父哲罗姆（St Jerome，347—420）认为，麝香神圣而高贵，因为包括麝香在内的香料是来自伊甸园

---

① 法特尔（fatr），长度单位，从伸直的拇指尖至食指尖之间的长度，约20厘米。事实上，雄麝露出唇外的犬齿一般为4—8厘米，且向下弯曲。

② ［法］索瓦杰：《中国印度见闻录》，穆根来、汶江、黄倬汉译，中华书局2001年版，法译本序言，第27页。

③ 参见［法］费瑯编《阿拉伯波斯突厥人东方文献辑注》，耿昇、穆根来译，中华书局1982年版，第315—317页。但是，马苏第认为麝香是流入香囊的麝血而逐渐被太阳干化的说法纯粹是臆测。其实，从生物学上看，麝香是一种外激素（动物腺体中分泌出来、能在同种动物之间传递信息的化合物）。其香味具有一定的动物交往功能，比如在平时麝鹿凭借香味相互辨认、增加交往、减少同竞争对手遭遇等，在繁殖期间则有强烈的吸引异性的作用。关于马苏第臆测的麝香形成过程，请参见杨东宇《丝绸之路上的阿拉伯、波斯和中国麝香应用比较研究》，《青海民族研究》2016年第2期，注释18。

④ Anya H. King, *Scent from the Garden of Paradise*: *Musk in the Medieval Islamic World*, Leiden and Boston: Brill, 2017. p. 1. 据说，有个与中国贸易的富商用70罗得（loads）的麝香掺入了墙壁的灰浆中，建造了一座名叫伊帕里耶（Ipariye，意思是麝香香料）的清真寺，即便在潮湿的天气里，信众趴到墙上都能闻到香味。这里真切表达了伊斯兰教所认为的麝香来自天国、来自穆罕默德的观念。

的芳香。① 据传，亚历山大大帝在迫使吐蕃（今西藏）臣服后，吐蕃王
向其敬献 4000 维格尔的赤金及麝香。亚历山大拿出麝香的十分之一，送
给自己的妻子鲁珊克，大部分麝香则分给他的伙伴。② 但是，这则轶事
是由阿拉伯学者伊本·胡尔达兹比赫（Ibn Khurradahbih，820—912）所
记，且史籍中并无亚历山大迫使吐蕃臣服的确切记载，只能将此视为一
则托伟人之名浪漫化麝香的传说。

据考证，首次记载麝香的"西方人"是拜占庭帝国僧侣科斯马斯
（Cosmas the Monk）。他在《基督教风土志》（约 545 年）关于印度动物
和塔普罗巴乃岛（今斯里兰卡）的介绍中提到麝，说它是一种小动物，
当地人称为喀斯杜里（Kasturi）。③ 猎人以箭射麝，待血集结在肚脐时将
之割破。这一部分存储着我们称之为麝香的香料。麝体的其他部分被抛
掉。④ 科斯马斯的记载存在两处明显的错误：首先，古代西方对"印度"
的概念相当模糊，此处指的是"大印度"中的喜马拉雅山地区。⑤ 他是
西方第一个提到麝这种动物，并说麝香为印度产品的人，但他说麝生活
于塔普罗巴显然是错误的。⑥ 其次，他所说"麝香产自肚脐"是错误的。

---

① Adversus Jovinianum II. 8，in J. P. Migne，Patrologia Latina（Paris，1883），23. 311a，转引自 Anya H. King，*Scent from the Garden of Paradise*：*Musk in the Medieval Islamic World*，Leiden and Boston：Brill，2017，p. 134。

② 参见［阿拉伯］伊本·胡尔达兹比赫《道里邦国志》，宋岘译，中华书局 1991 年版，第 280 页。

③ 裕尔评论说，拉森认为，Kasturi 是麝香的梵文名称。在喜马拉雅山地区，Kastúri 一词也用于麝。参见裕尔《东域纪程录丛：古代中国闻见录》，张绪山译，中华书局 2008 年版，第 192 页注释 2；法国布尔努瓦认为，Kasturi 至今仍是该动物的尼泊尔文名称，基本与梵文中的名称相同。参见［法］布尔努瓦《天马和龙诞：12 世纪之前丝路上的物质文化传播》，《丝绸之路》1993 年第 3 期。

④ 参见［英］裕尔《东域纪程录丛：古代中国闻见录》，张绪山译，中华书局 2008 年版，第 192 页。

⑤ 大印度是"三个印度"中的一个，"三个印度"的提法在欧洲首先出现于 7 或 8 世纪《拉文纳宇宙志》（*Ravenna Cosmography*）。这种看法吸取了伊斯兰教徒关于三个印度的看法——Hind，Sind，Zanj，欧洲分别称之为大印度（India Major，从 Malabar 到 India Extra Gangem），小印度（India Minor，从 Malabar 到 Sind，大体相当于今北印度），中印度（从 India Tertia 到东非海岸，特别是坦桑尼亚地区至埃塞俄比亚）。

⑥ 参见［英］裕尔《东域纪程录丛：古代中国闻见录》，张绪山译，中华书局 2008 年版，第 192 页注释 2。

实际上，麝香是雄麝为吸引雌性而在其肚脐和生殖器之间腺囊的分泌物。不过，他的错误说法流传甚广，并造成此后千余年西方人的误解。①

对古代欧洲人而言，麝香是来自东方伊甸园的香味气息，具有救命、壮阳和催孕等神秘功效，且是制作高档香水的基本原料。因此，不论是希腊罗马时期的贵族还是中世纪的教俗显贵，都渴望得到并使用麝香。但是直到新航路开辟之前，麝香都要经过波斯、阿拉伯和埃及等中间商的层层转运才能到达欧洲，量少价高不说，质量也没有保证。尽管如此，麝香在古代东西方贸易中一直绵延不断。

隋唐盛世，东西方商贸空前发达，操着阿拉伯语、波斯语、法兰克语和斯拉夫语等的商人携金带银经由陆路与海路来到中国，然后满载麝香、沉香、樟脑、肉桂及其他名贵商货返回红海。在 1187 年前，从埃及进口的麝香主要在地中海东部的商贸中心阿卡（Arce）进行贸易，直至13 世纪下半叶都是如此。② 然后，商人又将之转运至君士坦丁堡，卖给罗马人或贩卖到法兰克王国。③ 据记载，1248 年装在长颈瓶中 36 盎司的麝香被从亚历山大里亚带到马赛交易。④ 麝香贸易利润丰厚自然会导致造假活动盛行，以至于市场上的麝香真假难辨。阿拉伯作家阿布尔—法德尔·贾法尔的《鉴别好坏商品和伪造仿制商品须知书》（1175）一书

---

① 从西方与阿拉伯文中的"麝香"词源便可看出这个错误。西方的"vessie"（膀胱），"vesicule"（囊），英文的"vesicle"、德文的"Beutel"等词都可归纳为阿拉伯文 nâfdjâh，这是由萨珊词 nâfag 或 nâfak，变成中世纪末期的伊斯兰伊朗语中的 nâfah（"肚脐"），人们认为麝香是从麝的肚脐中分泌出来的。而拉丁人、拜占庭人和伊斯兰人则从伊朗文 moushk 中汲取了 musc（麝香）。梵文中的 moushkas（orkhis）似乎也源于此。参见［法］阿里·玛扎海里《丝绸之路——中国—波斯文化交流》，耿升译，中华书局 1993 年版，第 1 编"波斯史料"与第 3 编"丝绸之路和中国物质文明的西传"，第 181 页。

② Orlandini, Giovanni, "Marco Polo e la sua famiglia", Archivio Veneto-Tridentino 9 (1926), pp. 1 - 68, 转引自 David Jacoby, "Marco Polo, His Close Relatives, and His Travel Account: Some New Insights", Mediterranean Historical Review, 2006 (21).

③ 参见［阿拉伯］伊本·胡尔达兹比赫《道里邦国志》，宋岘译，中华书局 1991 年版，第 163 页。

④ David Jacoby, "Marco Polo, His Close Relatives, and His Travel Account: Some New Insights", Mediterranean Historical Review, 2006 (21).

中，有专门章节讲述鉴别真假麝香的方法。① 吉奥巴里的《关于泄露机密的著作选》（1225 年左右）中也说自己知道 26 种制造假麝香的不同配方。②

由于麝香稀少且神奇，地中海各国之间经常将之作为外交与宗教的珍贵赠礼。据记载，埃及苏丹萨拉丁在 1188 年赠送给拜占庭皇帝艾萨克二世（Isaac Ⅱ Angelus，1185—1195 年在位）100 个麝香囊和一头雄性鹿。③ 1262 年，埃及苏丹扎希尔（al-Zahir，1260—1277）向君士坦丁堡的清真寺赠送麝香。④ 这些交往限于中东地区，欧洲社会获得麝香的机会不是很多，尤其当穆斯林建立的马穆鲁克王朝（1250—1517）控制红海与地中海贸易期间，西欧社会获得珍贵香料的难度更大。

二 《游记》中关于麝与麝香的记载

13 世纪蒙古帝国在亚欧腹地迅速崛起并四处攻城拔寨，基本扫清了丝绸之路上东西方畅通的各种障碍（包括穆斯林政权），实现了"人类之间最广大而开放的一次握手"，引发了东西方空前的"全球信息交流"⑤，"一种世界贸易和'文化'交流的体系到 13 世纪末达到了顶点"⑥。欧洲传教士络绎不绝地前往东方寻求打败伊斯兰势力的盟友，商人则为寻找商机纷至沓来。在这种形势下，马可·波罗一行沿着漫长的陆上丝路来到中国，目睹了元帝国的文明盛世，所见所闻均记于《游

① 参见［法］费瑯编《阿拉伯波斯突厥人东方文献辑注》，耿升、穆根来译，中华书局1989 年版，第 686—687 页。

② 同上书，第 694 页。

③ David Jacoby， "Marco Polo, His Close Relatives, and His Travel Account: Some New Insights"，*Mediterranean Historical Review*，2006（21）.

④ Shlomo D. Goitein，*A Mediterranean Society*：*The Jewish Communities of the Arab World as Portrayed in the Documents of the Cairo Geniza*，Vol. 1，Berkeley and Los Angeles：University of California Press，1967，p. 153.

⑤ ［法］勒内·格鲁塞：《成吉思汗》，谭发瑜译，国家文化出版公司 2011 年版，封页评语。

⑥ Janet L Abu-Lughod， "The World System in the Thirteenth Century: Dead-End or Precursor"，in *Islamic and European Exploration*：*The Forging of a Global Order*，ed. Michael Adas，Philadelphia：Temple University Press，1993，p. 76.

记》。马可·波罗出身于商人家庭，自然对东方易于运输且稀缺昂贵的商品尤其关注，如香料、宝石、珍珠、丝绸等。他对优质麝香及其产地——西藏香带区（元代的甘州、肃州、凉州等在地理上属于青藏高原）的关注自然也在情理之中。

《游记》中有三处较为翔实地记载了麝与麝香。

第一处是第 72 章首先介绍了额里折兀（Ergiuul?）[①] 为大汗的属地，隶属唐古特省云云。然后谈及麝鹿以及麝香的取法："［FB \ Z］[②] 此地有世界最良之麝香，请言其出产之法如下：此地有一种野兽，形如羚羊，蹄尾类羚羊，［L \ V \ TA \ R］毛类鹿而较粗，头无角，［FB］口有四牙，上下各二，白如象牙，［VA \ VB］长三指，薄而不厚，上牙下垂，下牙上峙。兽形身美。［V \ Z \ TL］鞑靼人云其名为古德里（Gudderi）[③]。［VB］马可阁下曾将此兽之头足带回威尼斯。［V］及盛于麝囊之中的麝香和一对牙齿。［VB］香气过浓，难以忍受。［VB］猎人于新月升时往猎此兽，是亦其排泄麝香之时也。捕得此兽后，割其血袋。放到太阳下晒干。其浓烈香气即来自袋中之血。最优麝香来自此。此肉可食，味甚佳。麝鹿大量被捕捉。正如我告诉你的，此地有量大且优质的麝香。"[④]

第二处是在第 115 章吐蕃州（今西藏），说此大省为蒙古人所毁。"［Z］此种产麝香之兽甚众，其味散布全境，盖每月产麝一次。前次（七十一章）已曾言及此兽，脐旁有一胞，满盛血，每月胞满血出，是

---

① 穆尔和伯希和也许不确定此地名的写法，故而加了问号。

② 此段中置于方括号中的很多大写字母代表的是中世纪《马可·波罗游记》的各种版本，紧跟方括号里的内容就是该本中关于麝鹿与麝香的记录。具体解释如下：V 为威尼斯方言；VB 是 1446 威尼斯出版的威尼斯方言；VA 是 14 世纪早期出版的威尼斯方言；FB 是 14 世纪的法语版本；TL 是巴黎出版的 14 世纪的拉丁语本；Z 是 1470 年托莱多（Toledo）出版的拉丁语本；R 是 1559 年米兰出版的意大利语本；P 是来自 VA 的皮皮诺本；剌木学是 14 世纪（？）在威尼斯出版的拉丁语手抄本。

③ Gudderi 是个蒙古词汇，也可以写作 kuderi。Henry Yule, *The Book of Ser Marco Polo, the Venetian Concerning the Kingdom and Marvels of the East*, Vol. 2, p. 40, note 5.

④ A. C. Moule & Paul Pelliot, *Marco Polo: The Description of the World*, New York: Ishi Press, pp. 179 – 180.

为麝香。此种地带有此类动物甚众，麝味多处可以嗅觉。［VB＼Z］他们用自己的语言称之为 gudderi，其肉味美。此种恶人畜犬甚多，犬大而丽，由是饶有麝香。"①

第三处是第 117 章中的建德（Caindu，裕尔认为它应位于今日的金沙江南端②；德国学者傅汉思认为，它就是今日四川的西昌③）："州中，此地已臣属大汗……且有盐湖，以盐为币。［R］此地偏僻，人很少有机会出售诸如金、麝香以及其他东西，外商收购价极廉……［P］境内有产麝之兽古德里甚众，［Z］所以出产麝香甚多。"④

仔细研究《游记》中关于麝与麝香的记载，将之与当今的科学研究相对比，发现马可·波罗的描述只有两处不够准确：一是"麝有四牙"与事实不符。麝香鹿仅上颌有两颗犬牙，薄而锐，即俗称的獠牙。二是麝每年分泌麝香一次，而非每月一次。相比于前述的《中国印度见闻录》、马苏第和科斯马斯的记载，《游记》中对中国麝与麝香的记述不但信息丰富，且有很大突破。

首先，马可·波罗首次记录了麝"无角"而非像鹿那样有角的事实。由于"麝有角"的说法在波斯和阿拉伯地区长期流传，直到 20 世纪修撰的最权威的《德胡达词典》仍在沿用《中国印度见闻录》中"麝有长角"的错误说法。⑤ 其原因在于麝是一种胆小、孤独而隐蔽的动物，人们少有机会观察到它们的形体特征。若非马可·波罗亲自见证或者聆听专业人士的细致介绍，很难相信他会有关于麝"无角"这种形体特征的记述。这种准确的记述在当时的波斯、伊斯兰世界和欧洲尚属首

---

① A. C. Moule & Paul Pelliot, *Marco Polo*：*The Description of the World*，New York：Ishi Press，p. 271.

② Henry Yule, *The Book of Ser Marco Polo*，*the Venetian Concerning the Kingdom and Marvels of the East*，Vol. 2，p. 58，note 1.

③ Hans Ulrich Vogel, *Marco Polo Was in China*：*New Evidence from Currencies*，*Salts and Revenues*，Leiden：Brill, 2013，p. 290.

④ A. C. Moule &Paul Pelliot, *Marco Polo*：*The Description of the World*，New York：Ishi Press，p. 275.

⑤ 参见《德胡达词典》，"麝香"条。

次，使马可·波罗来华"否定论"者的观点不攻自破。例如，"否定论"集大成者吴芳思认为：马可·波罗没有到过中国，可能只到过黑海沿岸。他关于中国的知识，主要来自道听途说和某本波斯人的导游手册。①

人们对麝分泌麝香的过程则更难亲眼见到。迄今，一些中国药师还在流传"麝香是麝在张开香囊晒太阳时，引诱昆虫钻进囊内，突然关闭形成"的说法。② 那么，6世纪的拜占庭人科斯马斯"麝香产自肚脐"的错误说法也是可以理解的。然而，马可·波罗却正确记录了"麝香在麝囊"而非肚脐的事实，打破了欧洲长达近八个世纪的错误说法。由此可见，马可·波罗既纠正了阿拉伯世界"麝有长角"的错误，也打破了欧洲"麝香产自肚脐"的谬识。可以设想，若非深入实地探访，实在难以想象马可·波罗能有这种见识。

其次，马可·波罗所记麝香产地及其优劣品质也是准确的。他认为额里折兀（即凉州府，今武威一带。裕尔认为它是今阿拉善地区的一座古代城市③；而伯希和认为它在今宁夏④。尽管额里折兀的具体位置并不明确，但无疑都认为它位于今中国西部的香带区）"有世界最良之麝香"，吐蕃"有此类动物甚众，麝味多处可以嗅觉"。马可·波罗还提到今四川西昌建德州也盛产麝香，且有以盐为币购买黄金和麝香的商贸活动。这是西方人关于长江上游一带盛产麝香且以盐为币买卖麝香的最早记载。⑤ 近代西方探险家、法国神父古伯察（Évariste Régis Uuc，1813—1860）也说，自己在藏东察雅的石板沟目睹了这一带大量产麝以及交易

---

① 参见吴芳思《马可·波罗到过中国吗？》，新华出版社1997年版，第197—199页。
② 参见盛和林《中国鹿类动物》，华东师范大学出版社1992年版，第1页。
③ 亨利·裕尔将此地名写作"Erguiul 或者 Ergiuul"，他认为此地名也许就是 Egrigaya，今阿拉善的一座城市。Henry Yule, *The Book of Ser Marco Polo, the Venetian Concerning the Kingdom and Marvels of the East*, Vol. 1, pp. 266, 273。
④ 伯希和在《马可·波罗注》中明确指出，Egrigaya 即今天的宁夏。参见 Paul Pelliot, *Notes On Marco Polo*, Vol. 1, Paris: Imprimerie Nationale, 1950, p. 64。
⑤ 参见［法］阿里·玛扎海里《丝绸之路——中国—波斯文化交流》，耿升译，中华书局1993年版，第112页。

的现象："石板沟中盛产麝香……谁在其他地方都没见过这么多。……这里的居民把麝香作为一种与中原人从事非常有利可图的贸易商品。"①

马可·波罗所记中国西北地区出产最优质麝香在古今中外很多文献中都可以找到印证。例如上文提到，马苏第明确表示吐蕃麝香比中国的好，因为"吐蕃羊（即麝香羊）食芳香甘松茅和其他芳香植物，而中国羊乃吃各种普通草"。② 李时珍在《本草纲目》中专列"麝脐香"一条，指出不同地区麝香的优劣："麝出西北者香结实；出东南者谓之土麝，亦可用，而力次之。南中灵猫囊，其气如麝，人以杂之。"③ 布哈拉穆斯林旅行家阿里·阿克巴尔（Seid Ali Akbar Khatai，1500—?）在《中国行纪》中提到此地麝香质优："这个省中的城市有 Kinjanfu"（京兆府，今西安）、Kanju（甘州，今张掖），Sekchou（肃州，今酒泉）和 Dinkju（定州），在这几个城市盛产麝香。"④ 当代法国中亚史学者阿里·玛扎海里（Aly Mazaheri，1914—1991）也说，甘、凉、肃等州处于青藏高原香带区，吐蕃麝香因产量高、质量好而为人所知。⑤ 这些记述也与当今的科学研究相符。据现代学者考察，麝主要分布在喜马拉雅山到阿尔泰山海拔 3000 米以上的高原地区。中国麝香产量占世界 70% 以上。其中，青藏高原及其周边地区的麝喜吃冷杉、雪松、柏树等带有香味的植被，故麝香品质最佳。

最后，马可·波罗提到的西藏麝香味道浓烈在中外文献记载中也得到了佐证。6 世纪的萨珊王朝文献《科斯洛埃斯二世及其侍从官》中提到，"吐蕃麝香"与印度的"龙涎香""波斯的玫瑰"齐名，是

---

① ［法］古伯察：《鞑靼西藏旅行记》，耿升译，中国藏学出版社 1991 年版，第 623 页。
② ［法］费瑯编：《阿拉伯波斯突厥人东方文献辑注》，耿升、穆根来译，中华书局 1989 年版，第 315—317 页。
③ （明）李时珍：《本草纲目》，李经纬、李振吉校注，人民卫生出版社 1977 年版，第 1674 页。
④ ［波斯］阿里·阿克巴尔：《中国纪行》，张至善、张铁伟、岳家明编译，生活·读书·新知三联书店 1988 年版，第 96 页。
⑤ 参见［法］阿里·玛扎海里《丝绸之路——中国—波斯文化交流》，耿升译，中华书局 1993 年版，第 118 页。

"最香的香精"。① 宋代的《图经本草》也记载道："香有三等，第一生香，名遗香，乃麝自剔出者，然极难得，价同明珠。其香聚处，远近草木不生或焦黄也。今人带香过园林瓜果皆不实，是其验也。其次是脐香，乃捕得杀取之。其三心结香，乃麝见大兽捕遂惊畏失心，狂走坠死。"② 关于这个问题，李时珍也作出了解释，由于"麝之香气远射，故谓之麝。或云麝父之香来射，故名，亦通"。③

既然吐蕃之地的麝香如此优质，那如何捕麝自然受人关注。马可·波罗在《游记》中记录了藏獒（上文提到的巨犬）猎麝之事。就目前所知，他是第一个记录藏獒猎麝的欧洲人。他的记载在阿里·阿克巴尔的《中国行纪》中得到佐证："在西藏山区有一种良狗，西藏人用它向皇帝进贡。在土耳其苏丹也有这种狗，被称为萨珊尼，据说是西藏种。麝就是用这种狗去猎取的。"④ 可见，用藏獒获取麝香的方法直到 16 世纪还在使用，为经此地的各国商人所知。

由上推知，马可·波罗若没有到过中国，很难将麝鹿的体貌特征、活动区域、生活习性，麝香的产出、获取方法以及优劣对比等信息描写得如此准确。可以说，这是西方人首次将麝鹿的生活习性与麝香的生产如此完整细致地介绍到欧洲各国，修正了许多商旅及医学界的"常识性"错误。在这种意义上说，马可·波罗对东西方物质文明交流作出了独特贡献。

三　返乡后的马可·波罗与麝香

即便在欧亚交通网发达的元代，亚洲的麝香运抵欧洲仍须经中亚波斯人、阿拉伯人或埃及人之手。波斯湾口的霍尔木兹正是欧亚海上大宗贸易的中转站，西来的货船则载运"丁香、豆蔻、青缎、麝香、红色烧

---

① 尹伟先：《青藏高原的麝香和麝香贸易》，《西藏研究》1995 年第 1 期。

② 盛和林：《中国鹿类动物》，华东师范大学出版社 1992 年版，绪论第 9 页。

③ （明）李时珍：《本草纲目》兽部类 51 "麝香"，人民卫生出版社 1982 年校点本。

④ ［波斯］阿里·阿克巴尔：《中国纪行》，张至善、张铁伟、岳家明编译，生活·读书·新知三联书店 1988 年版，第 122 页。

珠、苏杭色缎、苏木、青白瓷器、瓷瓶、铁条"等。① 另外，麝香还可穿越小亚细亚的陆路，通过特拉比松和黑海的商路运抵君士坦丁堡。无论是海路还是陆路，欧洲人都只能忍受各国中间商的盘剥。麝香属于高档奢侈品，直到 15 世纪西方的商品资料中仍少有出现。尽管稍晚于马可·波罗的商人裴戈罗梯（Balducci Pegolotti，1290—1347）在《商业指南》中曾提到麝香，却没有指明它在哪里贸易。②

作为一种轻便易带且价值高、利润大的珍贵商品，麝香一直受到亚洲、非洲和欧洲商人的青睐。马可·波罗必定意识到麝香作为西方社会上层向往的一种奢侈品，定能获取丰厚的利润。他应该在中国的张掖就做过麝香等香料的生意。因为他在《游记》的"甘州（今张掖）"一节中说过，为了做生意，他和父亲、叔叔在甘州待了一年。③ 而甘州不仅是当时中国西北地区的重要国际商贸中心，也是甘藏地区优质麝香等香料贸易活动之地。也许正因如此，马可·波罗不仅把麝与麝香详细地记载于《游记》中，且从亚洲返回威尼斯后，同样表现出对麝香的浓厚兴趣。

据研究，马可·波罗返乡后主要进行香料贸易和放贷活动，其中麝香就是他经营的一种重要商品。在威尼斯国立圣马可图书馆（Venice National Marciana Library）关于马可·波罗的诉讼案、他本人及其家族成员的遗嘱，以及遗产清单等五份宝贵的档案文献中，研究者发现了关于麝香贸易的信息。所有这些都能有力地说明以他为首的波罗家族必定进行过包括麝香在内的东方贵重商品的贸易活动。

首先，马可·波罗的叔叔马菲奥（Maffeo Polo）在 1310 年 2 月 6 日草拟的遗嘱中提到两人共同贩卖麝香的事情。他们曾把一笔钱委托给三个贩运商代购麝香。然而，这些贩运商并没有完全兑现诺言，其中名叫

---

① 参见（元）汪大渊《岛夷志略校释》，苏继庼校释，中华书局 2000 年版，第 364 页。

② Pegolotti, La pratica della mercatura, 295 and 422，转引自 David Jacoby, *Marco Polo, His Close Relatives, and His Travel Account: Some New Insights*, p. 201。

③ Henry Yule, *The Book of Ser Marco Polo, the Venetian Concerning the Kingdom and Marvels of the East*, Vol. 1, p. 220.

马凯斯诺（Marchesino Berengo）的贩运商的儿子保罗（Paolo Berengo）替他父亲赔付他们一笔威尼斯金币（piccoli）[①] 400 磅的款项，其中马可·波罗占 2/3 的份额。此外，贩运商还需赔偿他们 86 萨觉（saggi）[②]的麝香。马菲奥还把其他两位定居在君士坦丁堡的债主名字也写在了遗嘱中。[③] 至于后面他们有没有偿还金钱或麝香，我们不得而知。

其次，马可·波罗本人也有关于麝香的诉讼案件。1310 年 4 月，他把属于自己及同父异母兄弟乔瓦尼（Giovannino）的 1.5 磅或 451.84 格罗西的麝香，委托给一名叫保罗（Paolo Girardo）的商人销售，契约中声明价格是每磅 2.61 杜卡特（ducats）[④] 金币，受托人将在这笔交易中获取一半的利润。然而，保罗在次年 3 月返回威尼斯后，并没有把卖掉的半磅麝香的收益交给马可·波罗，且相当于 1 萨觉或 1/6 盎司的剩余麝香不知去向。于是，马可·波罗把保罗告上了法庭。1311 年 3 月，法官判决马可·波罗胜诉，要求保罗补偿胜诉方应得的利润和丢失的麝香；如果败诉方不能及时赔偿胜诉方的损失，将按照威尼斯的法律被判处监禁之刑，且服刑期间费用自理。[⑤]

再次，马可·波罗还曾把麝香作为贷款的重要抵押品。1310 年，一名香料经销商的妻子尼科莱塔（Nicoletta）声明，自己归还了为马可·波罗暂时保管的各种珍贵商品，包括 1 萨觉和 7.49 格罗西的麝香。[⑥] 大

[①] 据德国学者汉斯研究，皮克利（piccolo，其复数是 piccoli）与格罗西（grosso）之间的汇率经常变动。比如说 1265 年，1 格罗西相当于 27 皮克利；而 1282 年 5 月，1 格罗西相当于 32 皮克利。参见 Hans Ulrich Vogel, *Marco Polo Was in China：New Evidence from Currencies，Salts and Revenues*, Leiden：Brill, 2013, p. 471。

[②] saggi 是用于珍贵商品的单位，冯承钧先生将 saggi 翻译成"萨觉"。1saggio 约相当于 4.3 克。9.0791saggi = 39.04g = 1 两。参见 Hans Ulrich Vogel, *Marco Polo Was in China：New Evidence from Currencies，Salts and Revenues*, p. 317。

[③] Orlandini, "Marco Polo", 29, no. 6；David Jacoby, *Marco Polo, His Close Relatives, and His Travel Account：Some New Insights*, p. 202.

[④] 马可·波罗时代，1ducat 金币的重量相当于 3.25 克。Hans Ulrich Vogel, *Marco Polo Was in China：New Evidence from Currencies，Salts and Revenues*, p. 473.

[⑤] Henry Yule, *The Book of Ser Marco Polo, the Venetian Concerning the Kingdom and Marvels of the East*, introduction, p. 46.

[⑥] Orlandini, "Marco Polo", 32, no. 8，转引自 David Jacoby, *Marco Polo, His Close Relatives, and His Travel Account：Some New Insights*, p. 202。

略可以这样推测，两家很可能有生意往来，而这些商品可能是马可·波罗给经销商及其妻子贷款的抵押品。此外，他们之间应该建立起了互信的私人关系。尼科莱塔在1314年指定马可·波罗及其同父异母的兄弟斯蒂芬（Stefanno）作为她遗嘱的执行人。[①] 由此可推知，马可·波罗在威尼斯商人圈子里应该颇有声望。

最后，马可·波罗在1324年去世时，遗产中有三箱没有存放于鹿囊中的麝香，其中两箱列入了他的财务清单。一箱被估价5.5镑或55杜卡特金币，另一箱估价10镑或100杜卡特金币，第三箱麝香被估价6.2镑或62杜卡特金币。[②] 根据马可·波罗声明的价格（每磅2.61杜卡特金币）计算，这三箱麝香总价约为217杜卡特金币。这些数量大、价值高的麝香显然不是留给自己或家人使用的，说明麝香在其大规模的经商活动中占有不小的比重。其他的可动产中还包括7.229千克白色蚕茧、12.049千克丝绸、4块鞑靼可汗颁发的蒙古"金牌"（Paiza）通行证[③]、金线织锦并饰有羽毛和珍珠的蒙古头饰，以及"鞑靼式样"的白色袍子等。[④] 另外，他在遗嘱末尾还提到，给予他的鞑靼仆人彼得（Pietro）以自由，付给其工资并赠送他100里拉的小钱。[⑤] 此外，马可·波罗还把遗产分给了妻子和三个女儿。没有子女的大女儿芳提娜（Fantina）在丈夫死后向夫家索要父亲给自己的遗产，在1354年向威尼斯法庭提交的诉讼中就提到了父亲的麝香。[⑥]

---

① Orlandini, "Marco Polo", 33 – 5, no. 10，转引自 David Jacoby, "Marco Polo, His Close Relatives, and His Travel Account: Some New Insights", *Mediterranean Historical Review*, 2006 (21), p. 203。

② Orlandini, "Marco Polo", 58 – 9, no. 69，转引自 David Jacoby, "Marco Polo, His Close Relatives, and His Travel Account: Some New Insights", *Mediterranean Historical Review*, 2006 (21), p. 202。

③ 波罗家族接受最为尊贵的金牌通行证这个事实，是马可·波罗宣称他们被委以重任的凭证，而不是证明否定论者所认为的他们没有在中国待过。

④ David Jacoby, "Marco Polo, His Close Relatives, and His Travel Account: Some New Insights", *Mediterranean Historical Review*, 2006 (21), p. 203.

⑤ Henry Yule, *The Book of Ser Marco Polo, the Venetian Concerning the Kingdom and Marvels of the East*, Vol. 2, p. 517, no. 13. 在马可·波罗死后的第4年即1328年，彼得获得了威尼斯公民的身份。

⑥ Henry Yule, *The Book of Ser Marco Polo*, translated and edited with notes by Henri Cordier, 3rd edition, Vol. 2, London: J. Murray, 1903, p. 64, No. 69. 这里需要说明的是，马可·波罗把除了捐赠给教会外的遗产让妻子和三个女儿而不是让家族里的其他男性来继承。

显而易见，马可·波罗的这些带有"鞑靼"色彩的物品及其家族贩卖麝香的活动记录都可以作为《游记》之外证实其来华的极好证据。此外，在他作为遗产的三个储藏麝香的箱子中还发现了一个装麝鹿皮的袋子①，与上文中提到的《寰宇记》（VB）所言"马可·波罗阁下曾将风干的麝的头骨和脚骨带回威尼斯，还有装在麝囊中的麝香"② 有着高度的吻合。当然，除了他带回欧洲的中国麝香外，我们也不能排除他在威尼斯贩卖的部分麝香有来自黎凡特③地区的可能，因为威尼斯和对手热那亚是将麝香从地中海转运到西欧的主要贸易中心。

四　结论

马可·波罗在蒙古人开创的全球化时代，怀着好奇求知的心态来到东方，并"如实"记录了自己的见闻，但并不为他的基督教教友所接受和认可，故被谑称为"说谎大王"，并在临终病榻上还被要求为自己的"谎言"忏悔！他的诸多新知识自然也未能被西方接受。尽管他在书中这么精确地记载了麝以及麝香的丰富知识，但是直到 18 世纪早期，对于欧洲人来说，关于麝香的出产地以及麝香发出香味的原理仍然是一个谜。④ 这就说明《游记》以及马可·波罗来华的真实性一直饱受质疑。

我们不妨从马可·波罗所记的物种、货源、经营的商品以及档案文献中为其来华的真实性寻找证据。作为有敏锐直觉的商人，马可·波罗对中国西部地区（包括西藏）的麝和麝香有着强烈的好奇心，并可能从事麝香贸易，极可能做过较为深入的调查，并对之生产的各个步骤及细

---

① Barbieri, Alvaro, "Quale 'Millione'? La questione testuale e le principali edizioni moderne del libro di Marco Polo", *Studi mediolatini e volgari*, 42（1996），pp. 999 – 1004，转引自 Hans Ulrich Vogel, *Marco Polo Was in China：New Evidence from Currencies, Salts and Revenues*, p. 86。

② A. C. Moule &Paul Pelliot, *Marco Polo：The Description of the World*, New York：Ishi Press, p. 179.

③ Levant，其原意指的是"意大利以东的地中海地区"。这里是中世纪陆路贸易的传统路线。阿拉伯商人将印度洋的香料等货物运至此处，而威尼斯和热那亚商人则从这里把货物运至欧洲各地。

④ Peter Borschberg, "The European Musk Trade with Asia in the Early Modern Period", *The Heritage Journal*, Vol. 1, No. 1, 2004.

节有着较为精确的记述。回到故乡后，他深知麝香在东西方贸易中非同寻常的地位，个人及家族长期从事麝香贸易，并在诉讼案宗、合作伙伴记录、遗产清单以及留给女儿的遗产等档案中都涉及麝香这种贵重的商品。他在《游记》中对麝与麝香的极大关注与他返乡后经营麝香贸易之间有着逻辑上的一致性，因而，就马可·波罗与麝香的密切关系来看，我们认为他极有可能来过中国。重要的是，他对麝以及麝香知识的记录不仅信息丰富，而且修正了在他之前波斯、阿拉伯世界"麝有长角"，以及欧洲世界"麝香在肚脐"的错误说法。因此我们可以说，马可·波罗的《游记》不仅为麝与麝香知识的修正和西传作出了重要的贡献，而且他好奇求知地发现了一个"新世界"，为近代以前的欧洲开启一扇了解和认识东方的启蒙之门，开创了东方交流的一个新时代。正如保罗·斯米瑟斯特（Paul Smethurst）所言："自从这个700年前的威尼斯商人开始他的奥德赛之旅起，东方和西方就一直牵手跳着永远改变我们生活方式的探戈舞。他发现了一个全新的世界。"①

---

① Paul Smethurst, "A Revolutionary from Vience: Marco Polo's Travels Changed forever the Way Europe Beheld Asia", *Time*, 2006 (8).

第五章　马可·波罗与丝路信仰及传说

本章探讨马可·波罗来华丝路上所记的信仰与传说，主要涉及克什米尔佛教、长老约翰王和东方三博士传说。第一节比较了今河北正定隆兴寺己未年（元宪宗九年，1259）《大朝国师南无大士重修真定府大龙兴寺功德记》碑文与《马可·波罗游记》中关于克什米尔的记载，发现二者关于克什米尔的许多记载颇为契合，具体而言有克什米尔僧人隐居苦修之风、擅长法术之特点，以及13世纪的克什米尔仍是佛教的一个重要输出地。中西两种记载，适可相互印证。尤其马可·波罗明确地提及克什米尔术士，并与吐蕃并举，在当时的汉文史料中鲜见。因此，他的记载弥足珍贵。而且从中我们可以知道，到元世祖忽必烈时，宫廷中仍然有不少克什米尔僧人活跃。而其发轫者，无疑是那摩国师。从13世纪入仕元帝国的克什米尔人铁哥家族，可以得知当时中外交流是非常活跃的，非常值得书写。第二节研究欧洲中世纪到近代一直都很有名的一个传说——长老约翰。《游记》中与之相关的内容非常值得研究。他对该传说的记载是西方人对长老约翰的认识产生巨大转折的一个重要阶段。但他对长老约翰的记述与西方教友的认知有着巨大的差异，因而对中世纪的欧洲造成了一定的心理困惑和冲击。该传说影响深远，甚至在哥伦布发现美洲新大陆后多年里仍能唤起欧洲人的热情。这个传说是中世纪西方人浪漫化异域的例子，也勾勒出他们对东方认知的历史演变过程。第三节研究《游记》中所涉及的东方三博士传说，这是基督教文化中的一个经典故事。因马可·波罗本人长期在元帝国内生活，接触并学习了中国志书如实书写的特点，根据所见所闻忠实记载，所以他的书所记的东方三博士传说，在很大程度上挑战了西方基督教世界中的传统三博士版本。例如，对东方三博士传说中的遗骸安放地、礼物寓意、圣诞之星和圣火崇拜等方面的解释都与中世纪基督教神学的观点背道而驰，进而割裂了圣·托马斯—东方三博士—长老约翰之间的神话链条，颠覆了他们在基督教神学体系中的神圣地位，打破了因十字军东征陷入困境的欧洲渴望得到东方基督教势力援助的虚幻期待，给欧洲人造成了一定的心理创伤和信仰冲击。

通读《游记》全书，研究者发现，马可·波罗是以一个"国际化"蒙古人的视角来观察宗教问题，他并不是一个唯基督教为尊者。基督教的同宗"异端"——景教、佛教、摩尼教、拜火教等在他的书中或多或少都有关注。事实上，马可·波罗挑战西方传统观念并非有意，只是他的"蒙古屏"视野和对东方文明的认同使他的叙事立场与中世纪基督教世界相去甚远而已。而马可·波罗带有"世界主义"眼光的文化认同观应该可以为解决当今世界冲突和矛盾提供有益的启示。

第一节　那摩国师与 13 世纪克什米尔佛教

——以《马可·波罗游记》为比较对象

克什米尔（Kashmir），在不同时代的汉文史乘中有罽宾、迦湿弥罗、迦叶弥罗、迦叶弥儿、乞失迷儿、怯失迷儿等译名。自佛教传入克什米尔后，此地成为佛法的中心，在佛教流传印度境外之过程中，影响甚大。[1] 中古时期与中国往来交流的佛教僧人不少。13 世纪入仕元帝国的克什米尔人铁哥（或译铁可）家族，在中外交流史上尤值得一书。概言之，其家族之入元，始于元太宗窝阔台汗时斡脱赤、那摩兄弟入觐，后历定宗、宪宗朝，斡脱赤领迦叶弥儿万户，那摩位至国师。斡脱赤之子

---

[1]　Henry Yule & Henri Cordier, *The Book of Ser Marco Polo*, Vol. 1, reprinted edition, New Delhi: Munshiran Manoharlal Publishers Pvt Ltd, 1993, pp. 168 – 169.

铁哥，备世祖宿卫，以至"历事四朝，尊为国老，官至极品"。①

关于这一家族的史料，以往主要的依据是《元史·铁哥传》，张星烺编《中西交通史料汇编》对其文进行了摘录。② 1962 年北京崇文区龙潭湖以北发掘出斡脱赤、铁可二墓，至 20 世纪 80 年代始公布。③ 斡脱赤墓中无木棺、尸骨，仅发现正书"大元忠遂国公神道之位"石碑一座，当为衣冠冢，这与斡脱赤奉元宪宗之命前往克什米尔招降而被其国主所杀的命运是相符的。铁可墓中出土《铁可墓志》，于史传多有补正，学者已有论列。④ 但如《铁哥传》云"迦叶弥儿者，西域筑乾国也"，《墓志》云"伽叶伊弥古竺乾国"，自屠寄以来至今仍有学者以为"竺乾"乃"乾竺"倒误，是天竺的异译⑤，实际上，竺乾一词常见于古代汉文典籍，推测可能是天竺、犍陀罗的连简之称⑥。

今河北正定隆兴寺内存有己未年（元宪宗九年，1259）《大朝国师南无大士重修真定府大龙兴寺功德记》碑。⑦ 所谓大朝国师南无大士，即铁哥之叔那摩国师。碑记内容信息量丰富，是学者探讨那摩生平的主要依据。⑧ 不

---

① 吴澄：《吴文正公集》卷 31《题秦国忠穆公行状、墓铭、神道碑后》，《元人文集珍本丛刊》本，第 530 页下。

② 参见张星烺编注《中西交通史料汇编》第 6 册，朱杰勤校订，中华书局 1977 年版，376—377 页。

③ 参见北京市文物研究所《元铁可父子墓和张弘纲墓》，《考古学报》1986 年第 1 期。

④ 参见侯堮《元〈铁可墓志〉考释》，于杰等主编《北京文物与考古》第 2 辑，北京燕山出版社 1991 年版，第 249—255 页。

⑤ 参见屠寄《蒙兀儿史记》卷 128《铁哥传》，上海古籍出版社、上海书店《元史二种》本 1989 年版，第 767 页。

⑥ 参见此承蒙荣新江老师指点。

⑦ 录文见《常山贞石志》卷 15。《全元文》第 9 册，第 14—17 页据之标点。专文研究：张云：《〈重修大龙兴功德记〉及其史料价值》，《西藏研究》1994 年第 3 期；刘友恒：《一通记录那摩国师行状的重要佛教碑刻》，《文物春秋》2010 年第 3 期。

⑧ 参见温玉成《蒙古国的海云大士与南无国师》，《法音》1985 年第 4 期，收入氏著《中国佛教与考古》，宗教文化出版社 2009 年版，第 590—594 页；黄春和《元初那摩国师生平事迹考》，《首都博物馆丛刊》第 9 辑，1994 年；［日］中村淳《モンゴル时代の"道仏论争"の实像——クビライの中国支配への道》，《东洋学报》75，1994 年；汉译本《蒙古时代"道佛论争"的真像——忽必烈统治中国之道》，《蒙古学信息》1996 年第 2 期，注释 10、11；温玉成《蒙古国国师克什米尔高僧那摩》，《中国文物报》1995 年 3 月 26 日，收入氏著《中国佛教与考古》，第 595—598 页；陈得芝：《元代内地藏僧事辑》，《蒙元史研究丛稿》，人民出版社 2005 年版，第 234—236 页。

过，碑记文辞典雅，个别史实因而不显，尚有可补充者，兹略述三点。

一 克什米尔修行之风

《大朝国师南无大士重修真定府大龙兴寺功德记》记述那摩早年在克什米尔的修行：

> （那摩）厌世喧扰，悉弃所有，遯迹大雪山之下，修头陀行。止绝爱流，扫荡情尘，念念在道，了不间断。日中一飡，止宿冢间树下，慎不再矣，于此十有三年，人见之不堪其忧，行吟曳杖而歌，绰绰然有余裕哉。常林丰草之志，萃于眉宇，是可尚也。

有趣的是，《游记》述克什米尔：

> 此州中有许多隐士，侍奉偶像，在隐居地或洞窟中闭关修行，节制饮食，洁身自好，避免犯下任何罪恶以损害其美德或违背他们邪恶的律条和信仰。他们被视作智慧与神圣，受到人们极大尊敬。①

中西两种记载，适可相互印证。碑记虽然只是记载那摩的个人事迹，而以《游记》观之，可知这种隐居苦修的头陀行在 13 世纪的当地仍是有普遍性的。

二 克什米尔之法术

《大朝国师南无大士重修真定府大龙兴寺功德记》载，那摩"每烧坛持咒，凡有所祷，随念即应"。《游记》记述克什米尔的偶像教徒（按，马可·波罗所谓"偶像教徒"，指佛教僧人）：

> 他们比任何人都熟知邪恶的幻术，真是奇迹，能使聋哑的偶像

---

① A. C. Moule & Paul Pelliot, *Marco Polo*: *The Description of the World*, Vol. 1, London: George Routledge & Sons Limited, 1938, pp. 139 – 141. 此据北京大学《马可·波罗行记》读书班包晓悦译、集体讨论校订的文本。以下不标出处者皆出此节。

开口说话，并对人们的请教予以答复。通过妖术他们随心所欲地改变天气，将光明或白昼变成黑暗，将黑暗变成阳光。他们通过魔法和智慧行使其他许多神奇之事，未曾亲见的人难以相信。

《游记》另一节又记载了一项具体的法术功用：

> 当大汗每年居留上都的三个月期间，遇有雨、雾、恶劣天气，当暴风、云、雨、雾升起，就有星者、术士登上大汗居住的宫殿屋顶，以其知识与法术驱除宫上的云、雨及一切恶劣天气，使它们不触及宫殿而是越过它；宫殿之上无恶劣天气，甚至一滴水也不会落在上面，而其他地方则是恶劣天气持续；雨、暴风、雷电四处坠落，却丝毫不触及宫殿。此类术士一共两类，一类名为吐蕃（Tebet），另一类名为克什米尔（Chescemir）。①

马可·波罗的记载非常珍贵，如此明确地提及克什米尔术士，并与吐蕃并举，在当时的汉文史料中鲜见。从中我们可以知道，到元世祖忽必烈时，宫廷中仍然有不少克什米尔僧人。而其发轫者，无疑是那摩国师。

《大朝国师南无大士重修真定府大龙兴寺功德记》述那摩烧坛持咒随祷辄应之后又云："诸国僧众咸取则焉。"这种称誉，并非全然虚饰之词。可相印证的是《游记》描述克什米尔："此地是世界上所有其他偶像崇拜的起源，偶像皆由此流传开去。"

马可·波罗所谓"偶像崇拜"，系指佛教。克什米尔佛教法术盛行，对其周边地区都有直接或间接的影响，藏传密教就有显著的克什米尔背景。马可·波罗将克什米尔与吐蕃并举，实因二者法术接近。陈得芝先生指出："那摩以持咒见长，为藏传佛教的得宠于蒙古人，起了过渡作用。"② 诚哉斯言。

---

① A. C. Moule & Paul Pelliot, *Marco Polo*: *The Description of the World*, Vol. 1, London: George Routledge & Sons Limited, 1938, p. 188. 笔者译为汉文。

② 陈得芝：《元代内地藏僧事辑》"关于那摩国师"，《蒙元史研究丛稿》。

三 那摩之身份与生平补考

《元史·铁哥传》："宪宗尊那摩为国师，授玉印，总天下释教。"这一记载虽不见于《元史·本纪》，但以《铁可墓志》及《大朝国师南无大士重修真定府大龙兴寺功德记》证之，是说不谬。"授玉印"的那摩，地位显较"给以银章"的海云①为高。因而学者认为，海云只是管领汉地佛教，那摩则是总天下佛教。② 是说当是。

之前我们往往以为八思巴是元代第一任国师（后升为帝师），现在我们可以认为，元朝廷首次采用国师之称号，很可能是始于那摩。我们注意到，在佛道论争中，佛教方面以那摩为首，而年轻的八思巴也正是在论辩过程中崭露头角。克什米尔与藏传教法又有渊源关系，由那摩国师到八思巴国师，大概较为顺理成章。《大朝国师南无大士重修真定府大龙兴寺功德记》："……朝廷师事，如智颛国师。致使佛门光焰万丈，大教复兴，缁流安泰，有功于世，古今已来，未之闻也。"西藏文管会藏有汉字篆书"大朝国师统领诸国僧尼中兴释教之印"木质印章一方。印文内容与碑记中这句话颇为契合。有学者以为这方印章即当年朝廷授予那摩之印。③ 此说有一定的道理，不过，也有一种可能，这方印章是至元六年（1271）八思巴字制成前朝廷授予八思巴之印。④ 木质，表明此印恐怕已非原件，而是复制品。

那摩长期与蒙古人交流，除了母语外，应该还学会蒙古语，否则恐怕无法坐到国师这样的高位。其兄斡脱赤取蒙古名，铁哥亦为蒙古名（teke，义为岩羊），铁哥还能写回鹘体蒙古文，其家族蒙古化程度很高。

---

① 参见《大蒙古大庆寿寺西堂海云大禅师碑》，录文见苏天钧《燕京双塔庆寿寺与海云和尚》，北京市社会科学院历史所编《北京史研究》，北京燕山出版社1986年版，第82页。

② 参见野上俊静《元史释老伝の研究》，朋友书店1978年版，第157页。

③ 参见于采芑《大朝国师印考》，《故宫博物院院刊》2006年第3期。

④ 参见中村淳《モンゴル時代の帝師·國師に関する覺書》，《平成17—19年度科學研究費補助金基盤研究B研究成果報告書·内陸アジア諸言語資料の解讀によるモゴルの都市發展と交通に関する綜合研究》，2008年，第213—214页。

同时，铁哥之母为汉人，其妻子亦为汉人，家族保持了与汉人的通婚。但那摩不通汉语。中村淳指出，佛道论争时佛教方有一位"真定译言蒙古歹""译言真定蒙古歹"①，此人应该就是那摩从真定带来的译员。

　　碑记有载："癸丑（1253）春正月，飞诏南下，自迩陟遐，曰缁曰素，咸入其彀。首驻锡于燕……"在燕京期间，那摩重修了延洪寺。②不过他很快就离开了燕京。2007年发现的蛇儿年（至元十八年，1281）《大都大延洪寺栗园碑》，登载了至元十八年关于延洪寺田产纠纷的圣旨、国师法旨二件文书。从中已经找不到那摩与延洪寺的联系。唯追溯前事时提及："至庚辰年间，有坟山崔荣祖、谢永安、王巧工、高子显、张得林、崔荣禄等，将前项栗园一面献与大哥相公，在后有大哥相公转献与元真人为主。本寺知会，却缘已经兵革，未蒙圣旨，不曾争理。"马顺平、孙明鉴合作撰文考释，判定庚辰年即至元十七年（1280），推测大哥相公可能是铁哥。③但是，同一文书紧接着的一句即又出现"至元十七年八月"字样，不同的纪年方式显示出这与庚辰年不是同一年。实际上，此庚辰年应是元太祖十五年（1220）。如此，则大哥相公断然不可能是铁哥。大哥相公应即《蒙鞑备录》中的"大葛相公"以及《黑鞑事略》中的"燕京大哥行省憨塔卜"④，也就是《元史》中的石抹咸得不⑤，契丹人石抹明安长子，袭父职为燕京行省。石抹明安卒于丙子年（1216），咸得不为燕京行省当在此时。明安次子忽笃华于太宗时袭职燕京等处行尚书省事，大概是因为其兄咸得不彼时去世。故知咸得不从1216年直至太宗时一直任燕京行省。这一任职时间与碑中的庚辰年（1220）相合。咸得不排行居长，故被称为"大哥"，当时北方汉人常有

---

　　①　《至元辨伪录》卷3，《大正藏》第52册，第770、771页。

　　②　参见北京图书馆善本组辑《析津志辑佚》，北京古籍出版社1983年版，第68页。

　　③　参见马顺平、孙明鉴《元〈大都大延洪寺栗园碑〉释证》，《故宫博物院院刊》2011年第1期。

　　④　（宋）赵珙：《蒙鞑备录》，《王国维遗书》第13册，9叶a—b；（宋）彭大雅、徐霆：《黑鞑事略》，《王国维遗书》第13册，23叶a。此承中国社科院历史所刘晓研究员教示，谨致谢忱！

　　⑤　参见《元史》卷121《石抹明安传》，第2982页。

这样的称呼，如史天泽被称为"三哥"[①]、董文忠被称为"八哥"[②]。咸得不与全真教关系密切，丘处机入主天长观（后来的长春宫）即出自咸得不之礼请。[③] 碑中的元真人很可能是一位全真高道。

那摩与蒙古帝室关系密切。《元史·铁哥传》特意描写了忽必烈与那摩的关系："先是，世祖事宪宗甚亲爱，后以谗稍疏，国师导世祖宜加敬慎，遂友爱如初。至是，帝将用铁哥，曰：'吾以酬国师也。'"而碑记反映出，那摩与阿里不哥关系同样密切：

> 自乙卯年（1255）三月八日，阿里不哥大王命使扎古儿歹八赤海赍持令旨，悉除寺门贡赋，及赐到白金，大作佛事三昼夜。丙辰（1256）秋，王复命赐白金，重修观音大殿，金傅其像。丁巳（1257）正月朔日，国师新降到贤王令旨，赐白金，勅印藏经。其年六月二十日，王命使秃思吉歹令丞相阔阔歹赐白金，看转大藏经一会。今年（1259）二月十有三日，王命塔合住赐白金，用庆新经，广集僧象，作药师大道场三昼夜。

自1254年那摩主持龙兴寺起，几乎每年阿里不哥都有优遇赏赐，直至1259年立碑前。1259年是蒙古国命运的转折点。这年七月，蒙哥死于四川，忽必烈与阿里不哥开始争夺汗位。那摩国师这样崇高的地位，必然是双方都想争取的对象。而无论那摩国师倾向于哪一方，《元史·铁哥传》都将会有不同的表述。唯一的解释是在忽必烈与阿里不哥争位之时，那摩已经去世。

碑记最后提道："一日，龙兴主僧踵门而来，将到行状，即云此文前

---

① 参见《元史》卷99《兵志二》，2530页作"万户三哥"。波斯文音译作 Samgeh，参见邵循正《剌失德丁〈集史·忽必烈汗纪〉译释（下）》，《邵循正历史论文集》，北京大学出版社1985年版，第66—74、67页。

② 参见（元）黄溍《资德大夫陕西诸道行御史［台］御史中丞董公神道碑》，《金华黄先生文集》卷26，《四部丛刊》本，2叶a。

③ 参见（元）李志常《长春真人西游记》附录，《王国维遗书》第13册，第2—3页。

后事迹，系是塔必暨少林、金灯二老备说其详。"以往的研究中，此句标点往往有误，原因在于没有辨清塔必暨少林、金灯二老是何许人。其实在《至元辨伪录》中他们都出现了。塔必被称作塔必小大师、塔必大师。[①]《至元辨伪录》中少林长老、金灯长老并列出现两次。[②] 少林长老指雪庭福裕（1203—1375），为少林寺中兴之祖，在元代地位很高，今少林寺尚存其道行碑二座，学界对其生平多有探讨，此不赘。金灯长老不见于其他记载，《至元辨伪录》卷四载，道教将所占寺宇山林水土归还佛教，其中，"泊燕京奉福寺长春宫所占虚皇大阁，却分付与金灯长老"。[③] 据此，大概金灯长老是居于燕京的。塔必暨少林、金灯，共三人，"二老"应该仅指后二者而言，因为塔必既然被称为小大师，大概年纪较轻。这三人都曾与那摩共同参与佛道论争，与那摩关系较为亲密，对那摩的生平比较了解，因而他们的口述成为碑记内容的主要来源。

四　结论

本节比较了今河北正定隆兴寺己未年（元宪宗九年，1259）《大朝国师南无大士重修真定府大龙兴寺功德记》碑文与《游记》中关于克什米尔的记载，发现二者关于克什米尔的许多记载颇为契合，具体而言有克什米尔僧人隐居苦修之风、擅长法术之特点，以及 13 世纪的克什米尔仍是佛教的一个重要输出地。

本节又对《大朝国师南无大士重修真定府大龙兴寺功德记》作出几条补证。第一，西藏文管会藏有汉字篆书"大朝国师统领诸国僧尼中兴释教之印"木质印章一方，以往有学者认为是那摩国师之印，本节认为也有可能是至元六年（1271）前朝廷授予八思巴之印，木质表明其为复制品而非原件。第二，那摩国师应该通晓蒙古语，但不懂汉语。第三，2007 年发现的蛇儿年《大都大延洪寺栗园碑》中提及的"大哥相公"，

---

① 参见《至元辨伪录》卷 3，第 770、771 页；卷 4，第 772 页。
② 《至元辨伪录》卷 3，第 769、770 页。
③ 《至元辨伪录》卷 4，第 772 页。

并非那摩的侄子铁哥，而是13世纪20年代的燕京行省长官石抹咸得不。第四，那摩与阿里不哥关系密切，那摩卒年当在1259年，故没有牵扯进忽必烈与阿里不哥之争。第五，根据《至元辨伪录》，可以确定碑中出现的塔必、少林、金灯为三位僧人，从而纠正以往标点之误。

第二节　中世纪至近代西方对东方的认知变化

——以马可·波罗所记的长老约翰传说为例

长老约翰在12—18世纪的欧洲是尽人皆知的传奇人物。其传说影响深远，甚至在哥伦布发现美洲新大陆后多年里仍能唤起欧洲人的热情。这个传说是中世纪西方人浪漫化异域的例子，也勾勒出他们对东方认知的历史演变过程。目前，国内外学界关于该问题的研究集中在三个方面：约翰王的历史人物原型①，传说缘起②及其信件作者的身份③。然而，少

---

① 关于长老约翰的人物原型问题争论已久。威廉·鲁布鲁克认为，长老约翰是指乃蛮部的屈出律；马可·波罗认为是克烈部首领王罕脱里；鄂多立克认为是汪古部的首领；古斯塔夫·奥波特（Gustav Oppert）和弗雷德里希·赞克（Friedrich Zarncke）认为，他就是中亚喀喇契丹的建立者耶律大石（参见 L. N. Gumiev, *Searches for an Imaginary Kingdom: The Legend of the Kingdom of Prester John*, trans. R. E. F. Smith, Cambridge University Press, 1988）；康斯坦丁·马里涅斯库（Constantine Marinescu）认为长老约翰的原型是埃塞俄比亚皇帝；意大利学者李奥纳多·奥勒斯吉（Leonardo Olschki）提出该传说只是乌托邦（参见 Charles E. Nowell, "The Historical Prester John", *Speculum*, Vol. XXVIII, July 1953, No. 3, p. 437）。

② 迄今，学术界的观点大致有三种：第一，寻找基督教盟友。约翰·拉纳认为，这个传说表达了西方人寻找天然联盟对付伊斯兰教势力的一种强烈愿望（参见 John Larner, *Marco Polo and the Discovery of the World*, Yale Universy Press, 1999）。第二，欧洲神权与世俗权力之争的需要。汉密尔顿认为，该信件是德皇腓特烈一世差人伪造的，是他与教皇亚历山大三世斗争期间宣传的组成部分（参见 Bernard Hamilton, "Prester John and the Three Kings of Cologne", in Charles F. Beckingham and Bernard Hamilton, eds., *Prester Hohn, the Mongols and the Ten Lost Tribes*, Aldershot, Hants., Variorum, 1996, pp. 171-191）。第三，借以改善欧洲基督教社会道德状况。李奥纳多·奥勒斯吉认为，欧洲人虚构长老约翰的目的是表达对当时欧洲基督教分裂状况的讽刺以及对基督教信仰的怀疑，其目的在于改善欧洲人已经败坏的社会道德（参见 Charles E. Nowell, "The Historical Prester John", *Speculum*, Vol. XXVIII, July 1953, No. 3, p. 437）。

③ 由于该信件出现于十字军东征期间，李奥纳多·奥勒斯吉认为长老约翰"是十字军想象世界的一个产物"，故此信作者应为基督教会的教士；M. 巴伊兰认为此信的作者是中世纪意大利的犹太人（参见 M. Bar-Ilan, "Prester John: Fiction and History", *History of European Ideas*, 20/1-3, 1995, pp. 291-298）；伯纳德·汉米尔顿（Bernard Hamilton）将其视为皇帝腓特烈大帝为其政治目的的伪造品，可能由他的大法官、科隆的大主教莱纳德·冯·达赛尔（Rainald von Dassel）炮制而成（参见 Charles F. Beckingham and Bernard Hamilton eds., *Prester Hohn, the Mongols and the Ten Lost Tribes*, Aldershot, Hants., Variorum, 1996, pp. 213-236）。

有人通过该传说考察中世纪欧洲人东方认知的演变。本节拟对这一过程进行梳理，以祈抛砖引玉。

一　雾里看花：11—12 世纪的印度长老约翰

在十字军东征的时代，亚洲在欧洲人的印象中只是一张充斥着想象和传说的地图，其中流传久远的长老约翰传说便是地图中典型一例。

长老约翰传说的出现与流行是特定时代的产物。1054 年，基督教分裂为天主教和东正教。天主教会、封建主和大商人为巩固和扩大势力，极力排斥信奉东正教的东罗马帝国和信奉伊斯兰教的地中海东岸国家，企图建立"世界教会"。然而，7 世纪中叶伊斯兰势力的兴起对欧洲构成了严重的威胁，尤其是塞尔柱突厥人（Seljuq Turks）于 1071 年占领了圣城耶路撒冷，沉重地打击了基督教世界。基督教徒渴望夺回圣地，但是对伊斯兰势力的前三次十字军东征并无太大的成果，加之罗马教皇与欧洲各君主争权夺利，整个欧洲社会深陷失望与痛苦之中。

于是，欧洲人开始寄希望于伊斯兰世界之外的同盟者，长老约翰的传说也就应时而生。其实，这个传说的原型可追溯到《新约》中的"长老约翰"的提法。[①] 在传入欧洲之前，长老约翰的故事也许在亚洲的聂斯脱里教派中流传已久。可是，欧洲最早耳闻长老约翰之名是在 1122 年，一名自称来自印度长老约翰国度的人抵达罗马，要求教皇承认他的职位。他声称，自己所在的胡尔纳（Hulna）城建在皮逊（Phison）河边，规模很大，里面生活着大量虔诚的基督徒。为了纪念圣徒圣·托马斯，城外专门修建了大教堂，在他的斋戒日，全亚洲的基督徒都来朝拜。[②] 当今学者约翰·拉纳对此表示怀疑："我们面对的不过是某个自信的骗子，他有着丰富的想象力和冒险精神，制造出把戏糊弄教皇。"[③] 但

---

① 参见龚缨晏《约翰王：中世纪欧洲的幻象》，《社会科学战线》2010 年第 2 期。

② John Larner, *Marco Polo and the Discovery of the World*, New Haven：Yale University Press, 1999, p. 11.

③ Ibid. , p. 10.

是，这个东方影响很大的基督教团体的故事还是在欧洲社会广泛流传开来。

迄今所见，关于长老约翰的最早记载见于德国弗莱辛（Freising）的主教奥托（Bishop Otto）于1145年发表的《编年史》。奥托声称亲眼见到安条克公国的主教休（Bishop Hugh）向罗马教皇犹金三世（Pope Eugenius Ⅲ）报告说：在世界的最东方，有一名国王兼长老的基督徒约翰。他是《圣经》中的古代东方三博士的直系后裔，曾打败米底人和波斯人的伊斯兰国家的国王塞米阿第（Samiardi）兄弟，并攻占了其都城埃克巴塔那（Ekbatana）。他在祖先的感召下，想到圣城耶路撒冷朝拜，但因军队无法渡过底格里斯河而退兵。据学者研究，休提到的这场战役可能是1141年哈喇契丹（1124—1211，即西辽帝国）的创建者耶律大石（Yeh-lü Ta-shih，1094—1143）与塞尔柱苏丹桑贾尔（Sultan Sanjar）在中亚河中地区的卡特万（Oatwan）会战。结果，后者战败，退出这片地区。耶律大石的突厥语称号为"葛儿罕"（又译作"古儿汗""菊儿罕"等），后讹传为希伯来文的Yohanan或叙利亚文的Yuhanan，并由此转化为拉丁文的Johannes或John。① 经学者考证，耶律大石本人并非基督教徒，而是萨蛮教或后改信佛教，但他的部落内有不少的聂斯脱里教徒确是事实。②

长老约翰的传说达到高潮是在1165年，拜占庭皇帝曼纽尔一世收到一封没有地址的"长老约翰之信"。在信中，约翰王声称自己是"虔诚的基督教徒，城中的基督教徒处处受到保护"，但也居住着不少其他宗教信仰的人民。接着，他表示自己"统治三个印度"："如果您确想知道我的权限范围的话，那么请您坚信，我，约翰·普里斯特的统治至高无上，其美德超群，我十分富有，统治着天下的万物生灵"；"地上蜂蜜流淌，处处都有牛奶"，"到处有着奇珍异宝"；"在这里没有做伪证者、货

---

① 参见吴莉苇《欧洲人等级制地理观下的中国——兼论地图的思想史意义》，《中国社会科学》2007年第2期。

② 参见龚缨晏《约翰王：中世纪欧洲的幻象》，《社会科学战线》2010年第2期。不过，耶律大石所统治部落中确有聂斯脱里教徒。

币伪造者、私通者或强奸者"。最后，他还讲述了国内神奇事物，如城内有亚历山大之门（the Gate of Alexander）和不老泉，有一个魔镜能够看到自己统治区域的任何角落。

长老约翰及其传说的出现显然是这一时期欧洲人对东方想象的产物，这种想象是在被伊斯兰世界的新月旗帜挡住了视线，看不到欧洲以外世界的背景下，以亚历山大东征印度的浪漫传奇为底色，掺杂着《圣经》的知识，亚洲的聂斯脱里教徒或游走在丝绸之路上的商旅、行者道听途说的亚洲战事，再加上十字军东征军事的失利后需要外部帮助的形势下产生并广泛传播的。其中欧洲对东方的认识有不少"失实"之处，但也意味着西方开始关注基督教和伊斯兰世界以外的"东方"。例如信中所说的"三个印度"①，以"近印度"向东最为突出②。也就是说，欧洲人认为印度是世界的最东方，长老约翰就是东方的统治者。他是地上的众王之王，道德、权势和财富超过了地球上的其他国王，统治着一个魔幻般的国家。这应该是欧洲人继古典时期对"丝国"想象的延续。

二　犹抱琵琶：13—14 世纪的中亚草原长老约翰

十字军东征与蒙古大军的西征使东西方的直接碰撞与了解成为可能。随着第四次十字军东征（1202—1204）的顺利推进，基督教徒占领了东罗马帝国都城——君士坦丁堡。这使欧洲人在黑海和其他东方地区"发现"了更多的基督教徒，并进一步认为伊斯兰地区中的基督教信徒人数超过了穆罕默德的信仰者，也使他们确信东方的长老约翰会帮助他们取得尘世和精神的巨大胜利。

13 世纪初，蒙古人迅速崛起。在不到半个世纪的时间里，他们先后三次西征将欧亚大陆的大部分地区纳入自己的版图，开创了一个人类历史上前所未有的庞大帝国。起初，欧洲人希望在这个彪悍、野蛮的民族

---

① 即近印度（Nearer India，又称"小印度"，指印度北部）、中印度（Middle India，指古代埃塞俄比亚）、远印度（Further India，又称"大印度"，指印度南部）。

② 参见龚缨晏《约翰王：中世纪欧洲的幻象》，《社会科学战线》2010 年第 2 期。

中找到梦寐以求的长老约翰。1221 年，随十字军东征至埃及的达米埃塔（Damietta）、巴勒斯坦的阿卡主教（Bishop of Acre）德维特里（Jacques-de Vitry）和西部教会的佩拉吉斯枢机主教（Cardinal Pelagius）向罗马报告说："两个印度的国王"大卫王正率领彪悍的军队帮助基督教武士们，吞掉了强大的萨拉森人（对穆斯林的贬称）国家。他是长老约翰的儿子或孙子。① 这让欧洲基督教徒群情激昂，更加坚信他的国度是夹击伊斯兰世界的天然同盟。

然而，蒙古人在 1240 年前后铁蹄踏进欧洲，使欧洲人对长老约翰的美梦破灭为歌各和玛各的噩梦。其实，最早意识到蒙古人威胁的是伊斯兰教异端阿萨辛派（刺客派）。他们在 1238 年曾向法兰西和英格兰国王建议结成伊斯兰教与基督教的大同盟共同对付来自东方的"可怕"敌人。然而，由于西欧教俗权力之争，尤其是德皇腓特烈一世与罗马教皇之间的斗争日趋激烈，欧洲人根本无暇顾及尚未对欧洲构成重大威胁的蒙古人；同时，伊斯兰世界与蒙古人的对抗也让欧洲人乐于坐山观虎斗，以坐收渔翁之利。

拔都第二次西征，饮马多瑙河，使西方世界惊慌失措，各种猜测随之产生。英国本笃会士编年史家马修·帕瑞斯（Matthew Paris）满怀恐惧与憎恨地写道：蒙古人就是《圣经》中预言的来摧毁基督子民的歌各和玛各的后代，他们是"撒旦麾下令人厌恶的民族，像来自塔尔塔罗斯的恶鬼一样不断涌现，所以他们该被称为鞑靼人（Tartars）"。② 与此同时，教皇格里九世呼吁组织十字军抵御蒙古人，但由于德皇与罗马教徒互相攻讦而流产。③ 1245 年，教皇英诺森四世在法国里昂召开宗教大会，

---

① John Larner, *Marco Polo and the Discovery of the World*, New Haven: Yale Universy Press, 1999, p. 16. 他们所指的大卫王很可能是成吉思汗，因为后者在 1219—1222 年击溃了最强大的伊斯兰国家花剌子模（Kharezm），并占领了波斯东部的呼罗珊诸地。

② Matthew Paris, *Engilsh History*, Vol. 1, trans. J. A. Giles, London: Cox Brotheus and Wyhan, 1852, pp. 131 - 132；吴莉苇《欧洲人等级制地理观下的中国——兼论地图的思想史意义》一文对《圣经》中歌各和玛各传说与"鞑靼人"来源的解释。

③ 腓特烈一世抱怨本十字军进攻神圣罗马帝国，使鞑靼人趁机侵入了分裂的基督教世界，而罗马教皇则怀疑一直与自己作对的德皇引狼入室。

集中讨论抵制蒙古侵略的问题。大会决定在积极防御的同时派遣教士出使蒙古，劝说他们停止杀戮和侵犯欧洲，并皈依基督教。随后，罗马教会和国王纷纷派遣传教士前往寻求长老约翰，其中包括博朗·嘉宾、阿西林使团、鲁布鲁克等。尽管他们并没有完成与蒙古人结盟的使命，但了解到蒙古人中有不少聂斯脱里教徒。这足以使欧洲人坚信在鞑靼人、穆斯林势力之外存在着长老约翰的国度。

　　1241 年，窝阔台大汗病逝，正在西征的王子们抽兵回国。此后，蒙古人再也没有对欧洲发动大规模的攻势。1253 年，旭烈兀第三次西征，摧毁了伊斯兰教势力的战略要地巴格达和叙利亚，让基督教世界一片喝彩。但是，蒙古人的"反复无常"使欧洲人确信他们肯定不是长老约翰的国度。在此形势下，马可·波罗的叙述似乎确认了蒙古鞑靼人与长老约翰之间的关系。《马可·波罗游记》从第 63 至第 67 章、第 72 至第 73 章节中都提到了长老约翰，其大体内容如下：（1）鞑靼人确实是居住在北方的玛各人。[①] 但是，歌各与玛各之地曾被长老约翰[②]征服，现在这片土地又被鞑靼人占有。（2）可汗宽容不反对帝国的臣民的各种信仰，因基督教徒曾在战前占卜成吉思汗取胜，故优待他们。（3）鞑靼人与长老约翰之后联姻，如：成吉思汗纳王罕之女为妾，四子拖雷娶一女；约翰国王则或娶大汗之女，或娶皇族公主为妻。

　　尽管马可·波罗在该问题的描述上出现了不少史实性错误，但他为鞑靼人和长老约翰这原本敌对的两族确立了一种新的关系。长老约翰也不再是传说中战无不胜的英雄，而是被蒙古人打败的真实人物。更重要的是，马可·波罗认为契丹是鞑靼人统治的长老约翰之旧地，且仍有众多基督教徒生活其中[③]；契丹南面是居民为偶像教徒的蛮子国。这使得

---

　　① 参见［意］马可·波罗《马可·波罗游记》，冯承钧译，上海书店出版社 2001 年版，第 166 页。"此即吾人所称峨格（Gog）同马峨格（Magog）之地。……盖在此州中有二种人，先鞑靼人居住此地，汪格人是土著，木豁勒则为鞑靼，所以鞑靼人常自称木豁勒，而不名曰鞑靼。"

　　② 克烈部（Kerait）首领脱忽勒王罕（Togroul Wang-Khan）。

　　③ 参见吴莉苇《欧洲人等级制地理观下的中国——兼论地图的思想史意义》，《中国社会科学》2007 年第 2 期。

欧洲人对"三个印度"中"契丹""蛮子国"的情况有所了解并试图加以区分。

　　同时他们对"三个印度"的认识不再是完全停留于耳闻和猜想的水平，而是有了一些直接的或间接的资料。如关于圣托马斯传教的第二个印度（印度南部或大印度）的情况，马可·波罗在返回意大利的旅行中曾访问该地，称见过长老约翰在信中所谓的"帝国的圣坛祭地"——圣托马斯的墓地，但是"圣托马斯教长之遗体，在此马八尔（Mabbar）中一人烟甚少之小城内，其地偏僻，商人至此城者甚稀"。① 后来，曾有天主教传教士发现了马八尔海岸的聂斯脱里教社区，但没有发现长老约翰。② 在前两个印度寻找长老约翰的希望破灭后，欧洲人自然把眼光转向了第三个印度，即被称为埃塞俄比亚的中印度。《游记》中也谈到了埃塞俄比亚为"阿巴西（Abbasie）的大省中印度"以及与其基督教统治者反对阿丹苏丹的战争。③ 但是，他并没谈到埃塞俄比亚的基督教国王与长老约翰之间的关系。这可能是由于马可·波罗等西方旅行家掌握了一手的印度洋地理知识，知道第三个印度与第一、第二个印度相距遥远。蒙古人在波斯建立政权后，西方关于印度洋的知识不再完全是理论上的了：西方人可到那里旅行，从而形成从南部印度到非洲之角较为准确距离的认识。对他们而言，第三个印度距离其他两个印度非常遥远，把前者看作长老约翰国的部分应是想象的结果。④ 但这些"新知识"并未在欧洲传播开来，为大众所接受，因而在14世纪初伊斯兰势力再度高涨的时候，长老约翰国被迁到了非洲的埃塞俄比亚。

----

① ［意］马可·波罗：《马可·波罗游记》，沙海昂注，冯承钧译，上海书店出版社2001年版，第432页。

② Bernad Hamilton, "Continental Drift: Prester John's Progress through the Indies", in Charles F. Beckingham and Bernard Hamilton eds., *Prester John, the Mongols and the Ten Lost Tribes*, Aldershot, Hants., Variorum, 1996, p. 248.

③ 参见［意］马可·波罗《马可·波罗游记》，沙海昂注，冯承钧译，上海书店出版社2001年版，第468—470页。

④ Bernad Hamilton, "Continental Drift: Prester John's Progress through the Indies", in Charles F. Beckingham and Bernard Hamilton eds., *Prester John, the Mongols and the Ten Lost Tribes*, Aldershot, Hants., Variorum, 1996, p. 249.

三　蓦然回首：14—18世纪的埃塞俄比亚长老约翰

蒙古国在亚洲的兴起以及欧亚交流的迅速增多，使西方人开始意识到亚洲内地与长老约翰之间并不存在直接的关系。而此时中东地区的伊斯兰教势力扩张势头消退，欧洲外来的威胁暂时消除，欧洲人基本上停止了在亚洲找寻长老约翰的活动。然而到14世纪，约翰王再次成为欧洲基督教世界关注的焦点。这次，欧洲人认定他在非洲的埃塞俄比亚。对欧洲人而言，埃塞俄比亚也位于东方甚至属于"印度"的组成部分（第三个印度），这些方位的转移并未改变约翰长老传说的核心，并且可视为前一时期故事的延续。

首先，埃塞俄比亚从4世纪始就是一个充满着传奇色彩的基督教国家。古希腊人、罗马人称埃塞俄比亚为庞特（上帝之邦的意思），说它位于"非洲之角"的东部或其附近，是一个半神话性的黄金和财富的源泉。① 《圣经》的记载更增加了它的神秘色彩。《创世记》写道："比逊河（一般指尼罗河）流经哈腓拉（撒哈拉）全地。在那里有金子，并且那地的金子是好的；在那里又有珍珠和红玛瑙。"② 《马太福音》记载了埃塞俄比亚的示巴女王与所罗门的故事："南方的女王要起来定这世代的罪，因为她从地极而来，要听所罗门的智慧话。看哪，在这里有一人比所罗门更大。"③ 据说，埃塞俄比亚开国君主孟尼利克是示巴女王与所罗门王的私生子。《新约》也记载过埃塞俄比亚（古实）的甘大基（Candace）女王的财政大臣皈依基督教。④ 但是，伊斯兰势力7世纪中叶兴起后，隔断了欧洲与埃塞俄比亚之间的联系，这使得埃塞俄比亚更显得神秘遥远，欧洲人对之充满向往。

---

① 参见［美］理查德·格林菲尔德《埃塞俄比亚新政治史》，钟槐译，商务印书馆1974年版，第33页。

② 《创世记》2：11，12.

③ ［美］理查德·格林菲尔德：《埃塞俄比亚新政治史》，钟槐译，商务印书馆1974年版，第44页。

④ 参见《使徒行传》8：26—39.

其次，在 13 世纪下半期十字军重新占领耶路撒冷期间，埃塞俄比亚经历了所谓的所罗门复兴时期——扎格维王朝（Zagwe，1137—1270）时期。其前几代君王，如耶库努·阿姆拉克（Yekuno Amlak）、雅各布·塞容（Yagbe Seyon，1285—1294）等励精图治，壮大了军事实力，并加强了宗教力量，随后在东非高原进行了连续的扩张。在强盛的扎格维王朝时期，埃塞俄比亚的基督教已经战胜了世俗权力，其统治的领域甚至超过了阿克苏姆的极盛时期，并重新夺回红海贸易权。更为重要的是，期间的几位国王都与北边的马穆鲁克王朝为敌，并多次抵制苏丹的侵略，必定为东征耶路撒冷的十字军所知。

最后，欧洲与埃塞俄比亚在耶路撒冷相遇。在中世纪晚期，耶路撒冷是欧洲与非洲之间的三大交流地区之一（另两个是南部西班牙和南部意大利）。随着十字军控制了这个一直被认为是"东方基督教文化的净土"的城市（1099—1189，1229—1244），该城市受到各派督教的关注，包括埃塞俄比亚的基督教派。据说萨拉丁为向埃塞俄比亚示好，曾专门将一个教堂送给其基督教徒。这些黑皮肤的基督教徒及其国家的情况肯定受到了来此朝圣的欧洲基督教徒的关注。1244 年耶路撒冷重新陷落后，埃塞俄比亚被欧洲人处心积虑地继续解释为欧洲以外反穆斯林战略的中心舞台。1289 年，教皇尼古拉斯四世要求长老约翰重新团结在天主教会的旗帜之下，并在 1300 年为基督教协定拟订了计划，包括"亲爱的努比亚和上埃及其他国家的黑肤基督徒们"。[①]

由上可知，欧洲人在埃塞俄比亚为长老约翰安置新家，似乎也是顺理成章之事。欧洲人与埃塞俄比亚直接接触的契机是由埃塞俄比亚人开创的。1306 年，皇帝威德姆·阿拉德（Wedem Arad）很可能出于寻找对付周边伊斯兰世界的联盟的动机，主动派遣了由 30 人组成的使团前往意大利拜访教皇克莱门五世，从此打开了双方之间的外交来往。结果，他

---

① Hans Werner Debrunner, *Presence and Prestige*, *Africans in Europe*: *A History of Africans in Europe before 1918*, Basel, 1979, p. 24, 转引自 Matteo Salvadore, *The Ethiopian Age of Exploration*: *Prester John's Discovery of Europe*, *1306—1458*, p. 599。

立即被欧洲人看作伊斯兰伪造的长老约翰信件中的那位东方神奇的君主。①

第一个清楚描述非洲长老约翰的是多明我会传教士约旦努斯（Jordanus）。1329年，他发表了《趣闻集》，在讨论"第三个印度"时提到了不少非洲大陆和国王们的趣闻轶事，并说欧洲人把他们叫作长老约翰。②从此，非洲长老约翰国的说法广为流行。最早确定长老约翰国在埃塞俄比亚的是西班牙地理学家安杰里诺·杜尔塞（Angelino Dulcert）。1339年，他将长老约翰的72个属国及流经其地的天堂河绘在平面球形图上的非洲之角。③ 欧洲人甚至编出了长老约翰从亚洲平原到达埃塞俄比亚沙漠神秘迁移的一种解释：长老约翰在天德被成吉思汗击败后，被迫放弃了其在亚洲的领地，并避难于努比亚和埃塞俄比亚，蒙古人无法在那里追袭他们。④ 15世纪后半期，欧洲出现了伪造的"非洲长老约翰之信"⑤，这越发使人相信埃塞俄比亚长老约翰的存在。

为了寻找印度和长老约翰，葡萄牙人首先开始了对非洲的探险。1487年和1507年，葡萄牙和埃塞俄比亚互派使者。欧洲人加强了对非洲埃塞俄比亚的直接认识。1520年，埃塞俄比亚皇帝莱伯纳·邓格尔（Lebna Dengel）与葡萄牙建立正式的外交关系。在这期间，约翰一直被欧洲人认为是埃塞俄比亚皇帝的名字。有学者从语音学的角度分析，认为埃塞俄比亚的宗教语言中"国王"或"陛下"可以写为 Zān、Žān 或 Ǧān，其发音有些像法语中的"Jean"或意大利语中的"Gian"，都是指

---

① Jeremy Lawrance, "The Middle Indies: Damiao de Gois on Prester John and the Ethiopians", *Renaissance Studies*, Vol. 6, No. 3 - 4.

② Jordanus, *Mirabilia*, Chapter VI (2), 转引自 http://en. wikipedia. org/wiki/Prester_ John。

③ 参见 Bernad Hamilton, "Continental Drift: Prester John's Progress through the Indies", from Charles F. Beckingham and Bernard Hamilton eds. , *Prester John, the Mongols and the Ten Lost Tribes*, Aldershot, Hants. , Variorum, 1996, p. 252; F. B. 于格、E. 于格《海市蜃楼中的帝国：丝绸之路上的人、神与神话》，耿升译，喀什维吾尔文出版社2004年版，第203页。

④ ［法］F. B. 于格、E. 于格：《海市蜃楼中的帝国：丝绸之路上的人、神与神话》，耿升译，喀什维吾尔文出版社2004年版，第203页。

⑤ O. Oguibe, "Letter From Prester John", *American Letters & Commentary*, Vol. 16, 2004，龚缨宴、石青芳《约翰长老：中世纪欧洲的东方幻象》，《社会科学战线》2010年第2期。

John。埃塞俄比亚的主教就是国王或 Zān。[1] 然而，中世纪的埃塞俄比亚人从未称呼自己的皇帝为长老约翰。早在 1441 年的佛罗伦萨宗教会议上，来自耶路撒冷的埃塞俄比亚大使在与罗马高级教士谈论时，就对欧洲人把他们的皇帝扎拉·雅各布（Zara Yaqob）称为长老约翰表示反感，并试图解释在一系列皇帝的名单中就从未出现过这个称呼或头衔。[2] 然而，他们的警告没有阻止欧洲人继续这样称呼他们的皇帝。

此后多年，埃塞俄比亚仍被认为是长老约翰传说的起源地。欧洲人这种一厢情愿的做法大概是出于对外部基督教盟友的宗教情感的需要。对于欧洲人来说，埃塞俄比亚是远印度或近印度，或是第三个印度都已无所谓了。1520 年，埃塞俄比亚皇帝莱伯纳·邓格尔（Lebna Dengel）与葡萄牙建立正式的外交关系，长老约翰传说不再是捕风捉影之事了。然而，在欧洲人眼里，他仅剩下了一尊名号和一袭华衣，不再是传说中 100 个侯国的皇帝。[3] 1526—1535 年，他被非洲之角最强大的穆斯林统治者阿达尔打得落花流水，失去了很多重要的地区。1535 年，皇帝莱伯纳·丹格尔不得不向葡萄牙人求助。1543 年，一支葡萄牙军队杀掉了阿达尔，长老约翰遭到蹂躏的王国被十字军的继承人拯救了。欧洲人意识到现实中的长老约翰根本没有统治传说中的魔幻般的富有王国。

另外，葡萄牙人沿着整个非洲海岸探险，直至绕过好望角进入印度洋，并建立了军事和商业据点，控制了通往印度和中国的东方商路。而哥伦布在西班牙王室的支持下则向东航行，发现了美洲新大陆。麦哲伦则环球航行成功，找到了从欧洲到达真正印度的新商路。随之，以耶稣会为主的教士，踏足亚洲和非洲甚至美洲的土地，相信他们可以让这些地方的居民皈依天主教。西方不再需要来自东方基督教统治者的帮助。

---

[1] Charles E. Nowell, "The Historical Prester John", *Speculum*, Vol. XXVIII, No. 3, July 1953.

[2] Silverberg, *The Realm of Prester John*, Columbus: Ohio University Press, 1996, p. 189.

[3] T. Tamrat, "The Horn of Africa: The Solomonids in Ethiopia and the States of the Horn of Africa", from D. T. Niane ed., *Unesco General History of Africa*, IV, London, 1984, p. 435. 阿拉伯历史学家阿尔·乌马力（al-Umari）写道："据说，他下属有 99 个大小国王和苏丹，他们都向埃塞俄比亚的众王之王进贡。"

约翰王在西方的天主教徒必胜信念的世界中找不到位置了。尽管如此，我们还应看到，从 14 世纪的亨利王子到 15 世纪的达·伽马、迪亚士和哥伦布等人的航海活动仍然受到长老约翰故事的召唤。尤其是怀揣着由长老约翰传说引申出来的另一个"七城岛"的梦想①，成为他们探险东方航路的主要目的之一。

现代学者在古代文献资料中找不到长老约翰及其国度，埃塞俄比亚历史学家也证实，在与欧洲正式接触前，该传说并不为埃塞俄比亚人所熟知。甚至在 18 世纪，埃塞俄比亚的皇帝甚至亲口否定自己是长老约翰或叫约翰的说法。1751 年，捷克方济各会雷米蒂·普鲁特科（Remedius Prutky）问及皇帝伊雅苏二世（Iyasu Ⅱ）这个说法时，皇帝很吃惊，并告诉他埃塞俄比亚的皇帝从不习惯别人这样称呼自己。② 当被想象的"他者"亲自站出来，澄清"自我"的真实的身份时，再固执的想象者也该恍然大悟了。此后，这位流传甚久的神奇约翰只能脱下神秘的外衣，进入文学艺术的领域中发挥"全能至上"的本领了。③

四　余论

12—14 世纪，欧洲对长老约翰的认识经历了多个人物原型的变化，

---

① "七城岛"传说是 14 世纪的伊比利亚人因与占据半岛南部的穆斯林斗争的需要而产生的，他们相信在大西洋中存在着一个独立的基督教社会。当萨拉森人入侵伊比利亚半岛时，有七名主教带领教徒乘船穿过大西洋来到一个奇妙而遥远的岛上修建了七座城市，并且宣称说有位主教"是施魔法的艺术大师，他给岛屿施以魔法，在整个西班牙统一在我们的天主教教义下之前，岛屿不会显现在任何人面前"。它从此成为一块带有神奇魔力的乐土，如今则是伊比利亚人所渴望寻找的目标。参见雅依梅·科尔特桑《葡萄牙的发现》第 5 卷，王华峰译，中国对外翻译出版社 1997 年版，第 1313—1314 页。

② J. H. Arrowsmith-Brown（translator），*Prutky's Travels to Ethiopia and Other Countries*，London：Hakluyt Society，1991，p. 115.

③ 长老约翰的故事激起了很多文学家的创作灵感，其中代表性作品有莎士比亚的戏剧《无事生非》（Much Ado About Nothing）中的传奇国王；约翰·巴肯（John Buchan）在《长老约翰》中采用这个题材；美国漫画系列《神奇四侠和雷神托尔》中具有长老约翰的特征；查尔斯·威廉姆斯（Charles Williams）的小说《战争的天堂》（War in Heaven）让他成为圣杯的弥赛亚式的保护者；长老约翰及其王国在乌姆博格图·伊库（Umberto Eco）于 2000 年发表的小说《波多里诺》（Baudolino）中名声大噪。

对其领地位置的认识也经历了从印度到中亚，再到非洲的变迁，最后只能存在于文学艺术领域中。这种变迁历程反映出西方对东方的认知经历由模糊状态中的完全想象到逐渐修正为部分想象，最后到想象褪色、消失的过程。

在很大程度上说，长老约翰及其传说是欧洲人以"自我"为中心，将东方作为他者，根据自我需求构建东方、臆想东方的结果。但是，长老约翰的传说又并非子虚乌有，它实际上是一个东西方传说与真实历史事件奇妙的调和物。[1] 因此，长期以来学界对长老约翰的研究停留于是否真有其人或王国而无进展。其实，这个传说是中世纪欧洲的东方主义：在浪漫化异域的同时，追求一种政治地理的知识，是"幻想地理"和"真实地理"的综合体。[2]

长老约翰无论是作为真实的存在，还是作为传说，其在欧洲历史乃至世界历史中都发挥了重要的作用。在欧洲教会分裂、教俗权力之争及十字军东征失败的年代，他作为伊斯兰后方一个潜在的基督教盟友，成了欧洲人在对抗伊斯兰势力时精神上的寄托，并为十字军的行动计划提供了参照。更重要的是，它引起了欧洲人对未知领域的积极向往，刺激了他们对海外探险的兴趣，从而推动了地理大发现的到来，因而长老约翰的传说直接或间接地影响了世界历史的发展进程。

第三节 《马可·波罗游记》对西方传统观念的冲击
——以东方三博士的传说为例

1250—1350 年蒙古人的东征西讨拉开了全球化的帷幕，是东方与西方相互"发现"的重要历史时期。而《马可·波罗游记》当属西方人"发现"东方的代表作品，马可·波罗本人也因之而彪炳史册。"在马可·波罗光芒四射的星体旁，到达契丹的所有其他旅行家只是黯然失色

---

① Charles E. Nowell, "The Historical Prester John", *Speculum*, Vol. XXVIII, No. 3, July 1953.
② 参见王铭铭《西方作为他者》，世界图书出版公司 2004 年版，第 45 页。

的星星。"① 马可·波罗学权威学者亨利·裕尔之所以给马可·波罗如此之高的评价，更是因为"自从这个700年前的威尼斯商人开始他的奥德赛之旅起，东方和西方就一直牵手跳着永远改变我们生活方式的探戈舞。他发现了一个全新的世界"。②

《游记》给当时相对封闭落后的基督教世界带来许多前所未闻的东方信息，并以"全新的"知识对基督教的经典传说，如远征印度③的亚历山大用"铁门"封住歌各和玛各④、圣托马斯⑤到无比富有的"印度"传教、统治着三个"印度"的长老约翰和东方三博士传说（以下简称"三博士"）等进行了"如实"的记载，对中世纪欧洲的基督教信仰造成了一定程度的冲击。这在《游记》关于三博士⑥的记述中有着更明显的体现。

---

① 参见［英］裕尔《东域纪程录丛》，张绪山译，中华书局2008年版，第128页。

② Paul Smethurst, "A Revolutionary from Vience: Marco Polo's Travels Changed forever the Way Europe Beheld Asia", *Time*, 2006（8）.

③ 中世纪欧洲人对"印度"的认识相当模糊，这时的"印度"是指文明世界里除伊斯兰教地区外的整个东方。它随着西方对东方地理空间的渐次扩展而不断扩大范围，直至囊括地球的大部分地区，所以后来被"发现"的中国和美洲也被纳入其中。从18世纪起到20世纪，其地理范围逐渐缩小，最后只指代英国的殖民范围，即当今的南亚。这里所谓的"三个印度"，即近印度（Lesser or Nearer India，又称"小印度"或第一个印度，大体指印度北部甚至更远）、远印度（Further or Greater India，又称"大印度"或第二个印度，指印度南部）、中印度（Middle India，又称第三个印度，指撒哈拉沙漠以南埃塞俄比亚曾控制过的广大区域）。尼罗河为印度与非洲的分界线，也是非洲和亚洲的分界线。参见 Jeremy Lawrance, "The Middle Indies: Damiao de Gois on Prester John and the Ethiopians", *The Society of Renaissance Studies*, Vol. 6, No. 3 - 4, Oxford University Press, 1992。

④ 在《旧约·以西节书》（第38、39章）、《创世记》（10：2）和《新约·启示录》（第20章）中都有关于黑暗力量的统治者歌各（Gog）和玛各（Magog）的记载，他们是反对上帝子民的最后战争中撒旦的化身。据传，亚历山大大帝曾把他们阻于外高加索山的"铁门"之外。穆斯林作家把他们转化为两个人数众多的部落，并确认中国北部即为歌各和玛各之地。后来，蒙古人的入侵使他们认为居住于欧亚草原的鞑靼人就是歌各和玛各。

⑤ 据说，圣托马斯在公元52年到印度西南部的喀拉拉邦（Kerala）传播福音，大获成功，并在这里建立了基督教社区。这个故事记载于公元4世纪的《圣托马斯行传》中，对西方人影响很大。他们一直认为印度存在着圣托马斯建立的基督教社团或国家，继承他事业的则是本文中出现的三博士和12世纪十字军东征期间伪造的"长老约翰之信"中的主角基督教长老兼国王约翰。它们与亚历山大东征一起构成了中世纪至近代西方对东方想象和构建的几大因素。

⑥ 学界对三博士的称谓有玛吉（Magi）、麦琪、东方三智者、东方三贤王或三博士等。为了叙述的方便，以下简称三博士。

国内外学术界鲜有人对该问题进行全面系统的探究。[①] 本节拟在前人研究的基础上，以三博士传说为中心来探讨《游记》对 12 世纪西方建构与之有关的宗教传说有机链条的"解构"，在宗教和神学领域给基督教世界带来的信仰困惑与"心理创伤"。这种所谓的"信仰困惑"与"心理创伤"恰恰表达了中世纪欧洲的宗教本位主义情绪，以及对非基督教世界他者文明的偏狭认识。同时也反衬了行走丝路的马可·波罗具有"世界主义"眼光和对其他文明的宽容与认同。同时，《游记》中的三博士传说在辗转传播过程中因"交错感染"而融合了诸多宗教和风俗的因素，因而也是东西文明交流的一个重要主题。

一 马可·波罗之前的三博士传说

若细细品读《游记》，我们可以感受到作者试图传递的东方信息，即基督教世界以外的"东方"不是传统观念中认为的那样奇闻怪兽充斥、人种野蛮残暴、风俗怪诞落后，而是疆域广阔、文明程度高、人民富庶的国度，且有着自成体系的多元宗教；在整个偌大的世界中，欧洲基督教世界不过偏居于世界一隅，而并非地理上和文化上的世界中心，也非救赎世界历史的中心或终点。

纵观《游记》全书，能体现上述这种核心思想的部分，除了对大汗帝国盛世的赞美外，就是东方三博士的传说。而在基督教的故事中，东方三博士是见证圣婴耶稣肉身显现的外邦人，也是基督教"道成肉身"的理论基础。而且三博士传说在 12 世纪的西方已经系统地完成了建构，

---

① 著名马可·波罗学家亨利·裕尔在译注《游记》时虽然认为该传说"奇怪"，却并未深究。参见 Henry Yule, *The Book of Ser Marco Polo*, *the Venetian Concerning the Kingdom and Marvels of the East*, Vol. 1, Cambridge: Cambridge University Press, 2010, pp. 76 - 78。当代史家莫里·斯蒂尼克将之作为《游记》引发中世纪西方基督教世界震动的一个重要例证，但他并未将之置于元帝国所开创的前现代时期全球化以及欧洲中世纪政教斗争的历史背景中进行系统的探讨；另外，他也关注《马可·波罗游记》的"如实"记述对东方三博士、圣托马斯和长老约翰的传说之间有机链条的"解构"。参见 Marion Steinicke, "Marco Polo's Devisement dou monde as a Narcissistic Trauma", in Suzanne Conklin Akbari and Amilcare Iannucci eds., *Marco Polo and the Encounter of East and West*, Toronto: University of Toronto Press, 2008, pp. 93 - 99。

"正统"地位就此确立，整个西方对其的崇拜也达到了高潮。中世纪基督教徒对之耳熟能详，且深信不疑。因此，任何质疑或否定该传说的言辞和做法都会非常危险。

当然，三博士的"正统"地位是其贯穿于基督教长达千年的发展中逐渐"建构"出来的。最早奠定三博士"正统"神学地位的是耶稣传记四部福音书中的《马太福音》：

> 当希律王在位的时候，耶稣生在犹太的伯利恒。有几个博士（Wise Men）从东方来到耶路撒冷，说："那生下来做犹太人之王的在哪里？我们在东方看见他的星，特来拜他。"……在东方所看见的那星忽然在他们前头行，直行到小孩子的地方，就在上头停住了。他们看见那星，就大大地欢喜。进了屋子，看见小孩子和他母亲玛丽亚，就俯拜那小孩子，揭开宝盒。拿黄金、乳香和没药为礼物献给他。博士因为在梦中被主指示不要回去见希律王，就从别的路回本地去了。①

《马太福音》中之所以出现东方的几个博士，显然带有明显的反犹太之意②，是萌芽时期的基督教为了排挤犹太教而拉拢琐罗亚斯德教势力的一种做法③。因为整个耶路撒冷的人都没有意识到基督的出生，且在知晓后非常恐惧。而远在波斯的博士却在伯利恒新星④的指引下，满怀喜悦地拜会新生的耶稣并献上珍贵的礼物。在基督教还处在萌芽且

---

① 《马太福音》2：1—12。

② 这种敌意在《路加福音》中（Luz. 2：33—35）有所体现："这孩子被立，是要叫以色列人许多人跌倒，许多人兴起；又要做毁谤的话柄，叫许多人心里的意念显露出来；你自己的心也要被刀刺透。"

③ John Larner, *Marco Polo and the Discovery of the World*, New Haven: Yale Universy Press, 1999, p. 10.

④ 据天文学家研究，这颗新星是帝王之星——木星（Jubiter）。学界也称之为圣诞之星。因为琐罗亚斯德教也相信救世主弥赛亚降临时，会由一颗新星作为出生的先兆。作为既是琐罗亚斯德教的祭司又是星相学家的三博士观测到了这颗非凡的新星，并在其指引下前往伯利恒寻找圣婴耶稣。有人据此推断三博士是星相学家。

被视为异端的时期，东方博士的出现对其显然意义重大：作为最早的朝圣者、异教徒，他们亲眼见证了上帝为更好地救赎人类，让自己唯一的爱子耶稣以肉身的凡人形态向世人显现（道成肉身）。也就是说，圣婴耶稣诞生并第一次向来自东方的博士显现。他们是耶稣作为王、上帝合法性代表的外邦见证人。① 其意义不只是在于耶稣向外邦人显现自己，而在于试图表明他不仅是以色列人的天主，亦是外邦人乃至普世万民的天主。在这种意义上说，基督教才是"真正"的普世宗教。

虽然说三博士对早期的基督教这么重要，但《马太福音》中关于三博士的信息相当模糊，比如他们到底有几个人？分别叫什么名字？来自哪里？什么身份？为什么追随新星来到耶路撒冷的伯利恒送给圣婴耶稣如此珍贵的礼物？他们后来去了哪里？去世后遗骸埋葬在何处等问题都没有明确的交代。因此，三博士成为《圣经》中谜一般的传奇人物。这给历代基督教神学家对该故事中的许多细节进行解读留下了很大的想象空间。他们大多按照自己的神学理论对诸如他们的名字、身份、所带礼物的寓意以及新星等进行隐喻性的解读。可是，直到12世纪中期以前，没有人明确知道，关于三博士最重要的宗教圣物——遗骸被葬在何处，也没有哪所教堂宣称拥有它们。但是，能否找到三博士遗骸是牵动所有基督教徒心弦的大事，因为这关乎三博士人物是否真实存在的根本证据。也是基督教"道成肉身"和"死后复活"这两大神学理论的基石。而两大理论又是基督教"救赎、救恩"思想的根基，也是"神永恒计划"的最重要内容之一。

尽管无法证实三博士的真实性，他们仍在早期基督教的发展中占有非常重要的地位，受到基督教徒的纪念。西欧最初把三博士拜谒耶稣与耶稣诞生一起举办庆祝活动，即我们所熟知的圣诞节。到公元4世纪末期，纪念三博士朝拜圣婴的主显节成为独立的节日。同时，他们的形象

① Marion Steinicke, "Marco Polo's Devisement dou monde as a Narcissistic Trauma", in Suzanne Conklin Akbari and Amilcare Iannucci eds. , *Marco Polo and the Encounter of East and West*, Toronto：University of Toronto Press, 2008, p. 93.

逐渐出现在浮雕、壁画等可视的基督教艺术领域。不过，目前发现的公元 3 世纪的罗马石棺上出现了两个博士拜见圣婴的场景①，而不是三个。但后来的文献和艺术形象中的博士皆为三个，他们都是虔诚站立或跪拜圣婴并献礼的谦恭模样。至于为何是三个人，学界普遍认为，这大概是源于三份礼物的数量。至于他们的身份，在中世纪被普遍认为是统治东方的三圣王（Three Holy King）。②

关于三博士较早的代表性作品是约公元 400 年的拉文纳圣阿宝肯纳雷·诺瓦（S. Appokkinare Nuovo）教堂的马赛克装饰画：他们头戴尖角帽，身穿大氅和紧身裤，一副智者形象；老者蓄白胡须加斯帕（Caspar），中年人蓄黑胡须白赛泽尔（Balthasar），年轻人梅尔基奥（Melchior）则没蓄胡须。③ 据美国长岛大学考古学家布莱尔研究，他们的着装与波斯著名的波斯波利斯宫殿群壁画中的帕提亚人着装一样，即三博士很可能是来自波斯的帕提亚人。④

此后长达几个世纪里，西方人普遍把三博士看作与耶稣相关的传说人物进行纪念，但从未举行过大规模的崇拜活动。直到 12 世纪中后期，情况发生了变化。神圣罗马帝国皇帝腓特烈一世巴巴罗萨⑤（Friedrich Barbarossa，1152—1190 年在位）向世人宣称德国科隆教堂拥有三博士的遗骸。科隆随即成为基督教世界的圣地之一，三博士遗骸在这里受到了

---

① "One of the Earliest Representations of the Magi at the Birth of Jesus"，https：//gatesofnineveh. wordpress. com/2011/12/24/magi-from-the-east/.

② 尽管《马太福音》称呼其为博士，罗马帝国著名教父德尔图良（Tertulian，150—230）认为，三博士是统治东方的三个国王。他们是实现《诗篇》第 72 节中的预言：阿拉伯（Arabia）和示巴（Saba）的国王将带礼物给基督。参见 Psalms，72. 10；《圣经》，中国基督教协会 1995 年版，第 885 页；而且德尔图良说，"几乎整个东方都是玛吉或博士做国王"。Tertulian，*Adversus Judaeos*，ix，12，转引自 Bernard Hamilton， "Prester John and the Three Kings of Cologne"，in Charles F. Beckingham and Bernard Hamilton eds. ，*Prester John，the Mongols and the Ten Lost Tribes*，Variorum，1996，p. 175.

③ "Byzantine depiciton of the Three Magi in a 6th-century mosaic at Basilica of Sant' Apollinare Nuovo"，http：//www. paradoxplace. com/Perspectives/Venice% 20&% 20N% 20Italy/Ravenna/San% 20Apollinare% 20Nuovo. htm.

④ 参见晓东《揭秘东方三智者》，《中华遗产》2005 年第 5 期。

⑤ 腓特烈一世又被意大利北部的城市称为巴巴罗萨，意大利语就是"红胡子"的意思。

"国际性"的狂热崇拜，逐步奠定了其在宗教、神学、政治以及艺术领域中的重要地位。

二 马可·波罗报道三博士遗骸在波斯

关于三博士的传说较为系统地记载于 13 世纪中期意大利主教沃拉真① （Jacobus de Voragine，1229—1298）汇编的经典基督教作品《圣人传奇》② （Legenda Aurea）中。其中第十四章"主的显现"（The Epiphany of the Lord）专门详述三博士的故事，并汇总了历代神学家对其细节的隐喻性注解。此后，关于三博士传说的各种抄本广泛地传播于欧洲各地，到 14 世纪中后期，各种语言的抄本已达到 500 多份，成为中世纪后期最为流行的宗教书籍之一。这本集大成的作品为 13—14 世纪的欧洲提供了几乎所有与基督教有关的圣人和圣迹方面的故事，具有相当大的权威性。

就在沃拉真去世的 1298 年，《游记》出版，"数月内风靡意大利"③，并在欧洲各国出现多种语言的抄本，受到世人极大的关注。但因《游记》中有很多让当时的欧洲人难以置信的东方描述，故被称为"世界第一奇书"，马可·波罗也被谑称为"说谎大王"。其中，他对三博士的报道在当时的人们看来，简直是"离经叛道"，"无法忍受"，"谎话连篇"！

众所周知，《游记》④ 自问世以来，因传抄者们有意无意的增删、遗

---

① 沃拉真是意大利编年史家和热那亚的大主教，编写了中世纪著名的《圣人传奇》（ Legenda Aurea 或 The Golden Legend）。

② Jacobus de Voragine, *The Golden Legend：Readings on the Saints*, trans. William Granger Ryan, Princeton and Oxford：Princeton University Press, 2012, pp. 78 – 84.

③ A. C. Moule & Paul Pelliot, *Marco Polo：The Description of the World*, New York：Ishi Press, 2010, p. 40.

④ 为了更好地研究马可·波罗版本的三博士传说，本节依据的主要文献是目前被誉为最权威的 A. C. 穆尔和保罗·伯希和在 1938 年出版的《马可·波罗寰宇记》校注本，以及被称为"19 世纪博学的不朽巨著"的亨利·裕尔和考狄埃的《马可·波罗游记》（Marco Polo, *Travels of Marco Polo*, The Complete Yule-Cordier Edition Vol. 1 & 2, New York：Dover Publications, INC, 1992）校订本。在译成中文的过程中，笔者参考了国内目前最好的译本——冯承钧先生翻译的《马可·波罗行纪》（参见 ［意］马可·波罗《马可波罗行纪》, A. J. H. Charignon 注, 冯承钧译, 党宝海新注, 河北人民出版社 1999 年版）。

漏、加工润色甚至篡改等，再加上翻译成多种语言，于是出现了各种语言的 120 种版本，每个版本又有不同的抄本。据马可·波罗学的权威学者 A. C. 穆尔和保罗·伯希和的研究，只有 1310—1314 年间意大利波罗纳多明我修士皮皮诺精心编排的拉丁版本《寰宇记》（P 本），以及以之为基础的 R 本即刺木学编撰本刻意删掉了三博士的故事。其他大部分抄本或多或少地保留了它，但它们有的在字里行间对该故事中的某些细节进行了点评，而且不乏带有敌意的驳斥。尤其是 VA（中世纪威尼斯语本）本批评最多。

三博士的故事在《游记》的"波斯大州"和"三博士之归"章节中有详细的叙述。据马可·波罗学家裕尔考证，该故事应是马可·波罗回欧洲时途经波斯的巴格达道听途说的。① 伯希和认为，裕尔之所以作出这种推测是因为他认为马可·波罗去霍尔木兹（Ormuz）会途经巴格达。但他认为，马可·波罗从未到过巴格达。他很有可能在来回的路上经过埋葬三博士的撒巴（Saba）。②

不论故事发生在巴格达抑或是撒巴，我们都无法考证了。更重要的是，马可·波罗不畏来自信仰和舆论的巨大压力，将这个"新奇的故事"报道给他的欧洲教友。之所以说他报道的"三博士传说""新奇"，是因为他所报道的该故事中的很多重要信息与沃拉真的版本以及现实崇拜中形成的基本"常识"形成了巨大的反差。尤为严重的是，马可·波罗说，三博士的遗骸埋在波斯的撒巴③，这与当时遗骸在德国科隆大教堂受基督教世界顶礼膜拜的"事实"完全相悖。《游记》第 30 章"波斯大州"中这样说：

波斯古为著名强盛大国，今已为鞑靼所破毁。境内有城名曰撒

① Henry Yule, *The Book of Ser Marco Polo*, *the Venetian Concerning the Kingdom and Marvels of the East*, Vol. 1, Cambridge: Cambridge University Press, p. 77.
② Paul Pelliot, *Notes On Marco Polo*, Vol. Ⅰ, Paris: Imprimerie Nationale, 1950, p. 131.
③ Saba，伯希和认为这种写法应该源于圣经。正确的应为撒瓦（Savah），位于德黑兰西南 80 公里处。

195

巴，昔日崇拜耶稣基督之三王（即三博士），发迹于此。死后葬此
城中。三墓壮丽，各墓上方有一方屋，保存完好。三屋相接，三王
遗体尚全，须发仍存。一王名札思帕尔（Caspar），一王名墨勒觉儿
（Melchior），一王名拜赛泽尔（Balthzar）。① 马可·波罗阁下久询此
三博士之事于此城民，无人能以此事告之，仅言昔有三博士死葬
于此。②

此处关于三博士的名字、故乡与西方的传统说法并无二致。沃拉真
在《圣人传奇》中写道："国王来自波斯的尽头迦勒底（Chaldaea）撒巴河
流淌的边界，就是洪水泛滥的地方，因此这个地区被称为 Sabaea。"③ "三博
士的希腊语名字分别为 Apellius、Amerus 和 Damasus；希伯来语名字分别
是 Galgalat 、Malgalat 和 Sarachin；拉丁语名字为加斯帕（Caspar）、梅尔
基奥（Melchior）、白赛泽尔（Balthasar）。"④ 但是，作为热那亚主教的
沃拉真带着遗憾的口吻说，三博士的遗体原来保存在米兰多明我会的教
堂，但如今却在科隆。君士坦丁的母亲海伦娜（Helena）首先将他们带
到君士坦丁堡，后来又被米兰的主教圣优斯托吉乌斯（Eustorgius）转移

① 冯承钧译本是旧式译法，现在普遍译为：加斯帕、梅尔基奥、白赛泽尔。人们称他们
为三博士大概源于他们所带三种礼物的数量。至于三人的名字首次出现于约公元 500 年写成的
埃及亚历山大里亚的希腊文本中，不同语言有不同的写法。Hyde 引用一位叙利亚作者的说法，
称他们为 Aruphon, Hurmon, Tachshesh。也有人称之为 Gudphorbus, Artachshasht, Labudo。波斯文
中则称 Amad, Zad-Amad, Drust-Amad 即 Venit, Cito Venit, Sincerus Venit；也有其他的写法，如
Ator, Sator, Petatoros。在迦勒底，他们是 Kaghba, Badadilma, Badada Kharida. 参见 Henry Yule,
The Book of Ser Marco Polo, the Venetian Concerning the Kingdom and Marvels of the East, Vol. 1, Cam-
bridge: Cambridge University Press, 2010, p. 78. 1768 年的《大不列颠百科全书》中说，根据西
方基督教会的传统，Balthasar 经常代表阿拉伯的国王，Melchior 是波斯的国王，Gaspar 是印度的
国王。参见 https://en.wikipedia.org/wiki/Biblical_ Magi#Names。从这里，我们可以看出，基督
教企图统治广袤亚洲的野心。
② ［意］马可·波罗：《马可波罗行纪》，A. J. H. Charignon 注，冯承钧译，党宝海新注，
河北人民出版社 1999 年版，第 46 页。
③ Jacobus de Voragine, *The Golden Legend: Readings on the Saints*, trans. William Granger Ryan,
Princeton and Oxford: Princeton University Press, 2012, p. 83.
④ Ibid. , p. 79.

到了米兰。在皇帝亨利（Henry）[1]占领米兰后，他们又被转移到莱茵河边的科隆，受到人们极大的尊敬和朝拜。[2]

此处，沃拉真有好几个问题都没有交代清楚：首先他没有告诉我们，三博士的遗体从哪里被海伦娜带到君士坦丁堡？其次，米兰的主教优斯托吉乌斯为什么能够把三博士遗骸带到米兰？皇帝亨利为什么把遗骸从米兰转移到科隆以及遗骸在科隆为什么会受到巨大的尊敬和国际性朝拜等等问题。这里有许多细节性的东西需要我们考察和研究，以便填补这模糊信息背后的逻辑漏洞，还原特殊的历史背景中三博士遗骸是如何在德国科隆大教堂获得国际性崇拜的。

随着 11 世纪欧洲农业经济的复苏和商业城市的发展，欧洲君主王权日益强化，与统治整个欧洲的罗马教皇矛盾日趋尖锐。上文提到的德皇巴巴罗萨与罗马教皇矛盾最深。尤其是当作风强硬的教皇亚历山大三世（Alexander Ⅲ，1105—1181 年）在位时期，二者之间的矛盾达到白热化的程度。巴巴罗萨企图吞并意大利，统一欧洲，并建立政教合一的大帝国，为此需要从神学角度寻找世俗权力高于教权的理论依据。

此时，巴巴罗萨的心腹科隆大主教莱纳德（Rainald von Dassel，1114—1167）和其舅父历史学家奥托（Otto of Freising，1114—1158）充分利用了三博士的传说来为他战胜教皇并统治欧洲的野心进行舆论宣传与造势。首先，奥托在 1157 年完成的《双城记：到公元 1146 年的编年史》[3]和《腓特烈巴巴罗萨伟绩》两部书中宣扬了德皇权力的君权神授。书中宣称"上帝赋予了皇帝保护整个世界的使命，无人怀疑您是因上帝之意而成为万王之王"等论调。[4]既然德皇的权力来自上帝，表明他可以

---

① 此处的亨利应该就是下文要提到的腓特烈一世，即巴巴罗萨。也许是沃拉真搞错了皇帝的名字。

② Jacobus de Voragine, *The Golden Legend*: *Readings on the Saints*, trans. William Granger Ryan, Princeton and Oxford: Princeton University Press, 2012, p. 84.

③ 奥托从 1138 年任德国弗莱辛的第一任主教，著名的学者，著有 *The Two Cities*: *A Chronicle of Universal History to the Year 1146 A. D.* （简称为《编年史》），该书由他和 Rahewin 共同完成。

④ Anne A. Latowsky, *Empire of the World*: *Charlemagne and the Construction of Imperial Authority 800—1229*, Itahaca and London: Corith University Press, 2013, p. 140.

集教权与皇权于一身，教皇则无须存在。因为当时盛传的统治"三个印度"的基督教君主长老约翰，就是这样一个集教权与王权于一身的万王之王，而他则是朝拜圣婴耶稣的东方三博士的后裔。他正打算率领大军攻打穆斯林势力，到圣城耶路撒冷去朝拜圣墓。①

但问题是奥托所说的三博士真实存在吗？如果存在，他们的遗骸究竟在哪里呢？故事就是这么巧合。据德国年鉴史家阿菲格姆（Affighem）于1189年写成的作品所记，我们可以得知：在奥托宣扬德皇权威的书出版后的几年里，罗马教皇与意大利米兰等城市联合起来反对巴巴罗萨，双方的矛盾再度升级。巴巴罗萨于1162年带兵攻打米兰。米兰人为寻求避身之所，在郊区拆除圣优斯托吉乌斯教堂时，竟然发现了三具尸骨，根据"明显的迹象"被认为是三博士的遗骸！1164年，巴巴罗萨及莱纳德喜出望外地将之作为战利品带回德国，并举行极其盛大的葬礼将其埋葬在科隆大教堂。②

在基督教世界，这是首次明确宣布三博士遗骸的"真正"下落，在这之前没有任何一所教堂，包括米兰大教堂宣称拥有三博士的遗骸。科隆因此成为欧洲的宗教和政治中心，这里的皇帝自然也应该是统治整个欧洲，而不是由教皇来统治欧洲。

为了再次论证德皇权力高于教皇的神学合法性，莱纳德接过了已过世的奥托的接力棒。他组织庇护文人收集了所有与东方三博士相关的资料，利用了古罗马教父"金嘴"圣约翰（St John Chrysostom，349—407）③对圣·托马斯为三博士施洗的注解④，并巧妙地结合奥托提供的

---

① Otto, *The Two Cities: A Chronicle of Universal History to the Year 1146 A. D.* , trans. Christopher Mierow, New York: Columbia University Press, 1966, pp. 442 – 444.

② *Auctarium Affligemense*, ed. G. H. Pertz, MGH SS, pp. vi, 405，转引自 Bernard Hamilton, "Prester John and the Three Kings of Cologne", in Charles F. Beckingham and Bernard Hamilton eds. , *Prester John*, *the Mongols and the Ten Lost Tribes*, Variorum, 1996, p. 181。

③ 圣约翰，正教会的君士坦丁堡大主教，重要的基督徒早期教父。他以出色的演讲和雄辩能力、对当政者和教会内部滥用职权的谴责与严格而闻名。这也是其被后人称为"金口"（colden mouth）的原因。

④ Jacobus de Voragine, *The Golden Legend: Readings on the Saints*, trans. William Granger Ryan, Princeton and Oxford: Princeton University Press, 2012, p. 35.

长老约翰与三博士传说之间的联系，构建了圣托马斯—三博士—长老约翰环环相扣的故事链条。

　　朝拜圣婴后，三博士回到了东方。到印度传教的圣托马斯不远万里来到了他们的国度，并为之施洗。于是，他们成为献身传播福音的基督教徒。但他们死后的遗骸葬于何处，并不为人所知。据说，君士坦丁大帝的母亲海伦娜是虔诚的基督教徒，曾专门到东方旅行寻找与基督教有关的圣物。结果在阿拉伯（*Sessania Adrumetorum*）① 发现了三博士遗骸，于是将之带回了君士坦丁堡。344 年，它们又被君士坦丁大帝作为礼物赠送给米兰新主教优斯托吉乌斯一世（Eustorgius I）。皇帝巴巴罗萨攻占米兰后，又将三博士遗骸转移至科隆，受到了极大的崇拜。②

　　为了让三博士传说更加可信，巴巴罗萨的御用班子还于 1165 年炮制了有名的"长老约翰来信"。信中说，因三博士都没有儿子，所以就让圣托马斯圣地的最后守护者长老约翰作为继承人，继续弘扬福音。其后裔都叫长老约翰。长老约翰既是国王又是长老，目前在"三个印度"③ 统治着一个无比富有、和平公正的基督教王国，并打算朝拜耶路撒冷的圣墓，援助十字军，攻打穆斯林势力。也就是说，在十字军东征陷入绝望的欧洲引起了轰动效应的"长老约翰"信件，是三博士传说的副产品。④

---

　　①　Henry Yule, *The Book of Ser Marco Polo*, *the Venetian Concerning the Kingdom and Marvels of the East*, Vol. 1, Cambridge：Cambridge University Press, p. 78.

　　②　Bernard Hamilton, "Prester John and the Three Kings of Cologne", in Charles F. Beckingham and Bernard Hamilton eds., *Prester John*, *the Mongols and the Ten Lost Tribes*, Variorum, 1996, pp. 176 – 177.

　　③　长老约翰信中说他统治着"三个印度"，这是一个相当模糊的地理区域，允许他的传说自此以后在全球自由移动。中世纪欧洲人关于"印度"的概念尽管模糊，但可以明确的是，"三个印度"指的是他们认为的文明世界里除伊斯兰教地区之外的整个东方，包括那时尚未被发现的所有未知之域。

　　④　关于"长老约翰来信"的作者问题，学界提出了许多不同的观点。其中，伯纳德·汉密尔顿最有说服力。参见 Bernard Hamilton, "Prester John and the Three Kings of Cologne", in Charles F. Beckingham and Bernard Hamilton eds., *Prester John*, *the Mongols and the Ten Lost Tribes*, Variorum, 1996, pp. 176 – 185；中文论文可参见龚缨晏、石青芳《约翰长老：中世纪欧洲的东方幻象》，《社会科学战线》2010 年第 2 期。关于具体的"长老约翰来信"内容可参见 *Prester John：The Legend and Its Sources*（compiled and translated by Keagan Brewer, Ashgate：Ashgate Publishing Limited）2015 年版中的各种版本。据 Keagan Brewer 统计，目前所见的信件共有 18 种语言，其中方言和拉丁抄本有 469 份。

很显然，巴巴罗萨和莱纳德构建三者之间的关系并不是完全出于宗教的虔诚，而是有着明显的政治动机，借此表达他们的政教观，即王权高于教权，教权从属于王权。因为耶稣首先向来自东方的世俗国王①即三博士而不是教会人士呈现了凡人形态，故王权高于教权，教权附属于王权。而且其后裔长老约翰作为权势与美德超群的君主，仅以卑微的教职"长老"来称呼自己，也就是说君主完全可以兼教职，甚至教会都没有存在的必要。

为了与教皇亚历山大三世争夺主教任命权，巴巴罗萨和莱纳德的继任者菲利普主教继续大造声势。他们在科隆天主教堂中殿为三博士遗骸建造了一座大神坛供人们朝拜，并用极为精湛的雕绘讲述了"三博士来朝"的场景。他们达到了自己的目的，吸引了大量的欧洲天主教徒来此朝圣。他们都坚信，三博士可以保佑他们免遭不幸，尤其是火灾、坏天气和瘟症等。后来，他们还逐渐被尊称为商人和旅行家的庇护人。② 科隆也因此成为与罗马、卡帕斯特拉、坎特伯雷③并列的四大朝圣中心之一，并在日后成为神圣罗马帝国皇帝统治欧洲的政治中心。

当然，米兰人也不甘心三博士遗骸被抢。他们宣称巴巴罗萨在转移遗骸过程中遗漏了其中一个博士的小手指和一片黄金。他们将之奉为圣物，并在每年主显节举办大规模的纪念活动，演出关于他们的神圣戏剧。④ 其目的在于宣扬米兰作为宗教中心的神圣性，试图与科隆在正统性上一争高下。但与在强势德皇庇护下的后者相比，它明显处于下风。

---

① 上文提到德尔图良认为三博士就是统治东方的世俗国王，这种说法在中世纪被广泛接受。这也与奥托所说他们的直系后裔长老约翰统治着"三个印度"的观点一脉相承。

② Marion Steinicke, "Marco Polo's Devisement dou monde as a Narcissistic Trauma", in Suzanne Conklin Akbari and Amilcare Iannucci eds. , *Marco Polo and the Encounter of East and West*, Toronto: University of Toronto Press, 2008, p. 96.

③ Compostella 位于西班牙的加里西亚，是罗马天主教徒的三大朝圣地之一，仅次于圣城耶路撒冷及罗马；Canterbury，今英国境内，拥有著名的坎特伯雷大教堂。

④ Marion Steinicke, "Marco Polo's Devisement dou monde as a Narcissistic Trauma", in Suzanne Conklin Akbari and Amilcare Iannucci eds. , *Marco Polo and the Encounter of East and West*, Toronto: University of Toronto Press, 2008, p. 96.

话说到这里，我们就大致明白了沃拉真的信息来源。他的文本资料应该是来自科隆大主教莱纳德的文人团队，他只不过是对之做了大致概括。也许作为意大利城市热那亚大主教的他，不愿意过多讲述三博士遗骸被掠到德国科隆的耻辱性细节，或者说不愿意接受这个残酷的现实。不过，他也接受了三博士遗骸作为圣物被供奉在科隆大教堂里是一个不容置疑的事实。如果他的寿命再长一年半载，也许就能看到这本惊世骇俗的《游记》了。我们可以想象他看到该书中的三博士故事的反应，必定会感到瞠目结舌，大呼"liar"！

当然，自从《游记》面世以来，质疑马可·波罗版本三博士故事的人不在少数。原因在于，在天主教气氛浓厚的威尼斯长大的马可·波罗即便不了解这场在中世纪欧洲带有宗教和政治意味的三博士遗骸的国际性纷争，但他应该知晓欧洲社会对三博士的普遍崇拜。然而，他在《游记》中却说，他们遗体尚全，仍在波斯且三墓壮丽，保存完好。这种说法显然没有考虑到德皇与教皇之间的政教之争，也没有想过德国科隆与意大利米兰之间争夺遗骸的国际性反响，更没有顾及整个西方世界的基督教徒云集科隆朝拜三博士遗骸寻求庇佑的宗教情感。因而，当教友们读到《游记》中的三博士版本时，它受到了严厉的质疑，并引发了教会人士的愤怒。当威尼斯和德国翻译者面对三博士被埋葬在波斯的撒巴时，他们顿时变得怀有敌意，认为这个故事多有谎言："'*zercha questa istoria dixeno molto buxie*'或者'*das alles nit war ist*'！"①

直至 20 世纪初期，仍有人怀疑马可·波罗版本的三博士被埋葬在撒巴的说法。1903 年，美国东方学会的威廉姆·杰克森（A. V. Williams Jackson）沿着马可·波罗的足迹寻找三博士的墓地。经过两年的考察，他得出结论，自己在伊朗乌尔米耶城（Urumiah，今阿塞拜疆的第二大城市）古老马特·米拉姆（Mart Miriam）的聂斯脱里教堂里发现了至少两

---

① Foscolo Benedetto, cxv, 转引自 John Larner, *Marco Polo and the Discovery of the World*, New Haven: Yale University Press, 1999, p. 107。

个博士的圣墓。① 因马可·波罗所说的撒巴城湮没，因此很难说清孰是孰非。但至少说明，原本的质疑者无意中支持了马可·波罗所说的三博士被埋葬在东方波斯的观点。

三 马可·波罗对礼物和圣火的"错误"报道

《游记》关于三博士的记述不仅从根本上否定了三博士遗骸曾在米兰和科隆的"常识"，而且在礼物寓意和圣火等重要问题上的说法都与基督教神学中的相应观点背道而驰。他对基督徒极为重视的伯利恒之星或圣诞之星，即引领三博士到圣婴耶稣牛槽的新星只字未提，略而不谈。《游记》似乎暗示在基督教世界之外，东方也有着自成体系的宗教信仰，有大量的信众，发达程度不亚于基督教。

首先，《游记》对三博士携带礼物的寓意也给予了关注，并给出了与以往基督教神学家不同的解释。某些学者认为马可·波罗对礼物寓意的解释是该故事中"最让人感到奇怪的部分之一"。② 且看马可·波罗在第30章"波斯大州"中对礼物寓意的记述：

> 相传昔日此国有三博士，闻有一预言人降生，偕往顶礼。三博士各携供品，一携黄金，一携供香（乳香），一携没药。欲以此测度此预言为天神，或为人王，抑为医师。盖若受金则为人王，受香则为天神，受没药则为医师也。③

与中世纪西方对三博士与圣婴耶稣之间关系的传统认识不同，《游记》在此没有把三博士作为上帝和弥赛亚的虔诚信徒与附属形象看待，

---

① A. V. William Jackson, "The Magi in Marco Polo and the Cities in Persia from Which They Came to Worship the Infant Christ", *Journal of the American Oriental Society*, Vol. 26（1905）.

② William Dalrymple, *In Xanadu*（https：//www. unexplained-mysteries. com/forum/topic/202811-tomb-of-the-three-magi/）.

③ ［意］马可·波罗：《马可波罗行纪》，A. J. H. Charignon 注，冯承钧译，党宝海新注，河北人民出版社1999年版，第46页。

而是把他们当作有独立意志和自己思想的人物。当他们把三种礼物献给圣婴耶稣的时候，试图根据他所接受的礼物，对其日后的身份和地位作出自作主张的分析：因黄金代表财富和权力，若受金则为人王；乳香由东方各种珍贵香木的树脂提炼而成，多用作献祭神灵的圣香，受香则为天神；没药来自一种灌木或乔木渗出的芬芳树脂，在东方被推崇为香料和药物，如圣婴接受没药则为医师。

根据罗马时期圣徒"金嘴"约翰的说法，黄金、没药和乳香三种神秘的礼物表明耶稣集国王、人类和上帝（King，Man，God）三种身份于一身。他肯定将三种礼物全部收下。① 而不是《游记》中所揣度的那样，耶稣只会接受一种礼物，也只能有一种身份。万能的上帝怎么能只有一种身份或一种能力呢！不过，幸亏后面他们很快认识到了自己的判断有误并及时纠正。

再看沃拉真对三种礼物寓意的解读：黄金是金属中最贵重者，象征耶稣无上的神性；乳香象征他虔诚的灵魂，因为它意味着奉献和祈祷；防腐的没药象征耶稣的人性和死亡。② 与沃拉真在神学框架中解读的礼物所具有的神圣性含义相比，《游记》的解读过于强调它们的物质性和世俗性。

其中最让西方基督教徒费解的是，《游记》关于没药代表耶稣成为医生的观点。它与沃拉真所代表的传统观点大相径庭，即没药象征耶稣的死亡和人性。但《游记》的观点在古代东方的文化背景中是没有问题的。比如，琐罗亚斯德本人被视为神医。作为他世间化身的三博士既是祭司也医生；耶稣是医生的观念在摩尼教中也广泛传播。③ 可见，在东

---

① Henry Yule, *The Book of Ser Marco Polo*, *the Venetian Concerning the Kingdom and Marvels of the East*, Vol. 1, Cambridge：Cambridge University Press, 2010, p. 76.

② The Feast of the Epiphany of our Lord and of the three kings, Medieval Sourcebook：The Golden Legend：Epiphany（http：//www. fordham. edu/halsall/basis/goldenlegend/）；Jacobus de Voragine, *The Golden Legend：Readings on the Saints*.

③ Marion Steinicke, "Marco Polo's Devisement dou monde as a Narcissistic Trauma", in Suzanne Conklin Akbari and Amilcare Iannucci eds. , *Marco Polo and the Encounter of East and West*, Toronto：University of Toronto Press, 2008, p. 96.

方的宗教背景中还保留着耶稣是医生的（Christus Medius）的观点。而这一观点早就被西方教会所抛弃，而发展成耶稣是国王（Christus Rex）的观念。① 从这个角度看，马可·波罗所报道的三博士故事应该是他听三博士故乡的本地人所讲，其中糅合了拜火教、摩尼教以及聂斯脱里教的因素。否则，作为一个商人，他很难懂得这么艰深的神学教义。

值得注意的是，《游记》竟对引领三博士到耶稣圣婴躺卧的牛槽的那颗新星只字未提。事实上，这颗新星在西方基督教神学论争中具有重要的地位。沃拉真较为详细地介绍了古代教父给出的三种含义，而他自己认为"三博士看到的新星五角则有物质的、精神的、智力的、理性的和超验的含义。"② 作为对上帝真诚信仰的外在表现及上帝荣耀和光芒的内在奉献，"精神之星"观念对中世纪晚期形成的圣灵（sprituality）崇拜非常重要。③ 但是，马可·波罗对此沉默不语，的确让当时的人们感到匪夷所思。

其次，圣火问题。在三博士自作主张地分析完耶稣如收不同的礼物则代表不同的身份之后，他又继续离奇地转述了阿塔佩里斯坦城（Ata-peristan，意为"拜火之堡"）人讲述的三博士与圣火的故事：

> 及至此婴儿诞生之处，三博士年幼者先入谒，见此婴儿与己年
> 相若。年壮者继入，亦见婴儿与己年相若。较长者后入，所见婴儿

---

① 正如前面提到的《马太福音》中明确提到："那生下来做犹太人之王的在哪里？"《路加福音》：23；《约翰福音》：18：28—38。耶稣说他"以色列人的王"成为被钉死十字架的理由。

② 第一，一些人说圣灵以星星的形态向三博士显现，就像耶稣头上曾出现的鸽子类似；第二，S. John Chrysostom 说，是天使向牧羊人显现，尔后呈现给国王；第三，它是一颗由上帝新创造的星……Fulgentius Saith 说这颗星在三方面与众不同：首先是位置，它不是挂在苍穹，而是挂在与地球相近的空中；其次是其明亮度大于其他星星；最后是它一直在移动，用合适的方式引领三博士找到目的地。参见 the Feast of the Epiphany of our Lord and of the three kings, Medieval Sourcebook：The Golden Legend：Epiphany（http：//www. fordham. edu/halsall/basis/goldenlegend/）。

③ Marion Steinicke, "Marco Polo's *Devisement dou monde* as a Narcissistic Trauma", in Suzanne Conklin Akbari and Amilcare Iannucci eds. , *Marco Polo and the Encounter of East and West*, Toronto：University of Toronto Press, 2008, p. 96.

年岁亦与己同。三博士会聚，共言所见，各言所见不同，遂大惊诧。三博士共入，则见婴儿实在年岁，质言之，诞生后之十三日也。乃共顶礼，献其金、香、没药，婴儿尽受之。方知此婴为真正的天神、真正的国王和医生。后者旋赐三博士以封闭之匣一具，嘱勿开之，诸王遂就归途。①

圣婴此处显示出"灵异"之处，十三天的他在接见每个博士时会变化得与之年龄相同。这让三人深感此婴不凡，并认识到圣婴是真正的天神、国王和医生。伯希和认为，马可·波罗版本中耶稣的身份与摩尼教的说法如出一辙。因为摩尼教中的耶稣就是天神、国王和医生三者合一的身份。② 尽管如此，三博士还对"圣婴一次接受了三种礼物"表示不满。"于是，他们接着就想离开这个只有十三天的婴儿"。VA 本此时评论说："他们说了很多谎言。"③ 回程路上，三博士打开了那个神秘的匣子后，竟然发现：圣婴仅回赠了一块石头！他们因不懂石头代表的深层含义（象征对耶稣的信仰应当坚如磐石）而颇感羞辱和失望，遂将之投入一井（VA 本此时评论说，所有这些都不是真的，因为这里的人们没有真正的信仰④），突然一股火焰从天堂而降至于井。

三博士见此灵异，既惊且悔，乃知其意既大且善，不应投石井中。乃取此火，奉还其国，置一华美礼拜堂中，继续燃烧，崇拜如同天神。凡有供物，皆用此火烧熟。设若火熄，则附近信仰同教之他城求火，奉归其礼拜堂中，此地人民拜火之原因如此。常往十日

---

① ［意］马可·波罗：《马可波罗行纪》，A. J. H. Charignon 注，冯承钧译，党宝海新注，河北人民出版社 1999 年版，第 46 页。

② 但是摩尼教中，关于三种礼物黄金、乳香和没药的含义与西方基督教传统一样，而不同于马可·波罗的记述。Paul Pelliot, *Notes On Marco Polo*, Vol. I, Paris: Imprimerie Nationale, 1950, p. 131.

③ A. C. Moule & Paul Pelliot, *Marco Polo: The Description of the World*, New York: Ishi Press, p. 114.

④ Ibid. , p. 115.

旅程之地以求此火。此地之人所告马可·波罗阁下之言如此,力证其事如是经过。其一王是撒巴城人,别一王是阿瓦(Ava)人,第三博士是今尚拜火教之同堡(Caxan)之人。①

《游记》中的上帝之子耶稣显灵的"圣火"与波斯琐罗亚斯德教崇拜的圣物——"火"建立了"密切"的联系。实际上,波斯人崇拜火是与琐罗亚斯德教的神学传说相关:火就是光明之神阿胡拉的化身,拜火乃为崇尚神的主要祭仪。从其名称"Magians xian"上便可看到该教派与三博士的密切关系。问题在于,三博士带来的耶稣显示神迹的"圣火"怎么成为与基督教的宗教倾向和神学含义迥异的琐罗亚斯德教的"圣火"了呢?这让当时的西方人感到极为不解,极力否定此话的真实性。比如 VA 本中说:"我告诉你他们是生活于错误信仰中的人们。"② 就连当今的很多学者也深感迷惘。裕尔认为,关于传说的圣火问题,本身不但显示出基督教和拜火教因素的奇妙混合,而且与穆斯林历史学家马苏第讲述的法尔斯省(Fars)③ 的"火井"传说有关,同样故事的雏形在阿拉伯的圣婴福音中也有体现。④ 伯希和却认为,关于马可·波罗版中圣火被扔进井里的故事,与维吾尔(Uighur)聂斯脱里教更为相似,而不是裕尔所说的与马苏第的火井传说有关。⑤

---

① [意]马可·波罗:《马可波罗行纪》,A. J. H. Charignon 注,冯承钧译,党宝海新注,河北人民出版社 1999 年版,第 47—48 页。

② A. C. Moule & Paul Pelliot, *Marco Polo*: *The Description of the World*, New York: Ishi Press, p. 115.

③ Fars,地名,今伊朗的一个省。

④ 马苏第说:在法尔斯省,他们会告诉你一个"火井"的传说。当弥赛亚出生时,克里什(Koresh)的国王派遣三个使节到弥赛亚这里来,他们分别带了一袋乳香、一袋没药和一袋黄金,在国王描述的一个星星的指引下,他们到达叙利亚,见到弥赛亚和其母亲玛利亚(*Mas'udi*, IV, 80);阿拉伯圣婴福音书中说,玛利亚把耶稣包裹上的一条带子给三博士。当回到自己家乡时,他们将之投入圣火中,却完好无损。参见 Henry Yule, *The Book of Ser Marco Polo*, *the Venetian Concerning the Kingdom and Marvels of the East*, Vol. 1, Cambridge: Cambridge University Press, 2010, p. 77.

⑤ Paul Pelliot, *Notes On Marco Polo*, Vol. I, Paris: Imprimerie Nationale, 1950, pp. 131 – 132.

马可·波罗似乎在迷茫中明白了拜火教崇拜火的根本原因，但其记述却加剧了西方读者的焦虑与反感。因为在《游记》中，三博士没有像在《圣经》和沃拉真的《圣人传奇》中那样表现出对耶稣的无比虔诚，只是作为见证耶稣显现而存在的附属人物，表现出自己"独立思考和怀疑精神"的异教徒倾向。在西方人看来，三博士是虔诚的基督教徒，且在东方广传福音，但在马可·波罗这里，他们却作为琐罗亚斯德教的建立者，无疑极大地削弱了他们在基督教中的地位，且"表现出异端崇拜的恶魔般倾向"。[①] 在西方人看来，见证上帝"道成肉身"的圣婴诞生的三博士却成为异端的化身。这会明显削弱他们及其遗骸在基督教神学体系中的地位，在一定程度上动摇了西方基督教的神学观念和信仰体系。

因而，马可·波罗版的"三博士"在西方自然不会得到接受与认可。1310—1314 年，意大利波罗纳多明我僧侣皮皮诺在精心编排的拉丁版本《寰宇记》（*Devisement dou monde*）中明确表示，"马可·波罗书中的很多内容太容易'扰乱'那些不遵守自己律法的基督教徒们的心智"。[②] 故而，他直接删掉了马可·波罗记述的三博士故事。

而马可·波罗本人听到或看到这些"离经叛道"的故事时，也必定是充满疑惑并深感迷惘的。因而，他在讲述中曾多次申明："所有这些由那个城镇的居民讲给马可·波罗阁下的。"[③] 这种人称的换位与游离说明，马可·波罗本人对三博士的故事也是疑问重重，但他还是坚持把听到的故事"原版"报道出来，并没有想为之承担任何责任。

此后出现的不少《游记》抄本对此猛烈抨击，比如源于最初中古

---

① Marion Steinicke, "Marco Polo's *Devisement dou monde* as a Narcissistic Trauma", in Suzanne Conklin Akbari and Amilcare Iannucci eds., *Marco Polo and the Encounter of East and West*, Toronto: University of Toronto Press, 2008, p. 99.

② John Critchley, *Marco Polo's Book*, London: Variorum, 1992, pp. 140, 151.

③ ［意］马可·波罗：《马可波罗行纪》，A. J. H. Charignon 注，冯承钧译，党宝海新注，河北人民出版社 1999 年版，第 46—48 页。

意—法文的 FB 和 S 本①评论道："当你听到这个故事时,只需要相信福音中说的那样:三博士前往朝拜我们的主,并献上珍贵的礼物。其余的部分都是没有信仰的粗俗之人的错误说法,根本不是真的。正如那些没有信仰的卑鄙之徒经常做的那样,他们胡说八道,谎话连篇!"②

但也有例外,比如 VL 本就肯定马可·波罗所言的真实性:"根据马可·波罗的报道,这个地区的人们所讲的这些故事都是真实的。他们确实讲述了被称为'三个马吉'的'三个国王'去朝拜由童真女玛利亚在伯利恒所生的圣婴耶稣,与《福音书》所讲的完全相同。"③ 当校注者 A. C. 穆尔和保罗·伯希和看到这条评论时,都深感诧异,甚至认为"保留这段特别的评论将会非常冒险"。④ 两个大学者之所以这样说,一是出于他们的天主教徒身份和身边宗教氛围的压力,二是为马可·波罗这种"勇敢"报道的精神以及在中世纪的 VL 本敢于肯定马可·波罗的说法,感到既敬又畏。因此,我们可以设想马可·波罗在 13、14 世纪说出这些类似"谣言"所承受的压力。

在 14 世纪后的西方旅行家报告中,三博士传说几乎再也没出现过。即便有,也是寥寥数语,无实际内容。鄂多立克在《鄂多立克东游录》中曾提到,进入印度后,停留在叫作喀珊(Cassan)⑤ 的三贤王城,它是

---

① FB 本即使用法国皇室法语写成的文本,学界简称 FB。S 本即 1503 年的西班牙语版本。

② A. C. Moule & Paul Pelliot, *Marco Polo*:*The Description of the World*, New York:Ishi Press, p. 116.

③ Ibid. , note 3. VL 本是 1476 年的威尼斯方言本,这段原话是:"le qual cosse benche per queli de quele prouintie fosseno affirmate al dito marco polo esser uere in suma uerita in se contiene perche di tre re chiamati tre magi i quali andono adorare yhesu xpirto nato in bethlm dela uergene maria non piu ne meno di quelo recita lo euangelio di xpisto. " 英文大体翻译为:"These stories (literally 'things'), which the people living in those counties said were true according to Marco Polo, veritably tell about the three kings called the Three Magi who went to adore Jesus Christ born in Bethlem to the Virgin Maria, exactly as it is said in the Gospel of Christ. " 因笔者不懂古威尼斯方言,剑桥大学古典系的图书管理员 Stephen Howe 委托古典系中世纪意大利语言专业的博士生 Lina 翻译成英文。在此,对他们的无私帮助表示真诚的感谢!

④ A. C. Moule & Paul Pelliot, *Marco Polo*:*The Description of the World*, New York:Ishi Press, p. 116, note 3.

⑤ 即 Qashan,波斯一城市,位于伊斯法罕和德黑兰之中途,一直以锦缎、天鹅绒、蝎子和名叫 Qaschi 的精美陶器而知名。

一座皇城并负有盛名，但鞑靼人使它遭到极大的破坏①；《海屯行纪　鄂多立克东游录　沙哈鲁遣使中国记》中关于三博士的报道纯粹是为了证实伊斯兰世界之外存在着可以联合的基督教团体。② 中世纪后期最受欢迎的《曼德维尔游记》则根本没有提及三博士，却重点描述了西方人最想看到的耶路撒冷和长老约翰国度，而马可·波罗却对耶路撒冷只字未提，对长老约翰的记述也与读者的期望背道而驰（下文有详细分析）。有学者分析说，曼德维尔不提三博士的原因也许在于他想"用温暖的故事抚平马可·波罗的'破坏性语言'给西方人带来的精神创伤，因而重新保证西方文化的优越性"。③

四　余论

与中世纪后期其他游记作者相较，马可·波罗并没有太多的文化"包袱"。他既没有西方中世纪基督教精英那种把东方"视为在救赎历史中是一个重要但从根本上矛盾的角色，即作为历史时间的开始和结束——伊甸园的驱逐和末日的恐惧"④，也没有普通教徒那种把东方看作珠宝盈野、充满诱惑，但却怪物充斥、人种野蛮、充满恐惧的猎奇心理。因此，他没有把东方神奇的世界置于基督教传统观念中进行"理性"的解释，在诸多问题上，根据自己的所见所闻"如实"记述了与西方传统不同的版本，不可避免地引发了难以调和的矛盾。

他记载的很多内容令当时相对落后的西方人难以置信，例如位于"远印度"的大汗帝国中，是否真的有"万王之王，其名曰忽必烈"，其权势之强令西方君主皆望尘莫及，有 12000 名文武官员相佐，养鹰者 1

---

① 参见［亚美尼亚］乞拉可思·刚扎克赛、［意］鄂多立克、［波斯］火者·盖耶速丁《海屯行纪　鄂多立克东游录　沙哈鲁遣使中国记》，何高济译，中华书局 2002 年版，第 39 页。

② 参见［英］H. 裕尔、［法］考狄埃《东域纪程录丛：古代中国闻见录》，云南人民出版社 2008 年版，第 126 页注释 2。

③ Marion Steinicke, " Marco Polo's *Devisement dou monde* as a Narcissistic Trauma", in Suzanne Conklin Akbari and Amilcare Iannucci eds. , *Marco Polo and the Encounter of East and West*, Toronto: University of Toronto Press, 2008, p. 107.

④ Ibid. , p. 89.

万人，饲狗者 2 万人，凡大宴，与会宾客 4 万人？大汗是否确实统治着整个契丹、蛮子九国的 1200 座城池，而且使用纸币？大汗帝国内真的既有基督教、佛教，还有道教和伊斯兰教？是否确乎有一名城行在（杭州），它比欧洲的商业中心威尼斯更富有更漂亮，它有石桥 12000 座，温泉 3000 个，宫苑方圆 10 英里，屋宇 160 万座？在此 1500 英里外，是否确乎有一岛名曰日本国，其国君以闪亮的黄金铺满屋顶？……这些超过当时欧洲人知识范畴、破除其陈旧观念的东方描述比比皆是。

以上对元帝国大汗盛世的描述，只是说明东方比欧洲有着更发达的文明和技术，并不足以对其信仰构成威胁。可是关于三博士传说的版本却是关乎基督教信仰之核心问题即"道成肉身"和"死后复活"的神学理论。《游记》不仅将见证上帝肉身显现的三博士与具有"魔鬼般"倾向的拜火教联系起来，暗示他们的身份不是什么圣托马斯施洗的基督教徒，而是琐罗亚斯德教的创建者。其墓地在波斯的撒巴城，而不是什么宗教圣地之一的科隆。他还说，圣托马斯的墓地在印度马八尔州的一个偏远小城，人迹罕至，更没有他建立的所谓大规模的东方基督教社区。[①] 原本认为三博士的所谓后裔长老约翰，与圣托马斯和三博士在他这里根本没有任何关系。他也不是"万王之王"，财富遍野，却只是因背信弃义被成吉思汗杀死的中亚游牧部落的首领，他的后裔统治着在蒙古国境内很有限的地方天德[②]，而不是到达世界最东边的"三个印度"。更别提"长老约翰准备率领大军攻打穆斯林势力占领圣城耶路撒冷"，来拯救溃败绝望中的十字军了。这彻底浇灭了西方拉丁人救命稻草般的希望！世界上最发达的大汗帝国竟然是那些 1240 年差点毁灭欧洲的蒙古人建立的！"万王之王"的忽必烈大汗竟然不是圣托马斯教化皈依者三博士的后人，却是此处被尊奉为侠胆英雄，昔日令整个西方都闻风丧胆的成吉思汗的孙子？

---

① 参见 ［意］马可·波罗《马可波罗行纪》，A. J. H. Charignon 注，冯承钧译，党宝海新注，河北人民出版社 1999 年版，第 432 页。

② 同上书，第 165 页。

马可·波罗以上信息的"如实"记述，不仅瓦解了上面所说的奥托与科隆大主教莱纳德团体构建的圣托马斯—三博士—长老约翰三者之间的有机链条，而且颠覆了他们在中世纪西方公众想象中和神学体系内部的重要地位。同时，《游记》也完全推翻了西方人所幻想的东方有大量的基督教徒和富有的国度，将会与他们联合夹击穆斯林势力的集体想象和虚幻期望。

这种"造谣"般的言论粉碎了中世纪基督教一统天下的梦想，造成了怀有普适主义情怀的基督教世界自恋式的心理"创伤"，他们无法接受这些"看似谎言"的真相。以至于马可·波罗在临终的病榻上，教父及亲友们都要他为自己的"谎言"忏悔，他的回答竟然是："我所说出的还不及我所见到的一半!"[1]这些直接触及了教友们心理底线的所谓"谎言"，在马可·波罗这里极为平常，因为在元帝国度过了少年和青壮年的他，不再是一个纯粹的西方基督教徒的身份，而是受到了元帝国内文化影响的带有"国际化"色彩的"蒙古人"。有学者说，他《游记》的每一页几乎都能证实他接受了蒙古人的世界观。甚至在宗教问题上，波罗这个好的基督教徒经常通过一个"蒙古屏"（Mongolian screen）来看待各种宗教。[2] 因此，他记述的内容与其原有的基督教世界观脱轨，也就意味着无意中对中世纪西方的传统观念造成了一定程度的冲击。

在《游记》无意间挑战中世纪西方传统观念的背后，是马可·波罗长期在国际化的元帝国中形成的世界主义视野，使其具有对东方文明的宽容和认同。换言之，这是以一种文明认同观，而非极端的宗教或信仰的认同观。因此《游记》中包含许多东西方文明交流融合的因素。三博士的宗教传说中明显有多种宗教如琐罗亚斯德教、伊斯兰教、摩尼教、基督教

---

① Henry Yule, *The Book of Ser Marco Polo, the Venetian Concerning the Kingdom and Marvels of the East*, Vol. 1, Cambridge：Cambridge University Press, 2010, introduction, p. 37.

② Paul Demiéville, "La situation religieuse en Chine au temps de Marco Polo", in Oriente Poliano (Rome, 1957), pp. 223 – 226.

以及景教等文明因子的融合，这足以说明他并不是站在基督教立场上观察其他宗教的，也不认为只有基督教才是世界上唯一"真正的宗教"。① 他没有像那个时代的西方人一样习惯于以宗教认同为唯一标准且用二元对立的传统思维来看待其他文明，即以"自我"为中心将东方视为"他者"的狭隘，对不同文明的交流对话、和谐多元的存在缺乏足够的理解，因此，他们无法理解马可·波罗怀着好奇的心态欣赏甚至仰慕非基督教世界的东方文明。马可·波罗为欧洲人提供了一种看待"他者"文化或文明的方式，即尊重、包容和欣赏其他文明。正如保罗·斯米瑟斯特所说："《马可·波罗游记》为中世纪的欧洲提供了一种教育：让多元和宽容取代分裂和仇外——这种教育与今天也息息相关。"②

历经千难万险回乡后的马可·波罗曾这样宣称："我们能够回来是上帝的意志，这样人们才能知道这个世界上的一切。"③ 马可·波罗似乎对这个世界上所有不同的人群和伟大的奇迹都充满了好奇，他著书为的是求知求解，并不带有近代帝国主义式的意图。因而，他在记述世界各地的文明和奇迹时，更多表现出了其他西方旅行家少有的客观、冷静和超然，而不是像法国修道士塞尔维拉克的茹尔丹（Jourdain of Serverac）14世纪30年代从印度返回时饱含激情地宣称，最美好的地方还是"我们基督世界"的家!④

---

① Henry Yule, *The Book of Ser Marco Polo, the Venetian Concerning the Kingdom and Marvels of the East*, Vol. 1, Cambridge: Cambridge University Press, 2010, introduction, p. 37.

② Paul Smethurst, "A Revolutionary from Venice: Marco Polo's Travels Changed forever the Way Europe Beheld Asia", *Time*, August 7 – 14, 2006.

③ Ronald Latham ed., *The Travels of Marco Polo*, New York and London: Pengiun Books, 1958. p. 295.

④ Marco Polo, "Chinese Cultural Identity, and an Alternative Model", in Suzanne Conklin Akbari and Amilcare Iannucci eds., *Marco Polo and the Encounter of East and West*, University of Toronto Press, 2008, p. 283.

余论 马可·波罗是"吹牛大王"吗

　　在中世纪欧洲众多的旅行家中，意大利人马可·波罗可谓中外家喻户晓的知名人物。数百年来，人们还送了他一个响亮的绰号——"马可百万"（Marco Milione），其府邸被称为"百万豪宅"（IL Milione），《马可·波罗游记》被称为"一个百万富翁的故事"或"世界一大奇书"。对于"Milione"（百万）绰号的来由，国外学界长期以来有着诸多不同的解释，但因证据匮乏只是停留于猜测的层面。[①] 下面对波罗家族的遗嘱、教会档案、遗产清单等文献进行辨析，认为该名号是马可·波罗宅邸名称"Villione"的误读（Millione），与他的万贯家产、传奇身份相契合。对马可·波罗而言，"马可百万"的绰号可谓实至名归，而不是西方讹传的它是"说谎大王"的代名词，从而为马可·波罗来华的真实性增强说服力。

一 "马可百万"说法来源种种

　　据说，在马可·波罗死后多年间，在威尼斯流行的化装舞会上总会

　　① 下文提到的具有代表性的观点体现于以下论著中。Henry Yule, *The Book of Ser Marco Polo, the Venetian Concerning the Kingdom and Marvels of the East*, Vol. 1, Cambridge：Cambridge University Press, 2010, introduction, 44；A. C. Moule & Paul Pelliot, *Marco Polo：The Description of the World*, New York and Tokyo：Ishi Press, 2010, pp. 31 – 33；Boleslaw Szczesnia, "Marco Polo's Surname 'Milione' according to Newly Discovered Documents", *T'oung Pao*, Second Series, 1960 (48), pp. 447 – 452；Marco Pozza, "Marco Polo Milion：An Unknow Source Concerning Marco Polo", *Mediaeval Studies* 2006 (68). 以上学者对这个问题都有所涉及，但缺乏深入的分析和合理的推理，未形成令人信服的观点。

有一个装扮成"马可百万"的形象，讲述庸俗而夸张的故事取悦观众。[①] 尽管这种纪念方式略带嘲讽意味，但可以说明"马克百万"绰号在社会被广泛接受的程度。据有关学者考证，"马可百万"这一绰号早在马可·波罗本人在世期间就已出现，这点已在学界基本达成共识。然而，这个有趣的绰号究竟源自何处呢？自 14 世纪初著名的《游记》作品问世以来，国内外学者及社会各界人士对此见解纷呈，观点殊异。大致说来，有代表性的说法有以下几种。

第一，财富说。早在马可·波罗时代，就有学者对他"百万"的绰号颇感兴趣。譬如，被学界称为 MS 版本的作者杰克波（Jacopo d'Acqui）给马可·波罗的书定名为"关于世界奇事的百万书"（*Liber Milionis de mirablibus mundi*），并写道："被称为'Milione'的马可"，他是将"百万里拉或磅"[②] 财富带回家的威尼斯百万富翁。在威尼斯，人们就这样称呼他。[③] 稍后，佛罗伦萨历史学家乔瓦尼·维拉尼（Giovanni Villani，1307 年开始写作，死于 1348 年）也认为马可·波罗是当时的百万富翁，在其著作《历史》中将其称为"Milione"。[④]

第二，虚构说。意大利传记作家方塔尼（Fontanini）认为给《游记》起"IL Milione"绰号主要是由于他在书中讲述了许多像阿拉伯经典文学著作《天方夜谭》中那样的虚构故事。英国著名马可·波罗学专家亨利·裕尔认为，这种说法非常牵强。[⑤] 当今的研究证实，马可·波罗书中很多的记录大都符合历史事实，并非妄言。

---

① Henry Yule, *The Book of Ser Marco Polo, the Venetian Concerning the Kingdom and Marvels of the East*, Vol. 1, Cambridge：Cambridge University Press, 2010, introduction, p. 44.

② 根据裕尔和考狄埃的说法，我们很难估算威尼斯里拉（威尼斯 pounds/lire）的价值，一般认为，1 里拉克鲁扎多钱（Lira dei grossi 或者 Lira dimprestidi）约等于 10 个金币（杜卡特，是威尼斯于 1284 年开始发行的金币）。参见 *The Travels of Marco Polo：The Complete Yule-Cordier Edition*, Vol. 1, Ⅷ, note 15.

③ Henry Yule, *The Book of Ser Marco Polo, the Venetian Concerning the Kingdom and Marvels of the East*, Vol. 1, Cambridge：Cambridge University Press, 2010, introduction p. 44, 据说这种说法得到 Sansovino, Marco Barbaro, Coronelli 和其他人的同意。

④ Ibid. , note 1.

⑤ Ibid. , introduction, p. 44.

第三，地名说。1852 年，贝德利·伯尼（Baldelli Boni）也把马可·波罗的书命名为"Il Milione"，他解释说，"百万"这个绰号来自 Emilia 省的名字，来自那里的人被称为"Emilione"或者"Milione"。[①] 但马可·波罗是否来自当时一个叫 Emilia 的省很难证实。

第四，真名说。意大利著名学者贝内戴托将马可·波罗的书名定为"Il Milione：Divisament dou Monde"。他相信，"Milione"或"Milio"并非一个绰号，而是马可·波罗的真名，即"Emilio"或"Emilione"的一种形式。[②] 当代学者约翰·克里奇利认为它可能并非简单地源于"Emilione"。[③]

第五，联姻说。法国学者于格认为："马可百万"既不是源自他积累的百万家产，也不是因为他讲述的百万美好故事。它仅是对一个专用名词的歪曲。马可·波罗曾与米罗尼（Miloni，意大利文意为"百万"）家族联姻。[④] 然而，于格作出这种论断并无多少根据。裕尔和著名东方学家伯希和考证，认为马可·波罗的妻子出生自哪个家族并不为我们所知。[⑤]

第六，数字说。意大利地理学家剌木学认为：当时人们这样称呼马可·波罗，是由于他经常说"成千上万"这种令人惊愕的数字表示大汗帝国巨额的财富和宏伟的气势。而且剌木学在一份法律文件中找到了马可·波罗被称为"百万"的证据，即大议会判决书中一份 1305 年 4 月 10 日的担保书。该文件主要内容是宽恕一名叫波诺丘（Bonocio of Mestre）的商人走私酒的罪过，为他担保的两个人中一个就是贵族波罗百万（NOBLLIS VIR PAULO MILIONI）。[⑥]

第七，伯父支系后裔说。1961 年，博尔斯劳·斯泽西纳克发表《马可·波罗的绰号"百万"重释：根据新近发现的资料》一文，认为"百

---

① Boleslaw Szczesniak，"Marco Polo's Surname 'Milione' according to Newly Discovered Documents"，*T'oung Pao*，Second Series，1960（48），p. 447.

② Paul Pelliot，*Notes on Marco Polo*，Vol. 2，Paris：Imprimerie Nationale，1963，pp. 625 –626.

③ John Critchley，*Marco Polo's Book*，London：Cambridge University Press，1992，p. 131.

④ 参见［法］F. -B. 于格、E. 于格《海市蜃楼中的帝国——丝绸之路上的人、神与神话》，耿升译，喀什维吾尔文出版社 2004 年版，第 256 页注释 1。

⑤ Henry Yule，*The Book of Ser Marco Polo，the Venetian Concerning the Kingdom and Marvels of the East*，Vol. 1，Cambridge：Cambridge University Press，2010，Introduction，p. 46.

⑥ Ibid. ，introduction，p. 44，note 2 中提到，Milion 用古代的手写体写作"*mortuus*"。

万"绰号用于马可·波罗是他同时代的作家杰克波犯了轻率的错误。这种说法为剌木学沿用，甚至像马可·波罗学的权威学者亨利·裕尔、穆尔、伯希和等都在沿袭旧说。① 而博尔斯劳采信的是意大利学者罗伯特·盖洛的观点，即这个贵族波罗"百万"其实是马可·波罗的伯父老马可·波罗的孙子小马可·波罗。② 也就是说，"百万"乃是其伯父支系的绰号，而与马可·波罗那个支系无关。③

第八，运算单位说。克罗地亚学者安东尼·西蒙提（Antinio Simonetti）在 2000 年南开大学召开的"马可·波罗与 13 世纪的中国"会议上提交的一篇论文摘要中，提出这种新颖的说法。④ 他认为，"百万"既是马可·波罗本人的绰号，也是其书的名字，同时也应该是佛罗伦萨标榜自己在全欧"国际银行"领袖身份的宣传手段。"百万"作为一个独立的运算单位，10^6 的数字价值暗示出了该城市在欧洲国际金融中的重要政治地位。因此，马可·波罗及其书作为巨大财富的象征，无形中承担了创造与传播一种金融领域运算概念的作用。

二　宅邸名称说

鉴于马可·波罗研究相关文献资料的匮乏，加上波罗家族支系庞大及其成员名字多有重复⑤，研究"马可百万"绰号的缘由自然困难重重。

---

① 参见 Boleslaw Szczesniak，"Marco Polo's Surname 'Milione' according to Newly Discovered Documents"，*T'oung Pao*，Second Series，1960（48），note 10。

② Rodolfo Gallo，"Marco Polo，la sua famiglia e li suo libro"，Nel VII *Centenario della nascita di Marco Polo*（Venezia，1954），pp. 87 – 95，转引自 Boleslaw Szczesnia，Marco Polo's Surname 'Milione' According to Newly Discovered Documents，p. 450。

③ Boleslaw Szczesnia，"Marco Polo's Surname 'Milione' according to Newly Discovered Documents"，*T'oung Pao*，Second Series，1960（48），p. 452.

④ 在此感谢南开大学历史文化学院王晓欣教授提供了克罗地亚学者 Antinio Simonetti 的论文摘要。

⑤ 裕尔发现，波罗家族支系复杂，除了马可·波罗所在的家族支系，还有其伯父家族居住在克里米亚的苏达克的成员、圣·吉雷米亚（San Geremia）的波罗家族支系。参见 Henry Yule，Vol. 2. Indes1；而且，这三个波罗家族成员的名字不少是重名的。据博尔斯劳·斯克斯尼阿克统计，仅是马可·波罗支系与伯父家老马可的支系中，在文件中就发现了两个马菲奥·波罗（Matteo Polo），两个尼可洛·波罗（Nicolo Polo）和三个马可·波罗（Marco Polo）。参见 Boleslaw Szczesniak，"Marco Polo's Surname 'Milione' according to Newly Discovered Documents"，*T'oung Pao*，Second Series，1960（48），p. 452.

笔者经过长期查阅资料和对比研究，认为有一种来源说法更具说服力，即该绰号是马可·波罗宅邸名称"Villione"的误读（Millione），这恰与他积累的万贯家产、传奇身份相契合。

现有的研究表明，波罗家族曾在圣约翰·克里斯多姆教区（San Giovanni Crisostoma）买下名为"Vilione"的宅邸。罗伯特·盖洛认为，"Milione"是波罗家族曾经买下的"Vilione"家族宅邸的名字的滥用或者误读。① Vilione家族的宅邸是在波斯商业中心大不里士由威尼斯商人皮特鲁·维罗尼（Pitero Vilione）所置办的。此人在1281年5月2日立下遗嘱，指定他的儿子乔瓦尼（Giovanni）为遗嘱的执行人。后来，乔瓦尼不知出于何因将圣约翰·克里斯多姆教区的房产卖给波罗家族。② 至于这笔交易完成的时间、地点等细节，目前并不为人所知。裕尔考证后认为，马可·波罗从东方返回威尼斯后即居住于此区。他与父亲、叔叔利用从东方带回的部分资金购买了圣约翰·克里斯多姆教区的帕拉朱（the Palazzo）的几处房产③，其中应包括名叫"Villione"的房屋。这在马可·波罗之弟小马菲奥1300年所立的遗嘱中可以发现线索，即他称自己的父亲为"圣约翰·克里斯多姆教区已故的尼可罗·波罗"。④

当然，他们的购房资金中也有一部分来自老马可在圣·塞韦罗（San Severo）教区房产变卖后的资产。在1285年8月5日的遗嘱中，老马可表示，如果他的弟弟尼可罗和马菲奥在威尼斯的话，他们将成为他的财产委托人和执行者。鉴于两人长期不在中国，他指定约达诺·特雷维萨诺（Jordano Trevisano）及其女婿菲奥德里萨（Fiordelisa）为委托人。他要求属于自己的威尼斯资产委托人只能在威尼斯投资经营，只需将部分收益给予在克里米亚苏达克的儿子小尼可罗。⑤ 在波罗一行三人从东方

---

① John Larner, *Marco Polo and the Discovery of the World*, New Haven：Yale Universy Press, 1999, p. 44.

② Ibid., p. 28. 拉纳说，这幢宅邸周围建有一个院子和一个塔楼。

③ Henry Yule, *The Book of Ser Marco Polo, the Venetian Concerning the Kingdom and Marvels of the East*, Vol. 1, Cambridge：Cambridge University Press, 2010, Introduction, p. 23.

④ Ibid., p. 22.

⑤ Ibid., p. 22, note 3.

返回威尼斯后，按照老马可·波罗的遗愿，将其财产投资购买圣约翰·克里斯多姆教区包括"Vilione"家族宅邸的房产和地产。

既然马可·波罗的伯父、父亲、叔叔及马可·波罗本人共同投资购买了 Vilione 宅邸，那么他们的后代都有使用这个宅邸名称"Milione"的可能性。据博尔斯劳声称，老马可·波罗的儿子克里米亚苏达克的尼可罗（Nicolo of Soldachia）在 1324 年 7 月 23 日立下遗嘱时，他称自己为"dictus Milion lo grando"或老百万（Milion the Elder）。继而，其子小马可·波罗在一份拉丁文件中被称为"马可百万"（Marcus Milioni）或百万的儿子马可（Marc son of Milion）。① 这也是他驳斥自杰克波至裕尔、伯希和等人将"百万"绰号用于马可·波罗观点的证据。然而，博尔斯劳在文中并没有对此处的文件出处进行说明，从而降低了他说法的真实性。根据波罗家族购买圣约翰·克里斯多姆教区房产的资金构成以及老马可的遗嘱就足以让博尔斯劳的观点不攻自破。正确的说法应该是，就目前来看，这个绰号只使用于马可·波罗。即便有可能是用于其伯父的后代，但还未发现确凿的证据能够证实这一点。再者，马可·波罗因到东方神话般的大汗帝国旅行并带回大量财富的传奇经历，将之写成书公布于世"数月间在意大利走红"，使之成为波罗家族著名的代表性人物，具有传奇色彩的"百万"绰号应该非马可·波罗莫属。

三　宅邸名称说的其他证据

上述关于"百万马可"绰号的论断仍需考虑两方面的问题：一是他是否真的家财万贯，并单独拥有"Vilione"或"Milione"的宅邸，而不只是一个原来认为的中等贵族或小贵族？二是除上面提到的 1305 年文件中不明确的"马可百万"外，是否还有其他证据表明马可·波罗确实使用过"百万马可"这一绰号？围绕上述两个问题，目前可以找到以下两则证据。

---

① Boleslaw Szczesnia, "Marco Polo's Surname 'Milione' according to Newly Discovered Documents", *T'oung Pao*, Second Series, 1960（48）, p. 450.

第一，根据档案中关于他本人的活动、遗嘱及其家族成员的遗嘱记载可知，马可·波罗确实是威尼斯一大富翁。除了从东方带回威尼斯的财富外，他作为家族中的主要男性继承人，还分别继承了父亲、弟弟以及叔叔的遗产。当然，作为精明的商人，他一直在积极经营东方体积小、重量轻、利润高的商品，如麝香、大黄、蚕茧和丝绸等。再加上放贷活动，他在有生之年应当积累了相当多的财富。

尽管目前尚未找到马可·波罗父亲尼可罗·波罗的遗嘱，但是可以推测他从尼可罗那里继承了一半遗产。与他平分父亲遗产的弟弟小马菲奥（Maffeo junior）的遗嘱（1300年8月31日）目前保存完好，内容共17点，主要是对自己的财产进行分配。由于自己没有男性子嗣，在分配财产时有7处提到，自己的遗产转让给哥哥马可·波罗。① 经过初步统计，小马菲奥遗嘱中派发的钱数约超过8000金币（杜卡特），其中不包括不动产。此时，马可·波罗资产的总份额达到了家族共同财产的92.5%。② 也就是说，这些财产包括马可·波罗、父亲和弟弟的绝大部分。到1310年，叔叔老马菲奥（Maffeo senior）去世，因其没有儿子，便在其遗嘱中要求马可·波罗继承他绝大多数的动产和不动产。③ 这样，在1310年前马可·波罗一直是波罗家族两代人中唯一的合法继承人。

由于个人财富的急剧增加，马可·波罗在余生尽享投资收入，其中不乏放高利贷的行为。例如，其堂兄小尼可罗1306年向他借款200杜卡特，但前者及其儿子都未能偿还这笔钱。1319年，当地法院下达裁定书，马可·波罗由此获得了圣约翰·克里斯多姆教区其他两部分的共同房产，包括12间房子，外加1间带烟囱的房子，冬天可在此取暖，还有

---

① Henry Yule, *The Book of Ser Marco Polo*, *the Venetian Concerning the Kingdom and Marvels of the East*, Vol. 1, Cambridge: Cambridge University Press, 2010, introduction, 43.

② David Jacoby, "Marco Polo, His Close Relatives, and His Travel Account: Some New Insights", *Mediterranean Historical Review*, 2006 (21).

③ A. C. Moule & Paul Pelliot, *Marco Polo: The Description of the World*, New York and Tokyo: Ishi Press, 2010, pp. 545 – 558.

1 间厨房。① 到 1324 年去世前夕，马可·波罗拥有了原本属于波罗家族在圣约翰·克里斯多姆教区的绝大部分房产，估计价值约为 4500 金币（杜卡特）。② 其堂兄小尼可罗未投资该教区的房产，且转移家族合作中的动产用于商业贸易，但因经营不善，只能居住在该区很普通的房子里。③ 有意思的是，有文件还记录了马可·波罗的妻子朵娜塔（Donata）在 1321 年 6 月将自己的部分房权卖给丈夫的事情。④ 可见，马可·波罗对这个教区的房产和地产几乎全部拥有，因此名为"IL Milione"的宅邸很可能为他单独拥有。那么，这幢宅邸的名称为其所用也是理所当然之事。

据学者对马可·波罗死后财产清单的研究，他家中的部分动产被估计超过 310 英镑，另有一箱子约为 66 镑及钱包内 3 镑的现金，合计约为 379 镑多或 3790 杜卡特。⑤ 他遗嘱中记录的放贷款总额约为 364 英镑，即 3640 杜卡特。⑥ 此外，他家中许多陈设无法估算价值，比如 20 张床、4 块大汗帝国的金牌⑦，等等。此外，他家里还有两袋子商业合同，其中多是正进行的商业交易，无法估计出价值总额。从中也反映出马可·波罗长期积极进行商业贸易，几份特别的合同证明他与几个合作人有着长

---

① David Jacoby, "Marco Polo, His Close Relatives, and His Travel Account: Some New Insights", *Mediterranean Historical Review*, 2006 (21).

② Roberto Gallo, "Marco Polo", 112, 转引自 David Jacoby, "Marco Polo, His Close Relatives, and His Travel Account: Some New Insights", *Mediterranean Historical Review*, 2006 (21)。

③ David Jacoby, "Marco Polo, His Close Relatives, and His Travel Account: Some New Insights", *Mediterranean Historical Review*, 2006 (21).

④ Henry Yule, introduction, p. 23. 在中世纪的威尼斯，丈夫与妻子之间签订契约非常普遍，并受到法律的认可。妻子可以卖给丈夫不包括嫁妆在内的财产或者她可能继承的财产，只要有第三方的担保即可。

⑤ Orlandini, "Marco Polo", 58 - 62, no. 69, 转引自 David Jacoby, "Marco Polo, His Close Relatives, and His Travel Account: Some New Insights", *Mediterranean Historical Review*, 2006 (21)。

⑥ A. C. Moule & Paul Pelliot, *Marco Polo: The Description of the World*, New York and Tokyo: Ishi Press, 2010, pp. 539 - 541.

⑦ David Jacoby 文中说，马可·波罗一行三人在波斯伊利汗国各获得一块，外加马可在忽必烈那里被颁赐一块。根据这个判断，可知马可在大汗宫廷中的重要地位，并非一些学者认为的他根本没有到过黑海以东的地方。从中也可以判断出马可来华的真实性。

期的合作。① 从家中发现的所藏商品可以看出，他对东方体积较小、价值高的东方稀有商品很感兴趣，例如他藏有三箱麝香，超过 83 磅重，价值约为 217 杜卡特。数量如此之大，显然不是他自己或家人留用的。此外，他的动产册中还有 7.229 千克的白色蚕茧，一匹 12.049 千克的丝绸。粗略计算下来，他的财产总数应远远超过 1 万杜卡特。② 他在遗嘱中给妻子多娜塔③余生每年 8 镑 di grossi 或 80 杜卡特就能让她过上舒适的生活，因为在大约 14 世纪中期，这种生活津贴一般仅为 2 英镑 di grossi 或 20 杜卡特。④

根据马可·波罗遗嘱中的记录，准确统计他派发的金额多达 2000 威尼斯里拉（libras），也就是 2 万金币（杜卡特）。这在当时已算是一笔巨额的财产。即便在 15 世纪威尼斯商业最为发达的时期（当时为欧洲的贸易中心），其年进出口贸易额分别为 1000 万金币（杜卡特）。当时码头工人的年收入不过 100 金币（杜卡特），贵族大约有 1000 金币（杜卡特），有钱的大商人年收入大约为 1 万金币（杜卡特）。⑤ 马可·波罗去世时拥有的 2 万金币（杜卡特），加上前面估算的 1 万金币（杜卡特）。⑥ 再加上那些尚未确定和无法估算的财产，他在威尼斯应属于极富有的上层贵族了。尽管目前无法找到他参与贵族活动的记录，但是他的女儿们都嫁入威尼斯社会和经济地位高的精英家庭，这也反映出马可·波罗从亚洲返回后在威尼斯很高的社会地位。⑦

---

① David Jacoby, "Marco Polo, His Close Relatives, and His Travel Account: Some New Insights", *Mediterranean Historical Review*, 2006（21）.

② Ibid., p. 206.

③ 裕尔推测说，Donata 是马可妻子的基督教名字，尽管还不确定出身的家族，却认为其真名是 Loredano。Henry Yule, *The Book of Ser Marco Polo, the Venetian Concerning the Kingdom and Marvels of the East*, Vol. 1, Cambridge: Cambridge University Press, 2010, introduction, p. 46.

④ David Jacoby, "Marco Polo, His Close Relatives, and His Travel Account: Some New Insights", *Mediterranean Historical Review*, 2006（21）.

⑤ 参见王鼎勋《〈翠维索算术〉简介》，《HPM 通讯》第 8 卷第 11 期第 2 版，转引自刘清华《威尼斯圣马可交通图书馆藏马可·波罗遗嘱》，载罗丰主编《丝绸之路上的考古、宗教与历史》，文物出版社 2011 年版，第 319 页。

⑥ 参见刘清华《威尼斯圣马可交通图书馆藏马可·波罗遗嘱》，载罗丰主编《丝绸之路上的考古、宗教与历史》，文物出版社 2011 年版，第 315—318 页。

⑦ David Jacoby, "Marco Polo, His Close Relatives, and His Travel Account: Some New Insights", *Mediterranean Historical Review*, 2006（21）.

第二，圣玛丽亚感恩教区行会①（Santa Maria della Misericordia）留存下来的一份1319年的档案中也找到了"马克百万"的绰号。据马可·波萨研究，这份档案记录中的"Marco Milion"（"马可百万"）应当就是旅行家马可·波罗。②

首先，马可·波罗在1324年1月9日的遗嘱中明确提出："我将遗赠5里拉给每个里亚托尔地区教友组织，4里拉给每个行会或教友团体，因为我是其中一个会员。"③由于行会兴衰变化，地点和名称更换等原因，究竟哪些行会得到过马可·波罗的捐赠无法确知。不过，马可·波扎在圣玛丽亚感恩教堂保存下来的档案名单中找到了"马可百万"的名字。圣玛丽亚感恩行会于1310年转移到奥古斯丁修道院。该修道院位于卡纳雷吉欧区（Cannaregio），距马可·波罗居住的圣约翰·克里斯多姆教区很近。这个行会后来成为著名的格兰迪行会（Scuole Grandi）的一个部分。④

其次，在发现"马可百万"名号的1319年列表中发现，除3名抄写员、3名法官、3名神父外，其他多数行会会员的身份与马可·波罗的商人身份一致。如5名医生，8名经纪人，25名金匠，9名上乘丝绸的经销商，9名药剂师，9名裁缝，8名商店老板，7名毛皮商，6名奶酪经销商，5名呢绒布商人。⑤

最后，波罗家族的其他支系成员也加入了该行会。在1289年列表

---

① 威尼斯的手工业行会组织都有各自的规章，负责人为Gastald，首领一般由宗教组织委任，组织有互助性质，给穷苦女孩提供嫁妆或为逝去的会员举行葬礼因此行会也就成了公共宗教事务的一部分。

② Marco Pozza, "Marco Polo Milion: An Unknow Source Concerning Marco Polo", *Mediaeval Studies*, 2006（68）.

③ 刘清华:《威尼斯圣马可交通图书馆藏马可·波罗遗嘱》，载罗丰主编《丝绸之路上的考古、宗教与历史》，文物出版社2011年版，第317页。

④ 它被创建于1261年，1319年人数多达500人。会员们每月集会一次，全年为他们提供早餐，而召开会议就在马可·波罗遗嘱中提到的里亚尔托地区的圣·乔瓦尼教堂进行。Marco Pozza, "Marco Polo Milion: An Unknow Source Concerning Marco Polo", *Mediaeval Studies*, 2006（68）.

⑤ Marco Pozza, "Marco Polo Milion: An Unknown Source Concerning Marco Polo", *Mediaeval Studies*, 2006（68）.

中，行会中有一位来自圣·优斯塔齐奥（Sant'Eustachio）教区的居民尼可罗（Nicolò）与马可·波罗的父亲尼可罗同名，当时波罗一行仍在中国旅居。到 1319 年，行会记载中出现了三位波罗家族成员，即圣·杰雷米亚区的彼得罗（San Geremia Pietro）[1]、马可百万（Marco Milion）[2]和圣·马可里亚诺区的马泰奥（San Marciliano Matteo Polo）。[3] 这是"百万"绰号的第一次明确记载。在 1324 年之后的列表中，仍有圣·杰雷米亚区彼得罗和圣·马可里亚诺区马泰奥的名字，马可百万再没出现，因为他已去世。也再没有出现他家族中的其他成员，因为马可·波罗和其弟弟的孩子都是女儿。[4]

这份档案澄清了马可·波罗遗嘱中提到要捐赠 4 里拉给自己加入的行会，其中之一就是圣玛丽亚感恩教区行会，证明他确实在使用"百万"绰号。

四 结语

从欧洲中世纪后期起，"马可百万"绰号之所以被人云亦云作为"说谎大王"或"吹牛皮者"的代名词，主要是因为《游记》中所讲东方文明的发达程度实乃令相对落后的欧洲难以接受。事实上，这一绰号是马可·波罗宅邸名称"Villione"的误读（Millione），与他积累的万贯家产、传奇身份相契合。因此，对于马可·波罗来说，"马可百万"的绰号可谓实至名归。"百万"绰号在一定程度上反映了中世纪西方人以自我为中心来看待"东方他者"乃至世界的真切心态。他们习惯于用二元对立的传统思维来看待其他文明，而对文明彼此交融、和谐地多元存在缺乏足够的理解，因此无法理解具有"世界主义"眼光的马可·波罗

---

① Henry Yule 在附录 1 中专门就这个波罗家族的成员以及活动进行了调查。

② 1319 年的列表中的第 99 个就是"Marco Milion"。

③ 列表中的第 363 个人名。这里的 Matteo 就是"Mafeo Pollo Sancti Marciliai"，与马可·波罗的叔叔和弟弟重名。

④ 参见 Marco Pozza, "Marco Polo Milion: An Unknown Source Concerning Marco Polo", *Mediaeval Studies*, 2006（68），文末的附录中行会会员名单。

如何怀着好奇的心态欣赏甚至仰慕非基督教世界的东方文明。由此，我们也能深切地体会到马可·波罗临终前还不为人理解的痛苦与无奈——"我所说的，还不到我所见到的一半！"①

---

① Henry Yule, *The Book of Ser Marco Polo, the Venetian Concerning the Kingdom and Marvels of the East*, Vol. 1, Cambridge: Cambridge University Press, 2010, introduction, p. 37.